Herbst · Was wollte Jesus selbst?

Karl Herbst

Was wollte Jesus selbst?

Vorkirchliche Jesusworte in den Evangelien

I

Patmos Verlag Düsseldorf

CIP-Kurztitelaufnahme der Deutschen Bibliothek

Herbst, Karl:
Was wollte Jesus selbst? : Vorkirchl. Jesusworte in d. Evangelien / Karl Herbst. – 1. Aufl. – Düsseldorf : Patmos-Verlag, 1979.
ISBN 3-491-77372-5

1. Auflage 1979
Umschlaggestaltung Ralf Rudolph
Herstellung Druckerei Gebr. Rasch & Co., Bramsche
ISBN 3-491-77372-5

Ich halte Jesus für den glücklichsten Menschen,
der je gelebt hat.

Dorothee Sölle

Am nützlichsten sind die Bücher,
die den Leser zu ihrer Ergänzung auffordern.

Voltaire

Inhalt der beiden Bände

Kleines Vorgespräch mit dem Leser

Offen miteinander zu reden, strengt weniger an. Also ... Von der Theologie her ‚wußte' ich längst, ‚was die Welt im Innersten zusammenhält', und predigte es katechismustreu. Doch dann erwachte, durch Widersprüche aufgeschreckt, das noch nicht verschulte ‚Kind im Mann' mit seiner naiven Fragerei. Etwa so: Von *wem* kommen denn die verschiedenen christlichen Sätze und Gesetze, die uns binden, die uns katholisch oder evangelisch machen oder zum Kopfschütteln reizen? (Ergeht es Ihnen ähnlich?) Auf dieser Suche nach der Quelle ‚entdeckte' ich einen Menschen: Der muß Gott erfahren haben! Der redet anders über Gott. Der scheint mir vertrauenswürdiger als alle Magister, die sich auf ihn berufen. Es ist Jeschua ben Miriam, ein Laie übrigens, denn er war weder Priester noch Schriftgelehrter. Hinter den überlieferten Jesusworten und Jesusgeschichten kommt sein Bild hervor, je sorgfältiger man die Übermalungen und ikonenhaften Vergoldungen der Evangelisten von den alten Texten ablöst.

Er war ein jüdischer Wanderprediger und hat seine jüdischen Zeitgenossen angesprochen. Darum wäre es von vornherein fruchtbarer, wenn jüdisch denkende und empfindende Menschen sich an unserer Suche beteiligten. Aber auch wer als Nichtjude und Nichtzeitgenosse ihm selbst statt seinen späteren Verehrern aufmerksam zuhört, kann bald herausfinden: Dieser Mensch ist auf Gott hin *ganz* offen – und darum für alle Menschen *ganz* offen. Im Bild gesprochen: Er ist ‚das' reine Kind. Ihm darf man trauen, daß er über Gott nicht mehr sagt, als was er wirklich weiß, was er mit seinem unverdorbenen Herzen selbst wahrgenommen hat, und nicht, was er sich zurechtgedacht oder von den Alten nur gehört hat. Diesem Menschen kann man folgen, weil er den Weg kennt. Nicht in ein Märchenland der Apokalyptik. (Jesus ist viel nüchterner, als die Überlieferung ihn zeichnet.) Er zeigt den Weg zu einem Glück, das jetzt und hier zu realisieren ist: Liebe.

Sie werden verstehen, daß ich diese ‚Ent-deckung', die viele in ähnlicher Weise machen, weitergeben muß, wie ich eben kann. Auch wenn sie manchem auf den ersten Blick nur als Abbau erscheint. Bitte, helfen Sie mit, Jesus ‚auszugraben'! Dabei denke ich nicht an Grab und Skelett, sondern an eine Wasserader. Solches Aus-graben hat mit Ostern zu tun!

Vor allem sind selbständig denkende Laien dazu eingeladen. Obwohl ihnen beim Lesen der Jesusworte drei Sprachbarrieren zu schaffen machen (Aramäisch – Bibelgriechisch – Theologendeutsch – Umgangsdeutsch), haben sie zwei Vorteile: Erstens tun sie sich leichter beim Aufnehmen der Inhalte, sofern sie weniger auf rein theologische Vorentscheidungen fixiert sind. Zweitens stehen sie der Welt näher. Jesus wollte nämlich die Welt und nicht nur die Gedanken der Menschen verändern. Wenn also ein überlieferter Ausspruch nur im Kloster oder nur im Pfarrhaus, aber nicht inmitten der Welt verwirklicht werden kann, und zwar durch den ‚laos', das heißt: durch das Volk, dann ist das ein Warnsignal: Entweder stammt dieses Wort nicht von Jesus selbst, sondern wurde ihm von einem frommen Theoretiker in den Mund gelegt, oder wir haben seine Aussageabsicht noch nicht richtig erkannt.

Wenn Theologen diese Arbeit durchlesen, werden sie über manches zunächst irritiert sein. Trotzdem möchte ich sie hier um ein wenig Vertrauen bitten. Erstens habe ich keine andere Gewissensbasis als meine Mitstreiter von gestern (die mir übrigens Freunde geblieben sind, trotz sachlicher Differenzen). Wenn sie auch innerhalb des Lehrgebäudes ihrer jeweiligen Kirche forschen und verkündigen, so wissen sie sich letztlich doch keinem in sich stehenden Lehrsatz, sondern dem lebendigen Gott verantwortlich. Zweitens haben wir nach wie vor dasselbe Ziel: daß *Gott* deutlicher erkannt werde und stärker zur Wirkung komme. Alles andere ist nur Hilfe auf diesem Weg. Auch Jesus! Erst recht unsere mehr oder weniger von ihm abgeleiteten Traditionen.

Sie sehen schon an meiner eigentlichen Zielangabe ‚Gott hinter den Jesusworten', die sich weder um den proklamierten 'Tod Gottes' kümmert noch um die mangelnde Nachfrage nach Gott: Modern ist dieses Buch nicht. Und ich muß gestehen: Theologische Moden von heute mit den damit verbundenen Rechts-Links-Etikettierungen beeindrucken mich so wenig wie die scholastischen Moden des Mittelalters oder die apokalyptischen Moden zur Zeit Jesu. ‚Was er selbst damals wollte', das mit allen Mitteln herauszufinden ist das Erste. Ob wir seine Intention dann ablehnen oder vertrauend annehmen, ist das Zweite. Wie wir seine Botschaft ‚heutig machen' (aggiornamento), das heißt: wie wir seine Intention realisieren, in Düsseldorf oder in Leipzig oder in Südamerika, als Reinmachefrau oder als Politiker, das ist ebenso wichtig wie das Erste und Zweite. Aber in der Reihenfolge ist es das Dritte und bedarf einer neuen, sachgerechten Überlegung. Die Entscheidungen, die daraus erwachsen, mögen dann modern oder unmodern oder verrückt erscheinen.

Zum Gebrauch dieses Buches

1. In den Evangelien stehen Aussprüche, die erst später Jesus in den Mund gelegt oder verändert wurden, sogar solche, die dem Geist Jesu widersprechen. Das mag, so unverblümt gesagt, manchen Laien zunächst schockieren. Statt einer theoretischen Abhandlung darüber lesen Sie selbst beispielsweise die Verfluchung des Feigenbaums in Mk 11,12–14.20–23 und Mt 21,18–22! Deswegen die Evangelien als historische Quellen abzulehnen und die Gestalt Jesu im Bereich des Legendären zu lassen, wäre oberflächlich. Wenn wir die Person Jesu höher schätzen als den von seinen Anhängern geschriebenen Evangelientext, dürfen wir uns nicht die Mühe ersparen,
a) die wahrscheinlich-echten Jesusworte zu scheiden von den wahrscheinlich-unechten, wobei nicht der Wortlaut (ipsissima vox), sondern die Aussageabsicht (ipsissima intentio) ausschlaggebend ist;

b) Jesusworte durch Jesusworte statt durch spätere christliche Thesen zu erklären und sie zunächst aus der geschichtlichen Situation Jesu zu verstehen, statt sie von vornherein als Antworten auf unsere aktuellen Probleme anzusehen und zu gebrauchen.

2. Es ist nützlicher, ein Jesuswort gründlich zu studieren, als viele zu überfliegen. Deshalb sollten Sie sich den Evangelientext daneben legen, am besten eine deutsche (oder womöglich eine griechische!) Synopse. Das ist die Nebeneinanderordnung der Texte nach Mt/Mk/Lk. Das Johannesevangelium kann dabei außer acht bleiben, weil die darin enthaltenen Jesusworte zumeist theologische Reflexionen oder Meditationen des Autors sind.

3. In den Anmerkungen wird für den Laien verständlich dargelegt, a) warum die Übertragung des betreffenden Jesuswortes aus dem Griechischen von den gewohnten Übersetzungen abweicht; b) wodurch Sätze oder Satzteile sich als spätere Beifügungen erweisen, die wegzulassen sind; c) auf welche Weise und zu welchem Zweck ein Jesuswort vom Evangelisten weitergebildet oder sogar verfremdet wurde. – Die Entstehungsgeschichte der Evangelien darzustellen, ist nicht Aufgabe dieses Buches. Darum benennt zum Beispiel die Chiffre ‚Mk' nicht nur den Endredaktor des ältesten Evangeliums, sondern all die Namenlosen, die durch Sammeln und Verarbeiten von Jesusüberlieferungen zu dem uns vorliegenden Markustext beigetragen haben.

4. Übersetzung der Gottesbezeichnungen
Das ‚Passivum divinum' ist die Umschreibung einer Tätigkeit Gottes durch die grammatikalische Leideform. So wollte der ehrfürchtige Jude die Nennung des heiligen Namens vermeiden. Die wörtliche Übersetzung, etwa „Der Sabbat ist für den Menschen geworden", würde aber dem heutigen Leser gerade

das entscheidende Moment verdecken, daß nämlich Gott dahintersteht. Darum halte ich es für nötig, das Passivum divinum immer in die Tätigkeitsform zurück zu übertragen. Zum Zeichen dessen steht jeweils ‚ER'. Der Satz „Den Sabbat hat ER für den Menschen gemacht" bringt somit ohne Kommentar zum Ausdruck, was Jesus sagen wollte.

‚Die Himmelsgewölbe', ‚in den Himmeln', ‚himmlisch' waren ebenfalls im Judentum geläufige Umschreibungen für Gott. Der antike Mensch konnte noch das obere Stockwerk des Weltgebäudes für den Ort der Gottheit halten, ohne an seinem Gottesverhältnis Schaden zu leiden. Heute ist es uns nicht mehr erlaubt, durch wortgetreue Übersetzung Gott vorstellungsmäßig mit dem Himmelsgewölbe zu verbinden, ohne jedesmal eine absichernde Erklärung mitzuliefern. Besonders Mattäus bevorzugt die Vokabel ‚Himmel' sowie die Gegenüberstellung ‚Himmel – Erde' und fügt sie oft den von ihm redigierten Jesusworten ein. ‚Himmel-Reich', wie es durchwegs bei Mattäus heißt, läßt aber unwillkürlich an etwas Jenseitiges denken, während Jesus ‚Gottes Herrschaft', und zwar auf Erden, meinte. Um solch schwerwiegende Mißverständnisse zu vermeiden, übersetze ich ‚Himmel' und ähnliche Wendungen mit „Gott".

‚Äonisch' kann bedeuten im oberen, göttlichen Äon (Lebensraum) oder im zukünftigen, nach dem Weltende anbrechenden Äon (Zeitraum). Die wenigen Jesusworte, in denen dieser Begriff auftaucht (Jesu Interesse galt ja primär der Gottesherrschaft jetzt auf Erden), meinen wohl den jenseitigen Lebensraum der von Gott Auferweckten. Die Übersetzung ‚ewig' verleitet zu unpassenden Zeit-Ewigkeit-Spekulationen. Darum lasse ich ‚äonisch' unübersetzt.

‚Abba' ist die vertrauliche Gottesanrede Jesu. ‚Vater' trifft noch nicht das familiäre Fluidum; ‚Vati, Papa' zu sagen, ist uns nicht möglich. Also lasse ich auch ‚Abba' unübersetzt wie ‚Amen' oder ‚Halleluja'.

5. Dieses Studium der Jesusworte erwuchs aus der evangelisch-katholischen Briefgemeinschaft in der DDR. Die einzelnen Nummern wurden von je einem evangelischen und katholischen Fachexegeten vorher durchgesehen, privat vervielfältigt (zeitweise im Samisdatverfahren) und als Drucksache an etwa 500 interessierte Geistliche und Laien (darunter auch jüdische und atheistische Leser) verschickt, um das Gespräch anzuregen. Diesen Briefcharakter sollen die Texte auch hier in ihrer überarbeiteten Form beibehalten. Praktisch bedeutet das: Ich habe keine fertigen Wahrheiten anzubieten, auch wenn ich indikativisch formuliere. Ich möchte hier wie dort nichts anderes als anregen, daß die Spur Jesu weiter verfolgt werde. Und ich bin natürlich weiterhin dankbar für jede sachliche Korrektur.

101–196
Jesusworte in der Markus-Überlieferung

Im vierten Jahrzehnt nach dem Tod Jesu hat Markus als erster ein Evangelium für die christlichen Gemeinden geschrieben. Dazu benutzte er schon vorhandene Listen von Jesusworten, Gleichnissen und Wundergeschichten sowie Passionsberichte. Aber der uns vorliegende Markus-Text ist kein vollständiges Evangelium, keine für christliche Gemeinden ausreichende Unterweisung über die Botschaft Jesu. Es fehlen wesentliche Elemente wie die Bergpredigtforderungen, die Gebetslehre, das Vaterunser und anderes. (Viele Einzelbeobachtungen sprechen dafür, daß wir nur den ‚Anfang', das heißt den Grundlagenteil eines Evangeliums besitzen, das zuerst die Geschichte Jesu und dann, vielleicht als ‚erinnernde' Worte des Auferstandenen, seine Lehre bieten sollte, aber nach 16,8 unmotiviert abbricht. Das wichtigste Argument: Wenn die Frauen wirklich ihre Ostererfahrung verschwiegen und ihren Botenauftrag an die übrigen Jünger nicht ausgeführt haben, konnte nach Markus das Auferstehungszeugnis der Apostel überhaupt nicht entstehen. Dieses war aber zur Zeit des Markus die unverzichtbare Glaubensbasis christlicher Gemeinden.) Der Werdegang des Markus-Evangeliums gehört zwar nicht in dieses Buch, wohl aber seine praktische Konsequenz: Wir dürfen uns mit diesem Evangelium nicht begnügen, sondern müssen es als Teil der Jesusbotschaft lesen, der durch die Mt/Lk-Texte zu ergänzen und zu deuten ist.

Nachdem Johannes der Täufer ausgeliefert war, zog Jesus nach Galiläa und verkündete diese *Freudenbotschaft Gottes:*

ER hat die Zeit erfüllt.
Die Gottesherrschaft ist gekommen.
Kehrt um und vertraut IHM
bei dieser Freudenbotschaft!

Jesus war Prophet, nicht Philosoph. Der Philosoph will allgemein-gültige Wahrheiten sagen. Der Prophet muß, weil es ihn drängt, seiner Generation etwas *jetzt* Wichtiges zurufen. Der Philosoph redet beispielsweise über das Wesen der Freiheit. Der Prophet rennt wie ein Irrer durch das Gefangenenlager und schreit: „Das Tor ist offen. Auf, mir nach!" Ein solcher Unruhestifter war Mose. Mehr noch Jeschua von Nazaret.
Bevor wir heute seine damalige Botschaft annehmen oder ablehnen, sollten wir genau hinhören, was er eigentlich gesagt hat. An sich müßten wir jedes seiner Worte, auch wenn es uns sehr geläufig ist, so verstehen, wie seine jüdischen Zeitgenossen es verstanden haben, als sie es zum erstenmal hörten. Das ist etwas mühsam. Darum hier einige Hinweise auf die Eigenart jener Epoche. – Im 2. Jahrhundert v. Chr., unter der Tyrannei der Seleukidenherrscher und während der Befreiungskriege der Makkabäer, war eine apokalyptische Welle hochgekommen. Im 2. Jahrhundert n. Chr., nach dem Scheitern des Barkochba-Aufstands 135, ebbte sie wieder ab. Jesus stand mitten drin. – Die kleinen Leute waren verarmt durch die Latifundienwirtschaft und das Steuerpachtsystem. Jüdische Zöllner standen indirekt im Dienst heidnischer Herren. Die römische Fremdherrschaft (seit 63 v. Chr.) war wohl humaner als die orientalischer Despoten, obgleich der Judenverächter Pilatus mitunter recht brutal vorging. Aber Israel blieb unter all diesen Demütigungen und bei aller inneren Zerstrittenheit (Pharisäer, Sadduzäer, Zeloten, Essener und Mitglieder der Qumran-Sekte)

von einem unbeugsamen Stolz erfüllt: Wir sind Gottes Volk. Unser König ist Jahwe. Man erwartete allgemein, wenn auch in den Einzelheiten sehr differenziert, das große apokalyptische Wunder: Gott wird eines Tages eingreifen. Durch seinen Messias wird er Israel von der Fremdherrschaft befreien und eine Gottesherrschaft errichten. Er wird alle Ungerechten im Feuer vernichten und die Gerechten im Paradies belohnen. So predigte noch der Täufer am Jordan.

Jesus hatte dieser Predigt des Johannes und somit seinem apokalyptischen Grundkonzept zuerst innerlich zugestimmt. Sonst hätte er nicht dessen ‚Taufe zur Vergebung der Sünden' angenommen! Nachdem Herodes den großen Bußprediger eingesperrt und mundtot gemacht hatte, war zu erwarten, daß sein fähigster Schüler Jesus die Gruppe weiterführe. Aber es kam anders. Jesus machte eine persönliche Gotteserfahrung, die fortan seinen Weg bestimmen sollte: Du bist mein geliebter Sohn. (Dieses einfache Wort Gottes an Jesus werden wir besser erst am Schluß unter der Nummer 100 bedenken. Es wird sich als die ‚Initialzündung' seines Werkes und als der bleibende Richtpunkt sämtlicher Jesusworte erweisen.) Auf diese Gottesbegegnung hin trennte er sich vom Täuferkreis, nahm einige galiläische Johannesschüler mit (Joh 1,35ff), ging zurück in seine Heimat, taufte nicht mehr wie früher neben Johannes (Joh 3,22ff), schuf sich einen eigenen Jüngerkreis und predigte etwas Neues. Doch nicht der Begriff ‚Gottesherrschaft' war in seiner Umwelt neu, sondern der Inhalt, mit dem er ihn füllte:

1. *Freude.* – Die Apokalyptiker verkündeten auch die Freude, jedoch gemischt mit Schrecken. Wohl den Gerechten, wehe den Sündern! Wohl uns Auserwählten, wehe den übrigen, wenn Jahwe zum Gericht kommt! – Dagegen war Jesu Predigt als ganze eine Freudenbotschaft Gottes an alle. Weil der Gott Jesu allen seine Sonne scheinen läßt, auch den Bösen (205). Weil sein Kommen ein Fest ist, zu dem Freunde und Fremde eingeladen sind (106 259); eine Hochzeitsfeier, bei der sich

Trauerfasten verbietet (107). Weil der Gott Jesu selbst seine Freude hat am Wiederaufrichten der Gebrochenen und Verlorenen (257 421).

2. *Vertrauen zu Gott.* – Kehrt um und vertraut ihm doch, wenn er euch eine so gute Nachricht zukommen läßt! Ständig predigt Jesus: Er ist zu euch wie ein Abba. Er ist ein Liebender, dem man trauen kann. – „Kehrt um!" (metanoeite) mag bei andern Predigern bedeuten „Tut Buße in Sack und Asche!" Im Munde Jesu bedeutet es: Aus eurer Ängstlichkeit kehrt um zum Vertrauen. Von eurem Trübsinn und Starrsinn kehrt um zum Leichtsinn unter der Sonne Gottes! Ein Beispiel: Nach dem verlorenen Sohn hätte auch der nicht-verlorene umkehren sollen. Nicht zu noch ernsterer Pflichterfüllung, sondern zur barmherzigen Gesinnung des Vaters, zu seiner Freude über die Heimkehr eines Taugenichts. Er hätte umdenken, hereinkommen und mittanzen sollen (421). – Aber woher nahm Jesus den Mut, ganz anders als sein Vorläufer Johannes und so einseitig über Gott zu reden? Er deutete des öfteren an, daß er seine Botschaft nicht aus der Tradition der Alten ableitete, sondern aus einer unmittelbaren Gottesbegegnung. Der Atem Gottes hat mich erfaßt und treibt mich, gerade den Armen diese erfreuliche Nachricht zu bringen (401). Dahinter steht jene alles entscheidende Gotteserfahrung Jesu, von der Markus im Zusammenhang mit seiner Taufe berichtet (100).

3. Die Gottesherrschaft ist *schon gekommen.* – Nicht ‚schon und noch nicht' zugleich, sondern ganz eindeutig: Die vorbestimmte Wartezeit (kairos) ist von Gott (pass. div.) beendet worden. Die Gottesherrschaft ist gekommen, ist jetzt da. – Alle Apokalyptiker konnten nur versprechen: Sie wird kommen; sehr bald; oder wenn Israel sich bekehrt hat; oder wann es eben Gott gefällt; oder am Ende der Welt. Jesus allein war so kühn, zu behaupten: Sie ist da. Weil sein eigenes Herz schon von Gott durchherrscht war. Darum predigte er: Wartet nicht länger! Versucht nicht, den Tag X zu berechnen, an dem Gott mit Getöse vom Himmel her kommt. Denn er steht schon vor

eurer Tür. Mit dem beglückenden Angebot seiner Liebe. Ihr müßt ihm nur öffnen. Es liegt jetzt ganz bei euch (424). – Auch wegen dieses ‚Jetzt‘ statt ‚Bald‘ war Jesus kein Apokalyptiker. Aber er hat erwartet, daß seine Landsleute auf ihn hören, Gott hereinlassen, so daß er schon in dieser Generation von innen her das Volk Israel durchherrschen kann, was sich natürlich auch politisch auswirken sollte: Brot für die Hungernden (201), Befreiung, Gesundung, Versöhnung. – Dann würden die Völker von selbst herankommen, um zu sehen, was für ein Glück das ist, wenn Gott ein Volk durchherrscht (226).

Einige Beobachtungen im geschichtlichen Rückblick

1. Die Gottesherrschaft, die Jesus seiner Generation anbot als eine durchaus reale Chance (Umkehr zum Vertrauen ist möglich!), kam nicht zustande.
2. Der Begriff ‚Gottesherrschaft‘ verschwand bereits in der ersten Generation wieder aus dem Wortschatz und der Vorstellung der christlichen Predigt, wie ein Blick ins Neue Testament zeigt. Schon für Paulus, der zum maßgeblichen Theologen der Christenheit wurde, ist etwas anderes die Summe des Evangeliums: Erlösung von Sünden durch den Sühnetod des Christus.
3. Die frühchristliche Apokalyptik hat nicht mehr ‚Herrschaft Gottes / jetzt / auf Erden‘ als Ziel, sondern eine wunderbare Christos-Kyrios-Herrschaft, jetzt im Himmel und vom Tage X an, nach seinem weltvernichtenden Gericht, auf einer paradiesischen Erde.
4. Nachdem die Christenheit im 4. Jahrhundert auch politisch mächtig geworden war, wollte sie die ans Weltende verlegte Christusherrschaft irgendwie vorwegnehmen: Die Kirche sei schon das Gottesreich (= Christusreich) auf Erden.

Siehe Anmerkung!

Eines Morgens, es war noch dunkel, stand er auf und ging in die Einsamkeit, um zu beten. Sie fanden ihn und sagten: Alle suchen dich.

Wir wollen weiterziehen in die nächsten Orte, damit ich auch dort die Botschaft verkünde. Denn dazu bin ich herausgekommen.

„Die Leute suchen dich. Bleib hier!" Das ist die weiche Versuchung des Propheten. Die harte klingt anders: „Sie verfolgen dich. Geh weg!" (418) In Kafarnaum war er von Sympathie umgeben, wahrscheinlich wegen seiner charismatischen Heilungen. Hier hätte er das gefunden, was für einen Geistlichen die ‚schöne Pfarrstelle' ist. Aber er verließ das warme Nest (227), um seinen Auftrag zu erfüllen. Nicht um verehrt zu werden, sondern um die neue Botschaft zu verbreiten, dazu ist er ‚herausgekommen'.
Das kann hier nicht bedeuten: aus dem Nachtquartier herausgegangen. Dann hätte er sein Gefolge gleich mitnehmen müssen. Es ist vielmehr der oft wiederkehrende Hinweis: Dazu bin ich gesandt. Er ‚kommt heraus' aus der Begegnung mit Gott in der Einsamkeit. Am Anfang (100) und immer wieder.

Das Beten Jesu

1. Auch er brauchte die Einsamkeit. Hier eilt er vor dem Morgengrauen hinaus, später stieg er auf einen Berg, um zu beten (148), in Getsemane entfernte er sich von seinen Jüngern und fiel auf die Knie (191). Seinen Hörern empfahl er, lieber einen dunklen Vorratsschuppen als die grelle Öffentlichkeit aufzusuchen, wenn sie mit ihrem Vater sprechen wollen (314). – Der Umweg über Gott ist wohl doch der bessere Weg zu den Menschen. Der direkte von Mensch zu Mensch ist gut, aber er

führt nicht weit. Er endet, wo Sympathie und Nutzen enden. Jesus kommt aus der ‚Einsamkeit mit Gott' näher zu den Menschen.

2. Das Abschalten der ‚Fremdgeräusche' in der Einsamkeit bringt die Gefahr, daß der Beter das Echo seiner eigenen Wünsche als Stimme Gottes hört. Darum ist Gebet nicht nur Schweigen, sondern auch Dialog: reden mit Gott und hören auf Gott. – Jesus hat wie Ijob die Ängste und Wünsche seines Herzens nicht fromm unterdrückt, sondern offen vor Gott ausgesprochen. So am Ölberg: Möchte doch dieser Leidenskelch an mir vorübergehen! (191) – Und er hat aufmerksam hingehorcht; auf die Stimme Gottes statt auf die eigene. Nicht was ich will, sondern was du willst! – Um aber wahrzunehmen, was Gott will, bedarf es keiner mystischen oder parapsychologischen Fähigkeiten, so wenig wie der Kunst des Sterndeutens oder Kartenlesens, sondern: Das reine Herz schaut Gott (303). Das heißt: Der unverdorbene, auf Gott und die Welt hin ganz offene Mensch ‚weiß mit dem Herzen', daß Gott seine Welt immer nur aufrichten will, und er ‚sieht mit den Augen' nüchtern, was auf das bleibende Ziel hin in der gegebenen jeweils anderen Situation praktisch zu tun ist. Der einfache Samariter auf dem Weg nach Jericho erkannte es noch spontan; der mit Theologie und Gesetzeswissen belastete Priester erkannte es nicht mehr (408). So konnte auch der betende Jesus in Kafarnaum ohne wunderhafte Offenbarung erkennen: Gott will, daß ich seine beglückende Botschaft weitertrage in das ganze Land Israel (statt wie Johannes an einem Ort zu bleiben und die Heilsuchenden herbeikommen zu lassen).

3. Das Gebet als Zwiegespräch mit Gott würde aber zum theoretischen Geschwätz, ja zur Lüge abgleiten ohne die jeweilige Tatantwort des Menschen. Jesu Tatantwort in Kafarnaum: Jetzt werde ich weiterziehen, trotz der verlockenden Einladung zum Bleiben. Seine Tatantwort in der Synagoge: Jetzt werde ich diesen Kranken öffentlich heilen, trotz Sabbatgebot (111). Seine Tatantwort am Ölberg: Jetzt werde ich nicht mehr

fliehen, sondern mich meinen Verfolgern stellen und vor Gericht offen bekennen, trotz Todesgefahr (191 192). – Das Gegenbild: Ein Sohn sagt zum Vater übereifrig „Ja, mein Herr!“, aber er geht nicht hinaus aufs Feld zur Arbeit, die ihm aufgetragen wurde (338).

Ein Aussätziger fiel vor ihm auf die Knie und flehte ihn an: Wenn du willst, kannst du mich rein machen. Da wurde er zornig . . . (Nun folgt die Heilung.) Dann fuhr er ihn an und jagte ihn fort.

Hüte dich, irgendeinem davon zu erzählen!
Geh aber hin und zeige dich dem Priester!
Entrichte für deine Reinigung, was Mose festgesetzt hat, zum Nachweis (deiner Reinigung) für sie!

Doch der ging weg und begann, vielerlei zu verkünden und das Gerede darüber zu verbreiten. So kam es, daß Jesus keine Stadt mehr offen betreten konnte, sondern draußen an einsamen Orten sich aufhielt.

Warum wurde Jesus zornig? – Wegen des Kniefalls; wegen der abergläubischen Erwartung; weil die Wundersucht seiner Botschaft schadete.

1. Der Kniefall gebührt nach jüdischem Empfinden Gott allein. Ihn dem Kaiser oder einem Rabbi zu erweisen, war nach Josephus und Philo zwar nicht unmöglich, aber immer problematisch. – Jesus nahm auch den Kniefall einer Mutter, die für ihre Söhne bat, unwillig auf (167). Dem Mann, der ihn mit einer Kniebeuge als guten Meister ehrte, hielt er schroff entgegen, Gott allein sei gut (163). – In Israel brauchte Jesus zwar noch nicht zu fürchten, man könne ihn mit Gott verwechseln. Aber schon den Personenkult lehnte er ab. Warum wohl? Solcher Unfug paßt nicht zur Gottesherrschaft. Gott allein ist Herr, Gott allein ist zu verehren (179). – Das gilt ebenso für seine Jünger: Laßt euch nicht verehren (340 181)!

2. Wundergläubige Erwartung sprach aus den Worten des Kranken. „Wenn du willst, kannst du“ bedeutet hier: Du bringst alles zustande, wenn du nur willst; du kannst doch zaubern (vgl. 151). An magische Kraftübertragung dachte die blut-

flüssige Frau, die seine Kleider berührte, und wohl auch der christliche Erzähler in Mk 5,25ff. Herodes glaubte, in Jesus wirkten geheime Kräfte, weil er als das Gespenst des von ihm geköpften Johannes umgehe (Mt 14,2). Andere hielten ihn für den wiedergekommenen Elija, den das Volk als wundertätigen Nothelfer verehrte (139). – Es lag damals in der Luft, herausragende Persönlichkeiten mit überirdischen Geheimnissen in Verbindung zu bringen; in Israel kaum weniger als in der hellenistischen Umwelt. Jesus hätte diesen Aufwind nutzen können, um sich und seiner Botschaft Geltung zu verschaffen. Er widerstand dieser Versuchung, jedenfalls er selbst! – Gewiß, aus Erbarmen half er, wo immer er Glauben fand, auch wenn er mit Aberglauben vermischt war (Mk 5,34). Aber immer wollte er das Vertrauen der Hilfesuchenden auf Gott als den eigentlichen Helfer lenken. Berichte deinen Angehörigen, was Gott dir Gutes tat, weil er sich deiner erbarmte, sagte er zu einem Geheilten (123). Den Vater des epileptischen Jungen, der glaubte, daß Jesus mehr ‚kann' als seine Schüler, korrigierte er: Es geht nicht um besonderes ‚Können'. Wer Gott vertraut, dem ist alles möglich (151). Die Jünger sollen Kranke heilen und ihnen erklären, daß Gott (und nicht ein Wunderdoktor) zur Herrschaft gekommen ist (126).

3. Die Wundersucht schadet der Botschaft. – Kehrt um zu Gott, weil er alle liebt! Das ist der Kern der einfachen Botschaft Jesu. Aber dieses ‚zu Einfache' findet keine offenen Ohren mehr, wenn sie schon angefüllt sind mit viel interessanteren Sensationsberichten über einen mysteriösen Wundertäter. Die Folge solchen ‚Geredes' ist bei Markus summarisch und vielleicht etwas übertrieben so dargestellt: „Er konnte nicht mehr offen eine Stadt betreten." – Leider haben auch die Evangelisten seine charismatischen Heilungen zu immer größeren Beweiswundern gesteigert (näheres unter 124) und so über Jesus ‚ein Gerede verbreitet', daß er im Talmud als Zauberer verdächtigt wurde und heute bei nüchternen Leuten in diesem Gewand nicht mehr ‚ankommt'. Siehe Anmerkung!

Jesus zu einem Gelähmten:
Fasse Mut, mein Kind! ER vergibt deine Sünden.

Einige Schriftgelehrte untereinander: Der lästert Gott.

Was ist eure Absicht? Ihr denkt Böses im Herzen, denn was ist leichter:
Dem Gelähmten zu sagen »ER vergibt deine Sünden« oder ihm zu sagen »Steh auf und bewege dich«?

Wie Jesus Menschen von innen her heilt

Völlig unvermittelt spricht er hier von Sündenvergebung zu einem Kranken, ohne daß dessen Vergehen oder Schuldbekenntnis erwähnt wird. Doch nur scheinbar ist diese Darstellung lückenhaft oder unlogisch. – Von vornherein sind Kranke versucht, zu fragen: Warum gerade ich? Straft mich Gott? Wofür denn? Und in der Umwelt Jesu hat man die Meinung, Krankheit sei Sündenstrafe, nahezu dogmatisiert. Man wußte sogar, mit welchen Leiden Gott bestimmte Vergehen heimzahlt. – Innerhalb dieses theologischen Systems kann ein Seelsorger nur zweierlei sagen. Entweder: Büße gottergeben deine vielleicht geheime Schuld! Oder: Was du jetzt zuviel leidest, wird dir Gott zurückerstatten, wie es (nach Lukas!) dem armen Lazarus geschah. Jedenfalls: Die Rechnung geht auf. So meinten und meinen die Theologen.
Jesus sagte etwas anderes: Gott vergibt deine Sünden. Das heißt hier: Deine Krankheit hat nichts zu tun mit deinen Sünden. Denn Gott verrechnet nicht die Schuld mit Leiden, sondern läßt die Schuld nach, umsonst. Deine Krankheit ist nicht gottgewollt! – So leugnete er nicht die Sünde, aber er zerriß den von frommen Denkern konstruierten Zusammenhang zwischen Sünde und Krankheit wie ein Spinngewebe. Das tat er nicht nur mit diesem Wort, sondern mit seinem ganzen Ver-

halten gegenüber Kranken. Statt sie jemals zum gottergebenen Annehmen ihrer Leiden aufzufordern, ging er immer darauf aus, Krankheiten wie etwas Gottwidriges zu beseitigen. Nicht Gott, sondern Satan hat nach Jesu Auffassung jene arme Frau achtzehn Jahre lang gebunden (416). Wäre Krankheit aber von Gott als Schuldausgleich oder als Vorauszahlung jenseitiger Seligkeit verfügt, dann wäre Jesu Kampf gegen sie eigentlich ein Kampf gegen Gott.

Hat nun der Arzt Jesus das gottfreie Denken moderner Leib- und Seelenärzte vorweggenommen? Nein, er kam von einer anderen Gotteserfahrung her. Ein Liebender rechnet nicht ab, sondern schenkt. Grundsätzlich! (335 421) – Das aber müssen Theologen als Anwälte eines gerechten Gottes bestreiten: Der lästert Gott!

Jesu Antwort. – Er fragt nach ihrer Absicht und deckt auf, daß sie bei ihrer Verteidigung Gottes faktisch etwas Böses intendieren. Ihr geht ja gar nicht darauf aus, diesen Kranken aufzurichten. Denn es ist doch leichter (so lautet die Auflösung der Frage), dem Gelähmten zu sagen, daß Gott ihm vergibt, und ihn somit innerlich zu lösen, als ihn körperlich zu heilen und seine Glieder zu lösen. Aber (das ist aus der Situation zu ergänzen) ihr tut nicht einmal das Leichtere und wollt mir noch verwehren, es zu tun. – Auch hier enthüllt er wie an vielen andern Stellen die Lieblosigkeit als das eigentlich ‚Böse im Herzen', als das Gottwidrige unter so manchem ‚Eifer für Gott' (111 132 133 160 182 u.a.).

Einen Kranken von der Angst vor Gott zu befreien, ist zwar leichter, als ihn zu kurieren, denn es kostet nur ein Wort. An sich kann jeder seinem Bruder sagen: Gott vergibt deine Sünden. Damit aber dieses so leicht zu sprechende Wort von einem durch Krankheit deprimierten Menschen wirklich angenommen werde und seine seelische Entkrampfung und Öffnung zu Gott hin anrege, müßte es wie bei Jesus aus einem Herzen kommen, das mit ruhiger innerer Sicherheit um die Güte Gottes weiß, in ihr lebt und darum sie nicht nur aussagen, sondern ausstrahlen kann: Fasse Mut, mein Kind! – Wenn wir medizinischen Laien auch noch so hilflos vor einem Schmerzenslager stehen, ein Letztes an ‚göttlicher Heilkraft' bleibt uns immer noch: ein wenig Güte zu schenken.

Siehe Anmerkung!

Pharisäertheologen: Mit Zöllnern und Sündern ißt er!

Nicht die Gesunden brauchen den Arzt, sondern die Kranken.

‚Schriftgelehrte der Pharisäer' sind die theologisch gebildeten geistlichen Führer in der Laienbruderschaft der Pharisäer. Auch sie kümmerten sich um die Sünder; jedoch so, wie die Justiz sich der Verbrecher annimmt: Einschärfung der Gesetze; Aufforderung zum Gesinnungswandel und zur Bußleistung; andernfalls gerechte Bestrafung nach dem mosaischen Gesetz; soziale Ächtung; religiöser Bann.

Jesu neue Einstellung zum Sünder

Er versteht sich nicht als Richter, sondern als Arzt. Ein Arzt will heilen, nicht bestrafen. – Heißt dies, daß Jesus die Sünde psychologisch oder soziologisch erklärte und entschuldigte? Im Gegenteil. Wie ein rechter Arzt den tiefsten Krankheitsherd aufzudecken sucht, so legte Jesus das wirklich Böse unterhalb der menschlichen Verhaltensweisen offen, mögen sie verbrecherisch oder harmlos oder sogar fromm erscheinen. Er enthüllte die ‚Herzensverhärtung' (111 u.a.), das innere Sichverschließen gegen die Wahrheit, gegen die Mitmenschen und gegen Gott als die Ursünde. Diese Selbstisolierung kann bei den Übeltätern und ebenso bei den Gerechten zu einer reuelosen Versteinerung werden, die kaum mehr zu lösen ist und als Tod bezeichnet wird.
Mit Gerichtsmethoden ist hier nichts zu heilen. ‚Gerechte Gewalt' kann zwar den Verbrecher von Untaten abschrecken, aber nicht verwandeln. Ein Mensch, der haßt, aber aus Angst vor der Polizei nicht mordet, ist doch kein Nichtmörder (309). Wer grundsätzlich nach seinem Eigeninteresse statt nach der Intention Gottes fragt, aber aus Angst vor der Hölle die Gebote

erfüllt, ist doch kein Gottliebender. – Die Heilung des sich selbst verschließenden Menschen ist nur von innen her möglich durch freie Selbst-erschließung. Und das volle Heil, das ‚Leben', gewinnt er nur durch freie Selbst-hingabe (147). Niemand, auch Gott nicht, kann diese unerläßliche Eigenbewegung des Menschenherzens ‚machen' oder ersetzen. Darum geht das ganze ‚ärztliche Bemühen' Jesu um den Sünder darauf aus, seine Eigenbewegung, und das heißt: seine Liebe, anzuregen. – Wodurch, das wird im folgenden Wort von der Einladung an Sünder deutlich.

Pharisäertheologen: Mit Zöllnern und Sündern ißt er!

Ich bin nicht gekommen, die Gerechten einzuladen, sondern die Sünder.

„Jesus speiste in seinem Hause, und viele Zöllner und Sünder lagen mit ihm und seinen Schülern zu Tisch." So zeichnet Markus das anstößige Verhalten Jesu, das ihm den Schimpfnamen ‚Kumpan der Zöllner und Sünder' einbrachte (244). Daß er dabei noch beanspruchte, im Auftrag Gottes zu handeln („Ich bin gekommen..."), mußte die Pharisäertheologen zutiefst empören. Ihr Gott verlangt genau das Gegenteil, zumindest nach der Tora: „Falschpropheten... Götzendiener... Falsche Zeugen... Ehebrecher... Diebe und Räuber sollst du töten! *So tilge das Böse aus deiner Mitte!*" (Dtn 13,6; 17,7; 19,19; 22,24; 24,7) Und dies ist der theologische Grund für den ‚Gottesbefehl', die Sünder auszumerzen, statt sie zu ertragen: Weil Jahwe heilig ist, soll auch sein Volk heilig sein (Lev 11,44 u.a.). ‚Heilig' (kadosch) heißt aber ‚abgesondert' von allem kultisch und moralisch Unreinen. Getreu diesem Grund-gesetz wurden öffentliche Sünder, sofern man sie nicht mehr hinrichten durfte, wenigstens gesellschaftlich ausgemerzt, aus der Lebens- und Heilsgemeinschaft des Gottesvolkes ausgestoßen, ‚exkommuniziert'.

Dagegen kehrte Jesus noch in seinen letzten Tagen bei dem Oberzöllner von Jericho ein, „weil auch er ein Sohn Abrahams ist" (426). Jesu Verkehr mit Sündern ist bewußte Absage an einen Grundsatz der Tora und nicht nur an eine pharisäische Gesetzesauslegung. Was gibt ihm die Vollmacht zu diesem offenen Nein? Es kann nur seine innere Gewißheit sein, daß Gott anders ist, als die Tora ihn darstellt: Die Göttlichkeit Gottes ist sein absoluter Rettungswille, der von keiner Vorbedingung auf seiten der Verlorenen abhängt. Was den namenlosen Weltgrund zum ‚Gott' und somit zur ansprechbaren und vertrauenswürdigen ‚Person' macht, ist seine ‚Liebe' und nicht seine Abgesondertheit. Dieses Gottesbild, das schon im Alten Testament da und dort aufscheint, bestimmt die Worte und Taten Jesu. – Wenn er Zöllner, und zwar noch nicht bekehrte, an seinen Tisch lädt, setzt er ein prophetisches Zeichen: Er schenkt Menschen, die es nicht ‚verdient' haben, die Güte Gottes weiter. Denn der Gott Jesu läßt seine Sonne auch über die Bösen scheinen (205). Ja, so ‚ungerecht' ist er!

Unverdiente Liebe ist aber die einzige Möglichkeit, Sünder von innen her zu ‚heilen' (105!). Wenn nämlich Sünde das Sich-Verschließen des Menschenherzens ist, dann bleibt dem ‚Arzt' Gott nur eine Heilmethode: das freie Sich-Öffnen herauszulocken durch ein Angebot von Güte, das an keine Vorleistung des Menschen gebunden ist. So wie die Sonne durch ihre umsonst geschenkte Wärme die Knospen verlockt, sich zu erschließen. Aber diese heilende Liebe Gottes hat zwei Schwächen: 1. Sie hat keine Erfolgsgarantie, sie kann immer vergeblich sein. Denn sie wirkt nicht wie die Sonnenwärme oder das Medikament durch eine biologische Automatik. 2. Die Menschenliebe Gottes ist darauf angewiesen, daß sie durch Menschen zu den Menschen gebracht wird. Denn der wirkliche Gott hat keine Zauberhände. Er verfügt lediglich über die Hände von Menschen, die sich von seinem Geist lenken lassen.

Siehe Anmerkung!

Johannesschüler: Wir fasten, auch die Pharisäer.
Aber warum fasten deine Schüler nicht?

Können denn die Leute im Hochzeitssaal trauern, wo der Bräutigam bei ihnen ist?

Bei Johannes wurde streng gefastet. Nachdem sich Jesus von ihm getrennt hatte, gab er mit seiner neuen Gruppe das Fasten auf. Die Johannesschüler fragten, warum. – Doch vorher ist zu klären, welches Fasten sie meinten. Nicht jenen Verzicht, den das Brotteilen mit den Hungernden erfordert; auch nicht die normale Selbstdisziplin, die nötig ist, um gesund zu bleiben und den Mitmenschen dienen zu können. Es ging um das kultisch-asketische Fasten. Dieses war schon im Alten Testament Ausdruck der Trauer über das Fernbleiben Jahwes. Fromme und apokalyptisch orientierte Kreise verstärkten die übliche Fastenpraxis, um die Sünden Israels zu sühnen und die Ankunft der Gottesherrschaft zu beschleunigen.
Warum schließt sich Jesus von diesem Trauerfasten aus? Weil für ihn Gott nicht mehr fern ist, so daß er herbeigeweint werden müßte. Gott ist da (100). Nicht als Richter, um abzurechnen, sondern als der Bräutigam Israels. Dieses Bild war den Hörern Jesu von den Propheten her vertraut, jedoch nur als Zukunftsvision (Jes 54,5; 61,10f; 62,4f; Jer 2,2ff; Ez 16; Hos 2,18). Dagegen verkündete Jesus: Jetzt ist es soweit (101). Und wer schon ‚im Hochzeitssaal' ist, in dem Bereich, der von einem liebenden und fröhlich schenkenden Gott erhellt wird, wer in der Gottesherrschaft lebt, der kann nicht mehr trauern. Ihr dürft nicht erwarten, daß Hochzeitsgäste klagen und fasten, nur aus Solidarität mit jenen, die draußen stehenbleiben, weil sie trotz der Einladung an alle (106 259) nicht hereinkommen wollen. Drinnen, in der Gemeinschaft mit dem wirklichen Gott, herrscht die Freude. Da trägt man festliche Gewänder. Der Ort des Heulens und Zähneknirschens ist draußen, im selbstge-

wählten Dunkel (339). – Jesus ließ sich lieber als Säufer beschimpfen, als in diesem Punkt den frommen Asketen zu folgen (244).

Ganze Freude prägt den neuen Lebensstil

Rein geistige Freude bei leiblichem Fasten hätte niemand Jesus zum Vorwurf gemacht. Aber ganz ist menschliche Freude erst dann, wenn sie den ganzen Menschen erfaßt: wenn sie die Lust der Sinne, etwa das unbefangene Essen und Weintrinken in einer heiteren Gesellschaft, nicht ausklammert; wenn sie schon das irdische Dasein prägt und nicht nur Hoffnung auf künftig-jenseitiges Glück ist; wenn sie nicht ein vorübergehender religiöser Rausch ist oder von einem Festkalender programmiert wird, sondern auch den grauen Werktag und die Leidensnacht (189!) aufhellt. – Woher aber kommt das alte Mißtrauen religiöser Menschen gegen die ‚irdische Hälfte' der Freude? Vermutlich aus echten Erfahrungen, die aber aus einem unechten Gottesbild gedeutet wurden. Hier einige Beispiele:

1. Der hemmungslose Sinnenmensch ist in der Tat halbiert, gewissermaßen auf seine untere Hälfte zusammengeschrumpft, und droht geistig zu veröden. Nur darf darüber nicht vergessen werden, daß der Zuchtvolle, der hochmütig und erbarmungslos an einem Säufer in der Gosse vorübergeht, nach Jesus noch weiter von Gott entfernt ist als der Betrunkene (421 425). Askese und Vergeistigung sind nicht die rettenden Alternativen. Der ‚Geist' ist zumindest nicht weniger anfällig gegen das Böse als das ‚Fleisch'.

2. Eine religionsgeschichtliche Erfahrung, besonders Israels: Wo Sinnenlust, zumal Erotik, in den Kult eindrang, konnte sie leicht das Gottesbild zerstören. Hier sei nur an kananäische Fruchtbarkeitskulte, Tempelprostitution und Dionysosorgien in der hellenistischen Umwelt erinnert. Gegen die heidnische Symbiose von Religion und Erotik mußten zum Schutz des bild- und mythenlosen Jahwekultes Barrieren errichtet werden.

Dazu gehörten u.a. die besonderen Reinheitsgesetze, die den priesterlichen Dienst am Heiligtum und das ‚Sexualwesen' ‚Frau' betrafen. Das alles hat die asketische Haltung der Frommen mitgeprägt. – Bei Jesus fehlte das kultische Reinheitsmotiv und somit auch die asketische Antihaltung. Darum konnte er unbefangen den Frauen begegnen, sogar den anrüchigen (403). Aber darum konnte er auch der lieblosen, frauenfeindlichen Scheidebriefpraxis die von Gott gewollte starke Bindekraft der Geschlechterliebe entgegenstellen (160). Der Gott Jesu will Menschen nicht einseitig vergeistigen, sondern ganzheitlich befreien.

3. Die heimliche religiöse Angst vor Vitalität und Sinnenlust wurzelt zum Teil auch in der Vorstellung, Gott-gleich-Geist stehe gegen Menschenleib-gleich-Materie. Eine Ideologie, die viel älter ist als der Manichäismus. – Jesus geht nirgends auf diese philosophische Gottesfrage ein. Praktisch betont er zweifellos das dynamische ‚Darübersein' Gottes über der Welt, bestreitet aber jedes ethische oder kultische ‚Entgegensein' gegen die Leiblichkeit als solche. Ich will euch zeigen, was euch schmutzig macht vor Gott: nicht unreine Speisen, sondern euer unreines Herz, aus dem die bösen Gedanken aufsteigen (133). Wenn ihr das, was ihr eßt und trinkt, mit den Armen teilt, das heißt, wenn ihr liebt, ist euch alles rein (263).

4. Das Mißtrauen gegen den unbeschwerten Genuß hat noch eine andere Wurzel: die heidnische Angst vor dem ‚Neid der Götter'. Im jüdisch-christlichen Bereich begegnet sie als Angst vor der ausgleichenden Gerechtigkeit Gottes. Wem es auf Erden zu gut geht, der muß es im Jenseits büßen. So der Tenor der Geschichte vom reichen Prasser und armen Lazarus. Daß diese nicht von Jesus stammt, erkennt man u.a. daran: Als Strafursache der Höllenqualen wird nicht eine Ungerechtigkeit oder Hartherzigkeit des Reichen genannt, sondern ausdrücklich nur: Du hast dein Gutes schon im Leben empfangen (Lk 16,25). – Dagegen betont Jesus immer und immer wieder: Gott gleicht nicht aus, er gibt umsonst; wie auch ihr nicht

rechnen, sondern schenken sollt (206 u.a.). Darum gilt nicht die Waage der Gerechtigkeit: Wieviel einer notgedrungen oder freiwillig hier entbehrt, soviel wird ihm dort zurückerstattet. Es gilt allein das Prinzip der Liebe: Je mehr einer schenkt, desto mehr wird er beschenkt (118 166 422 u.a.). Man wird es also neidlos Gott erlauben müssen, daß er Menschen, die schon auf Erden glücklich sind, auch im Himmel glücklich macht.

5. Selbst dort, wo das Gebot der Nächstenliebe sehr ernst genommen wird, lauert noch ein Rigorismus, der menschliche Freude nicht so recht aufkommen läßt. Wie kann man fröhlich Mahl halten, solange es Arme gibt? Sollte man das sündhaftteure Nardenöl, das diese Frau an Jesus verschwendet, nicht besser zugunsten der Hungernden verkaufen? Eine zutiefst berechtigte und sehr harte Frage an Jesus. – Er scheute sich nicht, auch hier die Spontaneität eines liebenden Herzens zu verteidigen. Die Frau hat ihre Freude zum Ausdruck gebracht. Durch eine unvernünftige Verschwendung? Das ist eben ihre Art, ein ‚gutes Werk' zu tun. Laßt sie! (187)

Die unverkürzte Freude ist letztlich deshalb ein Kennzeichen der von Jesus erlebten und verkündeten Gottesherrschaft, weil sein Gott wie ein guter Mensch handelt, dem es selber Freude macht, andere zu beglücken (201 257 421).

Siehe Anmerkung!

**Man reißt vom neuen Mantel keinen Lappen ab
und flickt damit den alten.
Sonst zerreißt man nur den neuen Mantel
und zum alten paßt das Stück vom neuen nicht.**

Jesus will nicht teilweise vereinnahmt werden

Die Versuchung lag nahe, einiges aus seiner Botschaft, das besonders gefiel, zu übernehmen, um dünne Stellen des eigenen Systems damit auszubessern. So konnten z.B. Johannesschüler ihre Fastenpraxis als zu hart empfinden und im Gespräch mit Jesus auskundschaften, ob sie nicht seinen leichteren Lebensstil übernehmen könnten (107). Vielleicht, um die Johannesschule etwas zu ‚modernisieren' und attraktiver zu machen? Darauf hätte Jesus geantwortet: Entweder nehmt den neuen Mantel ganz oder bleibt bei eurem alten! Aber macht kein Flickwerk! Und dies wäre seine Begründung: Das neue ‚Nichtfasten' ist nur dort sinnvoll, wo es nicht aus Trägheit oder Taktik gewählt wird, sondern aus einer neuen Gotteserfahrung sich von selbst ergibt. Aber dann wird auch alles andere neu: euer Verhältnis zu den Sündern, zum Sabbatgebot, zur kultischen Reinheit, überhaupt zur Tora und zur Überlieferung. Wenn ihr jedoch bei dem Gottesbild vom strafenden Richter bleiben wollt (wie es Johannes verkündet), dann müßt ihr auch bei eurem Fasten bleiben. Sonst werdet ihr inkonsequent.
Entsprechendes hätte er Pharisäern oder Zeloten erwidern können. Entsprechendes gilt auch von den späteren Versuchen in der Geschichte: Hellenismus plus ein bißchen Evangelium ergibt ein für Hellenisten akzeptables Christentum. Nationalismus plus ein bißchen Evangelium ergibt ein für Deutsche unter Hitler akzeptables Christentum. Mit allen anderen Ismen könnte man so fortfahren. Nein, die Botschaft Jesu ist weder teilbar noch kombinierbar. Das liegt nicht etwa daran, daß er ein in sich geschlossenes System entwickelt hätte. Denn er ist kein

Philosoph, sondern Prophet und spricht spontan. Aber er spricht immer aus der einen und selben Mitte, von dem bedingungslos liebenden Gott her. Wollte man nun einzelne Aspekte seiner Botschaft, sei es sein Engagement für die Armen oder sein Gewaltverzicht oder sonst etwas, losgelöst von dieser Mitte herausgreifen, so hätte man nur Bruchstücke in der Hand. Nimmt man aber irgendein Stück mitsamt seiner Verwurzelung im Zentrum, so hat man keimhaft schon das Ganze, nämlich den Gott Jesu. Denn wo dieser wirklich maß-gebend ist, bekommen auch alle andern Stücke eine neue Wertung.

Toleranz?

Gegen andere, ja! Gegen mich, nein! Wenn ich sehe, daß Buddhisten oder Marxisten oder Zeugen Jehovas etwas sachlich Richtiges und Gutes tun, sollte ich mich freuen und gegebenenfalls mit anpacken, ohne ideologische Vorbedingungen. Wenn ich aber Orientierung für mich selbst suche oder nach Orientierung gefragt werde, darf ich Jesus nicht mit Marx, nicht einmal mit Markus kombinieren. Und schon gar nicht darf ich nach dem windigen Herrn ‚man' und der kurzatmigen Frau ‚modisch' fragen. Wer Jesus vertraut, daß er Gott ungefiltert wahrgenommen hat, für den ist er in Fragen der Grundorientierung nicht ein Meister neben anderen, sondern ‚der' Meister.

**Man gießt nicht jungen Wein in alte Bälge,
sonst zerreißt der Wein die Bälge
und der Wein verdirbt mitsamt den Bälgen.
Nein, jungen Wein in neue Bälge!**

Ein zweites Wort der Abgrenzung zwischen Alt und Neu. Weitere Texte: 228 236 309–312. Während das vorausgehende Logion (108) die Unteilbarkeit und Unvermischbarkeit des Neuen betont, geht es hier um die Entsprechung von Inhalt und Form. In diese Richtung weist das Bild vom (Ziegen-)Balg als dem üblichen Weinbehälter.

Daß neue Inhalte auch neue Formen brauchen, ist an sich eine Allerweltsweisheit. Aber das Bildwort zielt, genau besehen, nicht auf eine neue Gestalt des Gefäßes, sondern auf seine Elastizität. Junger, gärender Wein ist in Bewegung. Deshalb braucht er einen Ziegenbalg, der noch geschmeidig genug ist, sich dieser Bewegung anzupassen.

Wie stellt sich das Problem ‚Inhalt und Form' zwei Jahrtausende später?

Daß die Botschaft Jesu damals, als sie in Israel neu war und überall, wo sie neu hinkam, alte Formen sprengte, ist ohne weiteres verständlich. Aber wurde sie inzwischen nicht selber alt in ihren eigenen Formen? Braucht sie, als längst ausgegorener und ruhig gewordener Wein immer noch neue Bälge (um im Bild zu bleiben)? Braucht sie etwa immer wieder Liturgie- oder Codexreform oder Neuinterpretation des Dogmas? – Doch so ist die Frage falsch gestellt. Es geht vielmehr darum: Ist der Inhalt der Botschaft Jesu etwas ‚in sich Statisches' oder etwas ‚in sich Dynamisches'? Im ersten Fall ist ihm ein starres Gehäuse angemessen. Wie oft dieses repariert wird, ist belanglos gegenüber der Tatsache, daß es grundsätzlich als ein statisches Gefäß verstanden wird, ob es vor Jahrhunderten oder erst gestern geschaffen wurde. Im zweiten Fall ist dem Inhalt ein elastisches Gehäuse angemessen, eine Haut, die mitwächst

und sich mitbewegt. Das bedeutet: Natürlich braucht auch das Gemeinschaftsleben nach den Weisungen Jesu eine ihm eigene Ordnung, die notfalls sogar sehr harte Opfer fordern darf. Aber diese ‚Ordnung' darf nie zu einem in sich selbst stehenden und faktisch das Leben hemmenden ‚Gesetz' werden.
Die Gottesherrschaft ist ein äußerst dynamisches Geschehen: Gott kommt als der Liebende und erfaßt und treibt die Menschen. Nur das Ziel bleibt immer das gleiche: Menschen retten, heilen, aufrichten. Jedoch alle Wege dahin sind situationsbedingt. Ein Beispiel: Da gibt es keine ‚Verordnung', einmal wöchentlich mit öffentlichen Sündern zu speisen. Wenn aber irgendein altes oder neues Kirchengebot die Communio mit Verfemten unterbinden sollte, wird die Dynamik der Liebe sich unbekümmer darüber hinwegsetzen, sobald die Situation es erfordert. Statt nur darüber zu diskutieren. Statt gehorsam (wem gehorsam?) zu warten, bis es erlaubt wird. Statt ängstlich-heimlich das Gebot zu umschleichen. – Genau den offenen und vor Gott verantworteten Ungehorsam gegen Gesetze hat der Meister uns vorgelebt. Mit dem Todesrisiko.

Den Sabbat hat ER für den Menschen gemacht und nicht den Menschen für den Sabbat.

Im Alten Testament steht das Gegenteil: „Jahwe hat befohlen: Sechs Tage hindurch darf gearbeitet werden. Der siebte Tag soll euch heilig sein, ein Tag vollkommener Ruhe, *heilig für Jahwe!* Jeder, der an ihm eine Arbeit verrichtet, werde mit dem Tode bestraft! Am Sabbat dürft ihr in all euren Häusern nicht einmal Feuer anzünden" (Ex 35,1–3). Demnach ist der Sabbat nicht für das Wohl des Menschen, sondern für die Verehrung Gottes von ihm selbst angeordnet. So ausschließlich, daß die elementarsten Bedürfnisse des Menschen, wie Feueranzünden zum Essenkochen, zurücktreten müssen. Und so rigoros, daß Gott jede Übertretung mit dem Tod zu bestrafen gebietet.

Natürlich hat nicht Gott, sondern ein Theologe der Exils- oder Nachexilszeit das ursprünglich menschenfreundlichere Sabbatgebot derart verschärft. Er glaubte auch, diese seine Deutung Gott selbst in den Mund legen zu dürfen. Und die nachfolgenden Theologengenerationen gingen vor dem so zustande gekommenen *Text* in die Knie wie vor einem Wort Gottes. – Darf man jenen Autor, der wohl wußte, wie sehr gerade im Exil das Sabbatgebot die Jahwetreue und somit auch die Identität des Volkes Israel stützen kann, für seinen frommen Eifer schelten? Nein, aber man muß ihn korrigieren, wenn er tatsächlich die Intention Gottes verfehlt hat. Man muß ihn korrigieren, und koste es die bitterste Verfolgung durch die Frommen. – Doch, wer kennt schon die innerste Absicht Gottes so sicher, daß er nicht nur heimlich denken, sondern laut und eindeutig verkünden darf: Gott meint das Sabbatgebot anders, als die Tora es darstellt?

Die Behauptung Jesu, Gott habe den Sabbat für den Menschen gemacht, klingt in der Umwelt, in die hinein sie gesprochen wurde, eindeutig ketzerisch. Nicht nur für die damaligen Juden, sondern auch wieder für die Christen gegen Ende des 1. Jahrhunderts. Wohl deshalb streichen Mattäus und Lukas das anstößige Wort aus ihrer Markus-Vorlage. – Die Rahmenerzählung handelt zwar vom Ährenpflücken der hungrigen Jünger. Aber Jesus geht (entgegen der Darstellung bei Mk Mt Lk) nicht auf diesen ‚Fall' ein. Er streitet nicht nach Art der Gesetzeslehrer darum, was am Sabbat gerade noch erlaubt sei. Sein Wort ist eine Maxime. Und diese weist über das Sabbatgebot hinaus auf die eine große Frage hinter allen kultischen Geboten und rein religiös begründeten Verboten (Tabus). Man könnte sie aus dem heutigen religionskritischen Empfinden heraus etwa so formulieren: Ist denn der Mensch für ‚Gott' da? Müssen seine menschlichen Bedürfnisse, seine Bewegungsfreiheit, sein Glück einem geheimnisvoll-unbekannten, übermenschlichen ‚Herrn' und seinen Ansprüchen geopfert werden? Oder ist ‚Gott' für den Menschen da? Ist die Chiffre ‚Gott' vielleicht doch nur die Projektion dessen, was der Mensch braucht, an den Himmel, von wo aus es dann als Leitbild wieder auf den Menschen zurückstrahlt. Insofern könnte ‚Gott' eine durchaus passable Hilfe sein. Ähnlich wie ein Bürgerliches Gesetzbuch, in das man zuerst hineinschreibt, was man für gerecht hält, das man dann autorisiert, um schließlich wieder herauszulesen, was als gerecht zu gelten hat. Nur müßte ‚Gott' wie ein Gesetzescodex von Zeit zu Zeit auf den neuesten Stand gebracht und, sobald die Menschheit ohne solche Stützen auskommt, wieder abgeschafft werden.

Frage also an den jüdischen Erzketzer Jesus, der schon vor zwei Jahrtausenden erklärte, der Sabbat sei für den Menschen da und nicht der Mensch für den Sabbat: Sind die Menschen für Gott da oder ist Gott für die Menschen da? Noch härter gefragt: Hat Gott sich den Menschen gemacht, oder macht der Mensch sich seinen Gott? – Es zeigt sich nun, daß Jesus mit dieser Zange gar nicht zu fassen ist. Denn er sagt etwas Neues: Gott *will* für den Menschen dasein. Von sich aus. Mit innerstem Engagement ganz für den Menschen. Weil er wie ein Abba ist. Darum ist er (wie ein wahrhaft Liebender) nicht darauf aus,

von seinem Partner geehrt zu werden, sondern ihn glücklich zu machen.
So irrig dieses Gottesbild mit seinen ungeheuren Konsequenzen den theologischen Gegnern Jesu auch erscheinen mochte (sie wollten ihn ja schon daraufhin umbringen / 111), es war doch nur der volle Durchbruch dessen, was bereits Mose von Gott wahrgenommen und in dem Namen JAHWE verdichtet hat. Denn dieses Wort bedeutet einerseits: Ich bin da, wenn ich selbst dasein will; von dir nicht magisch zu handhaben. Aber zugleich bedeutet es: Ich bin dir nahe, in jeder Not bin ich für dich da. Kein anderer als dieser JAHWE ist der Abba Jesu, der alles, auch den wöchentlichen Ruhe- und Feiertag ‚für den Menschen' gemacht hat.

Siehe Anmerkung!

Im Synagogengottesdienst war ein Mann mit einer steifen Hand. Sie beobachteten Jesus, ob er ihn am Sabbat heilen werde, damit sie gegen ihn Anklage erheben könnten.

Steh auf, komm in die Mitte! . . .
Ist es erlaubt, am Sabbat Gutes zu tun,
oder ist es erlaubt, am Sabbat Böses zu tun?
Leben zu retten oder zu töten?

Sie aber schwiegen. – Da blickte er sie ringsum an, voller Zorn, und empfand Mitleid über die Versteinerung ihrer Herzen. – Sie beschlossen, ihn umzubringen.

Für geschulte Theologen ist es empörend, wie ‚primitiv' Jesus argumentiert. (‚Primitiv': Er geht vom ‚Primum', vom Ersten und Ursprünglichen aus.) Man soll immer das Gute tun. Natürlich auch am Sabbat. Ohne Wenn und Aber. Einem Kranken nicht zu helfen heißt aber Böses tun. – Ob man am Sabbat Gutes tun darf, ist also eine kinderleichte Frage. ‚Vorschulpflichtige Kinder', Unmündige (nepioi), die nur ihrem unverdorbenen Herzen folgen können, weil sie noch nicht theologisch geschult oder verschult sind, wissen noch die richtige Antwort. Die Klugen und Weisen (245) wissen sie nicht mehr. Statt dessen haben diese Lehrer und Hüter Israels den Kopf voller heiliger Paragraphen. Und das Herz voller pastoraler Ängste: Wo kämen wir da hin, wenn... Sie sind nicht oberflächlich-böse, sondern in ihrem Denken und Handeln gebunden, verstrickt, und in ihrem Herzen, dem Organ für menschliches Fühlen, unbeweglich geworden, versteinert. Darum können sie auf die naive Frage Jesu nicht eingehen. Sie schweigen.
Der Meister aber redet nicht nur ‚aus dem Herzen', er handelt. Sofort. Öffentlich. Unter großem Risiko. Er stellt den Kranken in die Mitte der Synagoge und heilt ihn. – Akute Lebensgefahr befreit auch nach rabbinischer Auslegung vom Sabbatgebot.

Doch das trifft hier nicht zu. Dieses Gebrechen hätte einen Tag später ebenso kuriert werden können. Aber Jesus heilt auf der Stelle, um allen Aufpassern zu zeigen, daß der gute Gott den Ruhetag wirklich ‚für' den Menschen angeordnet hat, daß nicht umgekehrt der Mensch dem Sabbat geopfert werden darf (110). – Wie gefährlich diese Herausforderung war: Wird der Sabbat nur versehentlich verletzt, so muß der Täter verwarnt werden und ein Sühnopfer entrichten Geschieht es aber trotz vorheriger Warnung und vor Zeugen, dann ist er zu steinigen (Billerbeck). Und genau das ist hier geschehen. – Die Pharisäer berieten mit den Herodianern, wie sie ihn umbringen könnten. Sie sahen richtig, daß dieser Ketzer sich bewußt über die Tora hinwegsetzte, und das mitten im Synagogengottesdienst. Ihn öffentlich zu steinigen, verwehrte ihnen die römische Besatzungsmacht, die sich das Schwertrecht vorbehielt. Aber ein heimlicher Fememord wäre möglich Oder Herodes könnte wieder eingreifen, wie er schon bei Johannes dem Täufer getan. (Vgl. 418!)

Jesu Zorn und Erbarmen (von Mattäus und Lukas übergangen).

Sein Zorn über solche geistliche Führer, denen das Volk ausgeliefert war, ist verständlich (260). Überraschend ist sein Mitleiden und Mittrauern über die Versteinerung (porosis) ihrer Herzen. Er weiß also um ihre verborgene Not: Sie sind die ersten Opfer ihres eigenen Systems, das sie anderen als Joch auferlegen. Eingeschult in die ihnen vorgegebenen Traditionen und berufsmäßig zu deren Verteidigung verpflichtet, ist allmählich ihr Sehvermögen verengt und ihr Fühlvermögen verkrustet. Darum nennt er sie oft erblindet und verhärtet. Er wollte auch sie heilen (403). Aber die tragische Herzensverhärtung der religiösen Führerschicht, verborgen unter viel Wissenschaft und Frömmigkeit (264), ist wohl schwerer aufzulösen als die Verkehrtheit von Zöllnern und Huren (338).

Jesu Einsatz für die Gottesherrschaft:
Klarheit + Mut + Güte

1. Klarheit. – Er sieht mit ‚reinem Herzen‘ (303), daß Gott gut ist und das Gute will. Darum sieht er durch alle drübergehängten theologischen Gewebe hindurch. Wie das Kind in Andersens Märchen durch des Kaisers ‚neue Kleider‘ hindurchsah, weil sie nur von den ängstlichen Beamten und danach von den ängstlichen Massen drübergedacht waren.
2. Mut. – Das klare Sehen nützt nichts, wenn das laute Sagen und offene Tun nicht hinzukommen. Erst im Handeln unter dem Risiko (Jesus riskierte den Ketzertod!) wird die Kraft wirksam, die von dem ICH-BIN-DA ausströmt, jenes Vertrauen zu Gott, das die Angst vor Menschen überwindet. So bei Mose. So bei Jesus. So bei jedem, für den Gott nicht Idee, sondern Realität ist. Daß auch das leicht erkennbare und leicht vollziehbare Gute so oft aus ‚kluger Vorsicht und Rücksicht‘ nicht sofort getan wird: hier liegt doch weithin unsere Misere und nicht darin, daß uns Durchschnittsmenschen die Genialität und der Heroismus fehlen.
3. Güte. – Klar sehen und mutig handeln, mit diesen beiden Elementen könnte auch ein kalt-korrektes ‚System‘ errichtet werden. Soll aber Gottes Herrschaft verwirklicht werden, dann muß Gottes ‚Herz‘ die alles treibende Mitte sein. Nur darf Güte nicht taktisch eingesetzt werden: nicht als Lockmittel; nicht als Öl im Getriebe; nicht als leichte Umgehung eines notwendig gewordenen offenen Streites um das, was jetzt richtig und gut ist. Gottgemäße Güte, abzusehen an Jesus, ist Mitempfinden mit allen, auch mit den Verhärteten, verbunden mit dem Willen, allen aufzuhelfen, auch dem Gegner. (Worte, die dieser Grundhaltung Jesu offensichtlich widersprechen, wurden ihm erst später von den Evangelisten in den Mund gelegt, teils aus antijüdischer Polemik, teils aus apokalyptischem Vergeltungsgeist, wie sich zeigen wird.)
Nicht schon diese einzelnen Elemente, sondern erst die unge-

brochene *Einheit* von ‚Klarheit + Mut + Güte' ist die spezifisch jesuanische Art des Engagements für die Gottesherrschaft.

Es ist unmöglich,
daß jemand in das Haus des STARKEN geht und seine Sachen raubt.
Er müßte erst den STARKEN fesseln.
Dann mag er sein Haus plündern.

Im Alten Testament heißt Gott „der Starke", „unsere Stärke". Es ist immer wieder „Jahwes starker Arm", der Israel aus der Hand seiner Bedränger rettet. Jesus selbst wußte sich bis zuletzt im Schutz des STARKEN (143 194 196). Das gab ihm den Mut zum Widerstand gegen die Machthaber.
Die gleiche Sicherheit und Furchtlosigkeit will er in diesem Gleichnis auch an seine Jünger weitergeben. Ihr gehört doch Gott, wie das Hausgerät dem Hausherrn gehört. Also kann euch kein Verfolger mit Gewalt herausreißen aus dem Schutz Gottes wie ein Räuber, der in eine Wohnung eindringt und Sachen herausholt. Da müßte schon einer kommen, der stärker ist als Gott, der STARKE. Denn er müßte Gott in Fesseln legen, bevor er anfängt, ihm sein Eigentum zu nehmen. Also habt keine Angst! (233 234)
Die Bilderreden Jesu sind nicht nur anschaulich und treffsicher, sondern oft mit feinem Humor gewürzt. Das ist ganz natürlich, denn Gottvertrauen und Lachen gehören zusammen.

Siehe Anmerkung!

Die Theologen aus Jerusalem sagten: Er ist vom Teufel besessen. Als seine Angehörigen davon hörten, zogen sie aus und wollten ihn festnehmen, denn sie sagten: Er ist (nur) verrückt geworden.
Seine Mutter und seine Brüder kamen, blieben draußen stehen und schickten zu ihm, um ihn herauszurufen. „Siehe, deine Mutter und deine Brüder da draußen suchen dich!"

Wer ist meine Mutter, wer sind meine Brüder?
Er blickte auf die rings um ihn Sitzenden und sagte:
Da schau, meine Mutter und meine Brüder!

. . . . .

Wer das tut, was Gott will,
der ist mir Bruder und Schwester.

Die kritische Lage Jesu

Nicht nur die einheimischen Geistlichen belauerten ihn, solange er in den Synagogen Galiläas predigen durfte. Nun schickte auch die oberste Glaubensbehörde von Jerusalem Schriftgelehrte als Aufpasser. Diese erklärten sein charismatisches Heilen als Teufelswerk, weil es mit offener Gesetzesübertretung (111) verbunden war. Im Prozeß vor dem Hohen Rat spielte dieses theologische Gutachten keine Rolle. Vielleicht war es auch mehr zum galiläischen Volk hin gesprochen, um die ungebildeten Massen von ihrem Wunderdoktor und somit auch von seinen gefährlichen Irrlehren abzubringen. – Die Familie Jesu hörte davon und konnte sich leicht ausrechnen, was da auf ihn zukam. Sie reagierte so besorgt und klug, wie sie eben konnte: Unser Jeschua ist nur geistesgestört. Also gehört er in eine ‚Heilanstalt' und nicht vor die Inquisition, wo ihm als Falschpropheten und Teufelskomplizen die Steinigung droht. Das heißt praktisch: Er gehört in die Obhut seiner Sippe. Die Familie wird schon dafür sorgen, daß er nichts mehr anstellt.

Also ziehen seine Mutter und seine Brüder aus, um ihn mit List oder Gewalt nach Hause zu bringen, zu seinem eigenen Schutz.

Die harte Entscheidung Jesu

Er sieht, daß hier sein ganzes Werk auf dem Spiele steht. Der ehemalige Prophet jetzt als armer Irrer unter Hausarrest, von seiner Mutter gepflegt! Dann wäre der ‚Fall Jesus' auch im Sinne der Jerusalemer Behörde noch eleganter und zugleich radikaler ‚gelöst' als durch einen aufsehenerregenden Ketzerprozeß. – Weil das nicht geschehen darf, reißt sich Jesus von seiner Familie los. Wer ist meine Mutter, wer sind meine Brüder? Nicht die da draußen warten, um mich einzusperren, sondern die hier sitzen, um auf mich zu hören! Was er selbst, der gewiß keinen Menschen zurückstoßen oder verwunden will, hier so hart vollzieht, das verlangt er von jedem, der hinter ihm hergeht: die Bereitschaft, sich von der eigenen Familie loszulösen, wenn sie seinem Einsatz für die Gottesherrschaft im Wege steht (166 228 237 336).

Die neue Familie Jesu

Er lebte in einer einzigartig-familiären Bindung an Gott, so daß er ihn Abba nennen kann. Ebenso familiär, nämlich als Bruder, war er denen zugetan, die mit ihm gingen. Der Bruder- und Schwester-Titel, den er hier anbietet, ist keine dehnbare und billige Höflichkeitsfloskel. Er kostet etwas: Wer wirklich tut, was Gott will, nur der ist diesem ganz auf Gott ausgerichteten Jesus innerlich verwandt und zu dem sagt er auch „mein Bruder, meine Schwester". Er hätte wie andere rabbinische Schulhäupter seine väterliche Autorität gegenüber denen, die ihm folgen, betonen können. Dies um so mehr, als er sich seiner unmittelbaren Sendung von Gott und somit seines Führungsauftrags absolut sicher ist (175 245 253). Aber gemessen am Abstand zu Gott weiß er sich auf einer Ebene mit den Menschen (163). Hilfsbereit ist er zu allen, doch geistesverwandt nur denen, die wie er Gottes Willen tun. – Das ist die nicht-organisierte, aber organisch gewachsene und reale Bruderschaft von Menschen unter Gott als dem Vater. In ihr darf keinem Menschen Vaterautorität zuerkannt werden (340), nachdem selbst Jesus sich als Bruder versteht, obwohl er der Meister ist.

Die Mutter Jesu

Um Maria von Herzen zu ehren, braucht man keine Legenden und keine theologischen Überhöhungen, sondern nur die zwei historisch gesicherten Fakten zu bedenken: ihr Leiden an Jesus und ihre Bekehrung zu Jesus. – Es liegt in der Natur der Mutterschaft, daß niemand mit Jesus menschlich so eng verbunden war wie Maria. Anderseits gehört es zum Schicksal des Propheten, daß er gerade denen, die ihn von klein auf ‚schon kennen', durch seinen prophetischen Anspruch plötzlich fremd erscheint und zum Ärgernis wird (125). Davon ist auch die Mutter Jesu nicht ausgenommen. Das zeigt die Darstellung seines Mißerfolgs in Nazaret (125). Wie mußte sie unter diesem Nicht-mehr-verstehen-Können leiden, bis sie sich entschloß, Jesus mit Hilfe seiner Brüder heimzuholen! Vielleicht ist meinem Jeschua etwas in den Kopf gestiegen, mit dem er nicht fertig wird? Vielleicht ist er doch zum Irrlehrer geworden, wie die hochwürdigen Herrn sagen, die für die rechte Lehre zuständig sind? Vielleicht wird er nun allen Leuten zum Gespött? Vielleicht machen sie ihm noch den Prozeß und bringen ihn um? Und als sie ihn voll mütterlicher Sorge herausreißen wollte aus der Gefahr, um ihn zu schützen und zu heilen, mußte sie das furchtbare Wort hören: Wer ist meine Mutter? Wahrscheinlich können nur Mütter nachempfinden, welch tiefe Wunde eine solche Abweisung im Mutterherzen zurückläßt. Was konnte sie jetzt noch für ihr Kind tun?

Mk/Mt/Lk nennen verschiedene Frauen mit Namen, die Jesus versorgten, mit ihm von Galiläa nach Jerusalem zogen und Zeugen seines Sterbens und des leeren Grabes waren. Mariens Name ist nie dabei (zu Joh 19,26f s. Anm.!). Der Mutter Jesu blieb nicht einmal der bescheidene Dienst einer Marta. – Auch Petrus, der getreue, verstand Jesus nicht und wurde von ihm tief verletzt, als dieser ihn einen Satan nannte. Doch dieser Jünger konnte nach seiner Zurechtweisung wenigstens wieder hinter Jesus hergehen. Dagegen blieb für Maria nach dem Wort „Wer ist meine Mutter?" nur noch übrig, sich zurückzuziehen und an der Trennung zu leiden. – Aber dann geschieht es, daß sie gerade durch das tiefste Dunkel des Karfreitagsgeschehens hindurch zum österlichen Glauben kommt und zum pfingstlichen Verstehen ihres Sohnes. Denn zweifellos schloß sich Maria der Jüngergemeinde an, wie es Apg 1,14 ohne Pathos miterwähnt wird.

Maria ist groß durch ihren besonders schmerzlichen Weg zum Glauben an Jesus. Würde sie durch Wunder und Privilegien wirklich größer? Und liebenswerter? Sie steht denen am nächsten, die ähnlich wie sie unter dem Nichtverstehen der Wege Gottes leiden und doch nicht hart werden, sondern bescheiden „unter ihrer Last bleiben" (hypomone) und eine lange Nacht hindurch auf das Licht warten.

Siehe Anmerkung!

Ein Bild von der Gottesherrschaft

Ein Sämann zog aus, seinen Samen zu streuen.
Beim Streuen fiel das eine auf den Weg
und wurde zertreten.
Das andere fiel auf den Felsen und keimte,
aber es verdorrte mangels Feuchtigkeit.
Das andere fiel in die Dornen.
Die wuchsen mit und erstickten es.
Das andere fiel auf guten Boden,
keimte und brachte hundertfache Frucht.

Jeder Hörer Jesu wußte, daß Saatgut nur auf gutem Boden wächst. Und jeder konnte sich leicht zusammenreimen, daß ebenso die Predigt Jesu nur in einem bereiten Herzen Frucht bringt. Insoweit brächte das Gleichnis nur eine Allerweltsweisheit. – Aber bei sorgfältigem Zuhören zeigen sich zwei nichtübliche Momente, zwei starke Übertreibungen, an denen die spezifische Aussageabsicht Jesu deutlich wird, die dann keine Selbstverständlichkeit mehr ist: 1. Dieser Sämann geht recht unbekümmert mit seinem Samen um. Er streut ihn unbedacht umher, so wie der Wind sät. Es wird nicht einmal wie bei anderen Samengleichnissen (120 324) gesagt, daß er auf seinen Acker geht, sondern nur, daß er auszieht, seinen Samen zu streuen. Dabei fällt dreimal etwas daneben, einmal etwas auf guten Boden. 2. Dieses Saatgut ist von ungewöhnlicher Qualität. Es trägt auf günstigem Boden hundertfache Frucht. – Diese beiden Akzente der Bildhälfte zeigen in folgende Aussagerichtung:
Gott bzw. sein Bote Jesus bietet die Gottesherrschaft allen an. Nicht nur einer geschlossenen Gruppe, die sich für auserwählt hält wie die Apokalyptiker und insbesondere die Qumranleute, sondern wahllos allen Menschen, den dankbaren, die Frucht bringen, und den undankbaren, die keine Frucht bringen (206).

– Wo aber das Angebot Gottes (zufällig!) auf einen dafür offenen Menschen trifft, da kann es Außerordentliches bewirken. Denn die frohe Kunde von der Gottesherrschaft, die Mit-teilung der Liebe Gottes zum Menschen in Wort und Tat, wirkt wie ein Samenkorn von ungeahnter Lebenskraft (121).

Auch dieses wie die übrigen Samengleichnisse Jesu zeugt von seinem realistischen Optimismus. Realistisch rechnet er mit der Oberflächlichkeit vieler Hörer seiner Botschaft, aber keineswegs aller. Sein Optimismus dagegen gründet in Gott. Dessen Güte, die er unterschiedslos allen anbietet, wird da und dort schon offene Herzen finden und in ihnen wunderbare Frucht bringen. Sie wird sich durchsetzen. Von Pessimismus und Weltuntergangsstimmung ist in den echten Jesusworten nichts zu spüren.

Siehe Anmerkung!

Wer Ohren zum Hören hat, soll hören!

An sieben Stellen bringen die Evangelisten diese Aufforderung. Jesus hatte wohl Grund, darauf zu dringen, daß seine Botschaft genau gehört würde.

1. *Seine Sympathisanten* hörten ihn zwar, aber oft zu oberflächlich. Gier nach Wundern beanspruchte das Hauptinteresse (103). Sie projizierten ihre eigenen Vorstellungen in seine Botschaft, zum Beispiel ihre Messiaserwartungen (139 170). Selbst seine Schüler begriffen nicht, was er eigentlich wollte. Beispiele: Streit mit Petrus (144); Zebedäussöhne (167); Feuer auf die bösen Samariter (405); Vorgehen gegen den fremden Exorzisten (154); Verteidigung mit Waffengewalt (428).
2. *Seine Gegner* hörten ihn zwar, aber oft mit böser Absicht (104 u.a.). Sie bewerteten seine Worte nach dem Maßstab ihres theologischen Systems. Oder sie wollten sich nicht mehr mit ihm einlassen, weil ihr Urteil schon feststand (194).
3. Die *späteren Generationen* sind zunächst einmal derselben Versuchung wie seine Zeitgenossen ausgesetzt, Jesus nur oberflächlich oder ideologisch voreingenommen zu hören Aber es kommt eine weitere Schwierigkeit hinzu: Wir können aus dem Stimmengewirr der Zeugnisse über ihn nur mühsam herausfinden, was er selbst gesagt hat. Die unsichere, durch jesusfremde Interessen getrübte Information beginnt schon in den Evangelien. Bereits im Markus-Evangelium werden ihm Worte in den Mund gelegt, die er nie geäußert haben kann, ohne sich selbst zu widersprechen, und zwar im zentralen Bereich seiner Botschaft. – Als ein Beleg für diesen Vorwurf diene hier, was Markus dem obigen Wort vom Hören hinzufügt.

Wollte Jesus wirklich, daß die Massen ihn „hören und doch nicht verstehen“?

Markus berichtet: „Ohne Gleichnisse redete Jesus nicht zu den Leuten. Seinen Jüngern aber erklärte er alles, wenn sie allein waren“ (4,34) und begründet dieses Verhalten mit dem angeblichen Jesuswort: „Euch ist das Geheimnis der Gottesherrschaft gegeben. Jenen draußen aber wird alles nur in Gleichnissen mitgeteilt, ‚damit sie sehend sehen und doch nicht erkennen, hörend hören und doch nicht verstehen, damit sie sich nicht bekehren und ihnen nicht vergeben werde‘“ (Mk 4,11f; Zitat Jesaja 6,9f).
Was da gesagt wird, betrifft keine Randfrage, sondern die Grundabsicht Jesu. Und es ist schlechthin falsch. Man mag es drehen und wenden, wie man will. Denn es steht im krassen Gegensatz zu einem zweifelsfreihistorischen (weil nicht erfindbaren) Faktum: Jesus wollte ganz Israel sammeln (249 426) und hat allen die Gottesherrschaft angeboten (245 259), weil sein Gott *alle* bis hin zu den Bösen ohne Vorbedingung liebt (205–207). Dieses Moment läßt sich mit der Markus-Auffassung nicht vereinbaren. Wollte man es aber streichen, so bliebe nichts Jesuanisches mehr an Jesus. Also muß man die Markus-Darstellung als jesuswidrig streichen. – Solche Widersprüche in den Evangelien zunächst einmal sehen und aussprechen kann an sich jeder, der richtig lesen und denken gelernt hat. Etwas anderes ist es, die historischen Bedingungen zu erforschen, unter denen Markus und andere Überlieferer der Jesusbotschaft bei subjektiv guter Absicht zu ihren Irrtümern gekommen sind.
Richtig hinhören, das heißt für uns, die wir auf ein ‚Buch‘ angewiesen sind, nämlich auf die im Neuen Testament gesammelte frühkirchliche Verkündigung ‚über Jesus‘: wenigstens den Versuch unternehmen, das, was höchstwahrscheinlich Jesus selbst gesagt hat, von dem zu scheiden, was höchstwahrscheinlich andere hinzugefügt haben. Und wenn ein solcher

Versuch nicht ganz gelingt, ihn zu verbessern, statt zu resignieren.
Wenn wir aber weiter ‚das Neue Testament als ganzes' wie etwas in sich Heiliges verehren und deshalb seine offenkundigen Widersprüche gewaltsam harmonisieren, tun wir da nicht Unrecht? Gott kann nicht wollen, daß wir ihm das Ethos der intellektuellen Redlichkeit opfern. Vor allem aber: Gott selbst und Gott allein, ja, er ganz allein (163) ist doch der Herr, der absolute Orientierungspunkt, so ‚weit weg' er uns auch erscheinen mag. Also sollten wir unsere geistigen ‚Antennen' nicht nur ungefähr auf eine Vielfalt verschiedener Gotteszeugen einstellen, sondern so präzis wie nur möglich auf jenen einzigen ‚Punkt', wo Gott und Welt einander unmittelbar berühren. Und dieser Punkt ist (so glauben wir Christen doch mit unseren Theologen) das Herz des Jesus von Nazaret. „Ihn sollt ihr hören!" (148)

Siehe Anmerkung!

**Man zündet nicht die Lampe an
und stellt sie unter einen Scheffel,
sondern auf den Leuchterstock,
damit sie allen im Hause leuchte.**

„Schweig! Die Masse versteht dich doch nicht, und du bringst dich nur in Gefahr." Das ist die eine Versuchung des Propheten. Die entgegengesetzte lautet: „Schreie und du wirst berühmt, und sei's als Martyrer!" Aber Jesus hört auf keinen anderen Zuruf als auf die Stimme seines Gottes. Gott hat ihm seine bedingungslose Liebe zum Menschen mitgeteilt (205 245). Das ist wie ein Licht in der Nacht und das muß um jeden Preis weiter ausgeteilt werden. Nicht einigen Erwählten, sondern ‚allen im Hause'; nicht als Geheimlehre für Eingeweihte, sondern ganz offen und für jeden verständlich.
Diese seine eigene Entschiedenheit gibt der Meister den Schülern als Missionsanweisung. Humorvoll zeigt er, wie unsinnig einer handelt, der in seiner Kate die Öllampe zwar anzündet, aber gleich ein Getreidegefäß darüberstülpt, damit sie schön für sich brennt. Mit dem Bild will er sagen: Ihr dürft die Botschaft nicht verstecken! Ihr sollt nicht schweigen aus Angst vor Verfolgungen! Und ihr sollt euch nicht begnügen (wie die Mitglieder der Qumran-Sekte und teilweise auch die Pharisäer) mit einem geschlossenen Kreis von Gesinnungsgenossen, in der Meinung, die ‚anderen' hätten es nicht verdient oder sie würden doch nichts verstehen und euch nur auslachen. Dieses Licht gehört nicht euch (‚Söhne des Lichts' nannte man sich in Qumran); die große und einfache Freudenbotschaft von Gott gehört allen.

**Es gibt kein Geheimnis,
das ER nicht offenbart.
Und nichts wird (vor IHM) versteckt,
was ER nicht durchschaut.**

Daß Gott alles weiß, glaubte man längst in Israel. Dies noch einmal zu sagen, wäre für Jesus kein spezifisches Predigtthema. Ihm ging es um mehr: um die *gegenseitige* Offenheit zwischen Gott und Mensch.

1. Gott ist dem Menschen gegenüber offen. – Kalypto und apokalypto (verhüllen und enthüllen) wird im Alten und Neuen Testament durchwegs auf die göttlichen Dinge bezogen. Das Passivum divinum kommt hinzu: Gott hat keine Geheimnisse, die er den Menschen vorenthalten will. – Dagegen behaupten die Apokalyptiker zur Zeit Jesu in ihren Schriften, Gott habe nur ihnen die Geheimnisse der jenseitigen Welt geoffenbart (in Traumgesichten, Engelsbotschaften, Himmelsreisen) und nur Auserwählte dürften in sie eingeweiht werden. Nach Jesus enthüllt es Gott gerade den sogenannten Einfältigen und nicht den Gescheiten (245). Nach Jesus muß man wie ein Kind die Gottesherrschaft annehmen (162). Nach Jesus ist es das unverdorbene Menschenherz, das Gott ‚schaut' (303). Nach Jesus soll die Freudenbotschaft Gottes allen im Hause leuchten (116). – Was Gott den Menschen durch Jesus enthüllt, sind keine Geheimnisse nach Art der Apokalyptik: wie Gott das Wetter macht (im Henochbuch beschrieben), womit die Engel und Teufel sich beschäftigen, was am Jüngsten Tag nacheinander geschehen wird. Es ist vielmehr das, was Menschen wirklich über Gott wissen müssen, um glücklich zu werden: Gott liebt den Menschen bedingungslos wie ein Abba sein Kind. Es gibt darüber hinaus keine ‚Geheimnisse' zwischen Himmel und Erde, die zu erfahren für uns wichtig wäre.

2. Der Mensch soll Gott gegenüber offen sein. – Weil es zwecklos ist, ihm etwas vorzumachen. Er durchschaut die

Herzen (309 313 314 425). Dieser Gedanke taucht in allen Religionen auf und wirkt oft wie eine Drohung: Gott, der große Polizist mit den Röntgenaugen, dem nichts entgeht. Aber entsprechend der ersten Hälfte des Spruches meint Jesus wohl mehr als nur die Ehrlichkeit dessen, der weiß, daß er ertappt ist. Der Meister will eine Vertrauenshaltung zwischen Mensch und Gott, die schon die Absicht, sich vor Gott zu verstecken (Gen 3,8–13), innerlich unmöglich macht.

**Mit dem Maß, mit dem ihr anderen zuteilt,
wird ER euch zuteilen
und ER wird noch drauflegen.**

Jesu Verständnis der ‚Gerechtigkeit' Gottes

Gott vergilt nicht korrekt mit Lohn oder Strafe, was der Mensch geleistet hat. Das wäre die Gerechtigkeit zwischen Herr und Knecht, Käufer und Verkäufer, Richter und Delinquent. Der Abba bezahlt nicht, sondern schenkt (205 206). Das ist der Hintergrund des oben zitierten Wortes.

Wenn ihr einander vergebt, wird Gott euch vergeben. Wenn ihr einander beschenkt, wird Gott euch noch großzügiger beschenken. Zwischen diesseitigem und jenseitigem Leben wird hier nicht unterschieden. Doch normalerweise, wenngleich nicht immer, erfährt ein großmütiger Mensch schon von seinen Mitmenschen mehr Großmut. Jedenfalls ist er schon auf Erden glücklicher als ein ängstlicher Geizkragen. – Die Kehrseite: wenn einem die Schuldsumme von 10000 Talenten geschenkt wurde und er doch erbarmungslos-korrekt die 100 Denare von seinem Mitknecht einfordert, dann zwingt er Gott geradezu, sein Erbarmen zurückzunehmen und ebenso ‚gerecht bis zum letzten Heller' mit ihm zu verfahren (335).

Von sich aus will Gott den Menschen maß-los beschenken. Es ist nur der Mensch, der durch seine Rechtsforderung gegenüber dem Mitmenschen auch Gott zum gerechten Richter macht, ihm das karge Maß gerechter Vergeltung ‚aufzwingt' und so gegen das Über-strömen der göttlichen Liebe einen Damm errichtet.

Wer es hat, dem wird ER geben. Wer es nicht hat, dem wird ER nehmen, was er hat.

Wir haben hier nur den Merksatz einer Predigt Jesu, von ihm paradox, knapp und einprägsam formuliert. Er hat seine Hörer gewiß nicht mit Rätseln abspeisen, sondern ihr Verständnis für Gott wecken wollen. Doch isoliert vom ursprünglichen Predigtkontext, steht das Wort zunächst als Rätsel da.
Was muß der Mensch zuerst haben und was wird ihm daraufhin gegeben? Beides kann nicht dasselbe sein, sondern muß sich wie Gefäß und Füllung zueinander verhalten. Wer ein zu Gott und den Menschen hin offenes Herz ‚hat', dem wird Gott ‚geben', nämlich das Glück der Liebe. Wer aber dieses Gefäß nicht hat, wer innerlich verkrampft und nur auf sein Recht und seinen Gewinn bedacht ist, dem kann Gott gar nichts schenken, weder die Sündenvergebung (335) noch die Freude (421).
Und was einer, ohne dieses offene Herz zu haben, sonst an frommen Leistungen vor Gott ‚hat', wird ihm weggenommen. Das Endurteil Gottes macht es ungültig wie alte Geldscheine bei einer Währungsreform. Weil in seinem Reich nur seine Währung gilt: die Liebe. So kommt es, daß jener Pharisäer, der die verdienstlichen Werke hat, nicht gerechtfertigt den Tempel verläßt, weil er ‚es' nicht hat: die innere Offenheit für die wirkliche Gesinnung Gottes. Und diese ist: Erbarmen mit allen, auch mit „dem Zöllner da" (425).

Ein Bild von der Gottesherrschaft

Da wirft ein Mann den Samen auf das Land.
Dann schläft er und wacht wieder auf,
Nacht für Nacht und Tag für Tag.
Das Saatgut keimt und wächst, ohne das er's merkt.
Eigentätig bringt die Erde Frucht,
erst den Halm, dann die Ähre und in der Ähre volles Korn.

Wenn der Bauer gesät hat, braucht er normalerweise nicht mehr einzugreifen, damit es wächst. Dann wirkt die Lebenskraft des Samens im Ackerboden; aus sich heraus (automatos) und still. Das weiß jeder Landarbeiter in Galiläa. – Aber daß die Gottesherrschaft auch so ‚einfach' kommen soll, das war für die Hörer Jesu enttäuschend.

Die Apokalyptiker sagten doch, vom Himmel her komme das große Wunder der Gottesherrschaft. Nicht allmählich, sondern plötzlich an dem von Gott bestimmten ‚Tag des Messias'. Nicht unmerklich, sondern mit Blitz und Donner, als Vernichtungskrieg gegen alle Bösen, zu dem Gott seine Engel und seine Gerechten und die Naturkräfte einsetzt. Und dann kommt mit einem Schlag das Paradies, von Gottes Allmacht hergezaubert.

Aber Jesus sagt: Nein, nicht so (424). Das große Wunder Gottes ist kein gewaltsames Mirakel, sondern ‚nur' ein Samenwunder, wie ihr es ständig erlebt. – Doch was für einen Samen hat Gott durch Jesus der Erde anvertraut, daß sie eigentätig allmählich die Frucht ‚Gottesherrschaft' hervorbringen kann und, wenn der Boden gut ist, tatsächlich hervorbringt? Es ist die Freudenbotschaft, daß Gott die Menschen ohne Vorbedingung liebt (205–207). – In der Tat ist es möglich, daß ein Mensch, er sei noch so verhärtet und böse, allmählich auftaut und sich wandelt, wenn er in den Bann der Liebe gerät. Das ist die Hoffnung Jesu im Blick auf Israel und die Menschheit. – Ein Sämann Gottes braucht nicht zu resignieren, wenn er keinen Erfolg erlebt, wie ihn etwa der Tischler sieht, der einen Tisch ‚macht'. Der Bote Gottes muß nur darauf bedacht sein, den richtigen Samen zu streuen. Mehr soll er nicht ‚machen'.

Siehe Anmerkung!

Ein Bild von der Gottesherrschaft

**Die Gottesherrschaft gleicht dem Senfkorn.
Bei der Aussaat ist es winziger als alle Samenkörner.
Wurde es aber ausgesät, dann wächst es
und wird größer als alle Gartenkräuter.**

Das Besondere an diesem Bild ist nicht die künftige Größe der Gottesherrschaft. Die wurde von allen jüdischen Predigern in begeisterten Worten geschildert. Überraschend ist vielmehr die Kleinheit ihres Anfangs, denn man hat erwartet, daß sie mit einem Schlag machtvoll in Erscheinung tritt durch das apokalyptische Großwunder. Dagegen Jesus: Winziger als alle Samenkörner... Daß ein solcher Anfang gesetzt, ein so kleines und doch so lebenskräftiges Korn gesät wurde, darin liegt nach Jesus das stille ‚Wunder' Gottes, das mit apokalyptischen ‚Mirakeln' nichts zu tun hat. – Die vier Samengleichnisse (114 120 121 324) und das Bild vom Sauerteig (254) zeigen in die gleiche Richtung: Jesus sieht die Gottesherrschaft anders als die Apokalyptiker. Hier drei wichtige Unterschiede:

1. Die Gottesherrschaft ist schon da. Jesus selbst, näherhin sein eigenes Durchherrschtsein von Gott, und das Grüppchen derer, die ihm vertrauen und folgen, ist der Anfang. Freilich ein winziger Anfang, verglichen mit den ‚anderen Gartenkräutern', mit den maßgebenden Kräften im Lande Israel, dem Rabbinat mit seiner anerkannten Lehrautorität, den Pharisäern mit ihrem starken religiösen Einfluß auf das Volk, der Zelotenbewegung mit ihrer heimlichen Terrormacht, der geistlichen Zentralbehörde in Jerusalem mit ihren inquisitorischen Vollmachten, oder gar verglichen mit der heidnischen Großmacht Rom.

2. Das Kommen und Heranwachsen der Gottesherrschaft geschieht nicht mit Getöse, sondern nach Samenart. Es ist im Grunde die Lebenskraft Gottes selbst, die in Menschenherzen

zur Auswirkung kommt. Und diese alles treibende Kraft ist nach Jesus nicht ein Richterzorn, der irgendwann kurzen Prozeß macht, sondern eine Abbaliebe, die nur heilen und aufrichten will; mit endloser Geduld bis zur Vollendung.

3. In diesem Gottesbild gründet auch der Optimismus Jesu, der in den Gleichnissen vom Samen und Sauerteig ebenfalls zum Ausdruck kommt. Nicht baldigen Weltuntergang, sondern allmähliche Weltbefreiung und Weltvollendung auf Gottesherrschaft hin erwartet er. Die eigentliche Quelle seines Optimismus: Jene geheime Samenkraft ist die Liebe Gottes zu den Menschen. Diese hat den längeren Atem, weil sie durch keinen Undank zu ermüden ist (205–207 258).

Siehe Anmerkung!

Da erhob sich ein gewaltiger Sturm, und die Wellen schlugen in das Boot, so daß es sich bereits mit Wasser füllte ... Meister, kümmert es dich nicht, daß wir untergehen?

Warum seid ihr so ängstlich?
Wie kommt es, daß ihr kein Gottvertrauen habt?

Bei der ‚Stillung des Seesturms' sind wie bei den anderen Wundergeschichten zwei Dinge zu unterscheiden: das historische Ereignis und der Überlieferungsvorgang (Bericht der Zeugen aus ihrer Sicht; ausschmückendes Weitererzählen; christologische Verarbeitung durch die nachösterlichen Prediger; Endredaktion der Evangelisten, die uns vorliegt). Auch hier interessiert nur, wie nahe wir an das Ereignis, genauer: an das Wort und Verhalten Jesu, herankommen können.
Zum äußeren Geschehen: Über dem See Genezaret bilden sich überraschend schnell Fallwinde, die kleine Fischerboote in ernste Gefahr bringen. Daß die Jünger mit Jesus in einen solchen Sturm gerieten und wieder heil davonkamen, ist vernünftigerweise nicht anzuzweifeln. Aber was dieses für galiläische Fischer nicht ungewöhnliche Ereignis so erzählenswert machte, war die unverständliche Ruhe Jesu. Und sie ist echt, weil die mitüberlieferte Reaktion der Jünger „Meister, kümmert es dich nicht, daß wir untergehen?" so spontan und respektlos klingt, daß sie nicht nachösterlich erfunden sein kann. Als ebenso echt darf die Antwort Jesu gelten. Dieses Wenige an gesichertem Überlieferungsgut genügt, um das Verhalten Jesu zu erkennen.
Jesus hatte immer wieder aufgefordert: Kehrt um und vertraut Gott! (101) Traut ihm zu, daß er euch wie ein Vater umsorgt! (234) Aber jede noch so ergreifende Predigt vom Gottvertrauen bleibt eine ungeprüfte Theorie, wenn der Prediger selbst nervös wird, sobald er in eine Gefahr gerät. Darum ist das Verhalten Jesu in lebensbedrohlichen Situationen die Probe darauf,

ob und wieweit das Gottvertrauen einen Menschen tatsächlich stärken kann. Hier bewirkt es die erstaunliche Ruhe Jesu mitten in einem Seesturm. Diese Ruhe kommt nämlich nicht aus einem geheimen Wissen, daß der Sturm bald aufhören wird, oder gar, daß er ihn wegzaubern kann, wenn er nur will. Wo eine dementsprechende Christologie gelehrt wird, müssen doch denkende Hörer sich sagen: Wenn Jesus allwissend und allmächtig ist, kann ihm ja nichts passieren; dann hat er leicht reden: „Habt keine Angst!" Nein, aus seinem Vorwurf „Wie kommt's, daß ihr immer noch kein Gottvertrauen (pistis) habt?" geht hervor, daß seine eigene Ruhe im Gottvertrauen gründet. Das bedeutet: Er weiß mit jener Gewißheit des Herzens, die auch seine Schüler haben sollten, nur dieses eine, daß er in der Hand des Vaters ist, was auch kommen mag. In solches Vertrauen zu Gott ist natürlich auch die Bescheidenheit gegenüber Gott mit eingeschlossen, das heißt die Bereitschaft, notfalls auch einen bösen Ausgang hinzunehmen und jetzt in dieser Katastrophe unterzugehen. So hat er auch am Ölberg mit beidem rechnend vertraut und gebetet: Vater, wenn es möglich ist.. Dieses Vertrauen hat ihn am Ende nicht wunderbar aus den Händen seiner Richter gerettet, sondern ihm die Kraft gegeben, jetzt das Richtige zu tun, ihnen aufrecht entgegenzutreten mit dem Bekenntnis: Ab jetzt sitze ich zur Rechten der KRAFT (194).
Jedenfalls ist das Gottvertrauen, das Jesus vorlebt, nicht das ‚Opium des Volkes', das kostenlose, auf Autosuggestion basierende Beruhigungsmittel der armen Leute. Es betäubt nicht. Es nimmt nicht die Oberflächenangst vor dem Leiden und Sterben, aber es nimmt die Tiefenangst vor einem Sturz ins Leere, vor einer grausigen Sinnlosigkeit des Ganzen. Es verleitet keineswegs zu einer fatalistischen Untätigkeit, sondern gibt die Seelenruhe zum gottgemäßen und somit sachgerechten Handeln gegen den Ansturm der Ängste.

Siehe Anmerkung!

Im heidnischen Gerasenerland befreite Jesus einen Mann von einer Legion Dämonen", die dann „in eine Schweineherde fuhren". Der Geheilte bat, als Schüler bei ihm bleiben zu dürfen, aber er erlaubte es nicht.

Geh heim zu deinen Angehörigen! Ihnen berichte,
welche Wohltat dir der HERR erwies,
weil er sich deiner erbarmte!

Einem heutigen kritischen Leser erscheint diese ganze Geschichte auf den ersten Blick zu phantastisch, als daß sie etwas historisch Zuverlässiges über das Verhalten Jesu enthalten könnte. Aber in dem Text fallen einige Details dadurch auf, daß sie nicht zur üblichen christologischen Erzähltendenz passen. Jesus verhandelt mit Dämonen; das ist eines Christus unwürdig. Jesus wird als Sohn des ‚höchsten Gottes' angesprochen; das ist weder jüdisch noch christlich formuliert. – Beide Unebenheiten werden verständlich, wenn da ein heidnischer Geisteskranker Heilung erfuhr und heidnische Schweinehirten die für sie katastrophale Auswirkung sahen; wenn dann der Geheilte und die Hirten ihre Erlebnisse weitererzählten, aber nicht objektiv, sondern bereits interpretiert durch ihre Dämonenvorstellung; wenn schließlich der im heidnischen Milieu so herangewachsene ‚Bericht' relativ unverarbeitet von Markus übernommen wurde. Zieht man diesen Werdegang der Erzählung mit seinen Implikationen vom Inhalt des Markus-Textes ab, dann bleibt nichts Unglaubwürdiges zurück und zwei für uns wichtige Aspekte treten etwas deutlicher hervor: Jesu Art zu heilen und den Geheilten für sein Werk einzusetzen.

1. Die Heilung

Geistesgestörte wurden in der Antike (und bis in die aufgeklärte Neuzeit hinein) weniger geheilt als vielmehr gewaltsam von der Gesellschaft isoliert. Diese ‚Kur' führt zu einem Teufelskreis von gegenseitigen Aggressionen zwischen dem Kranken und seiner Umwelt, glaubhaft geschildert in V. 3–5. Aber in Jesus wittert der von allen gefürchtete und gehaßte und geprügelte Kranke einen ganz anderen Menschen; einen, auf den man hilfesuchend zugehen kann (Vers 2.6). Es liegt nahe, daß die Güte ausstrahlende Persönlichkeit Jesu dem armen, geistesgestörten Heiden wie ein übermenschliches Wesen, wie ein Sohn des höchsten aller Götter erschien. Das Vertrauen zu ihm war wohl der Anfang seiner Heilung. – Daß Jesus sich dabei des üblichen Exorzismus bediente, braucht nicht zu verwundern. Woher auch sollte er über die Ursachen der Geisteskrankheiten mehr wissen als zeitgenössische Ärzte? – Die Sache mit den wildgewordenen Schweinen befremdet uns zunächst. Sie kann auch nicht als freie Erfindung aus der Geschichte herausgelöst werden, weil sie zu eng mit dem Ganzen verknüpft ist (Zeugenschaft der Schweinehirten; Reaktion der Schweinebesitzer). Aber ist es nicht verständlich, daß dieser bis jetzt durch Fesseln und Ängste gehemmte und plötzlich befreite Mensch das unwiderstehliche Bedürfnis empfand, seine Freiheit auszukosten? Man muß nicht Fachpsychologe sein und mit Schreitherapie experimentiert haben, um zu wissen, daß Weinen vor Schmerz oder Freude, Schreien und Teller-zerschmeißen krampflösend wirken. Entscheidend ist, daß Jesus den Geheilten nicht durch einen Befehl zur Artigkeit sofort wieder unter Zwang stellte, sondern ihn sich austoben ließ, wenn auch auf Kosten der zufällig in der Nähe weidenden Schweine. Die abergläubischen Hirten aber konnten sich das für sie böse Ergebnis nur so erklären, daß der Exorzist die Dämonen des Wahnsinnigen nicht in die Hölle zurückgeschickt, sondern (als Jude!) in ihre teure Schweineherde entlassen habe. Das erzählten sie, und beim Weitererzählen wurden daraus 2000 Schweine für eine Legion Dämonen, und aus dem Geschehenlassen Jesu wurde ein regelrechtes Verhandeln zwischen ihm und den Dämonen.

2. Die Sendung

Es ist zu verwundern, daß Jesus einem Menschen die Bitte, „mit ihm zu sein“, verweigerte. Aber mit ihm sein, das hieß zum Kreis seiner Schüler gehören, die er als Boten der Gottesherrschaft an das Volk Israel senden wollte (Mk 3,14; 319). Dafür war dieser Geheilte ungeeignet. Ein Heide als Bote Gottes an Juden, das ist unmöglich. Darum schickte ihn Jesus zu den Heiden, näherhin zu seinen Angehörigen. Ihnen sollte er dieselbe große und einfache Tatsache bezeugen, die Jesus mit seinen Schülern durch Predigen und Heilen in Israel verkündete: Der HERR, der Gott Israels, ist barmherzig. Das ist keine Theorie, sondern Wirklichkeit. Ihr seht es an mir. – Das Erbarmen Gottes durch konkretes Helfen und Heilen vorzeigen, so wollte Jesus die Gottesherrschaft verkünden; aber zuerst in Israel.

Zum Synagogenvorsteher, der ihn bat, sein Töchterchen zu heilen:

Hab keine Angst! Nur eins: Vertraue IHM!

Zu den Frauen, die voreilig die Totenklage begannen:

Was lärmt und heult ihr da?
Das Kind ist nicht gestorben, sondern schläft.

Er faßte das Mädchen kräftig bei der Hand und sagte:

Talitha kumi! / Mädchen, wach auf!

Danach sagte er, man solle ihr etwas zu essen geben.

Der Vorgang ist bei Markus noch als Krankenheilung erzählt, bei Mattäus und Lukas bereits zur Totenerweckung aufgebauscht. Doch das gehört ins ‚Kleingedruckte'. Wichtig ist nur, welches Verhalten des historischen Jesus in der älteren Markus-Darstellung erkennbar wird.

1. Gottvertrauen

Hab keine Angst! Ein jüdischer Vater, zumal ein Synagogenvorsteher, dessen Kind im Sterben liegt, hatte allen Grund zur Angst. Der Tod eines Kindes galt als Strafe Gottes für die Sünden der Eltern. Was werden da die frommen Leute tuscheln? – Jesus richtet zuerst diesen doppelt niedergeschlagenen Mann innerlich wieder auf: Keine Angst vor Gott, keine Angst vor dem Gerede der Leute! Warum? Weil Gott da ist. Weil Gott gut ist, was auch immer geschieht. Nur dies eine ist jetzt für dich notwendig: Vertraue ihm! Das ist dieselbe Stimme, die auch jenen Gelähmten zuerst innerlich löste: Fasse Mut, mein Kind! Gott vergibt deine Sünden (104).

2. Sachlichkeit

Am Ende des Markus-Berichts fällt ein Jesuswort auf, weil es so trocken klingt und überflüssig erscheint. „Er sagte, man solle ihr etwas zu essen geben.“ Apologetik ist da kaum im Spiel, denn als Heilungsnachweis hätte das zuvor notierte Aufstehen und Umhergehen des Mädchens voll genügt. Um so etwas wie ‚Essen‘ kümmert sich auch kein übermenschlicher Wundertäter. Aber so nüchtern gibt ein Arzt seine Anweisungen für den Rekonvaleszenten. Bei näherem Zusehen zeigt sich diese Nüchternheit Jesu während der ganzen Szene. – Wo er mithört, daß das erkrankte Mädchen nach Meinung der Leute inzwischen verstorben sein soll, beruhigt er zuerst den Vater (V. 35f), ohne ihm schon etwas zu versprechen (gegen Lukas). – Die Klageweiber machen bereits ihren Lärm. Als ob sie auf die Gelegenheit gelauert hätten, den Herrn Synagogenvorsteher endlich als einen von Gott Geprügelten zu ‚betrauern‘! Denn die Aussicht, daß ihre Totenklage voreilig sein könnte, scheint sie gar nicht zu beglücken. Jesus verscheucht das Gejammer, ob echt und unecht, energisch und schafft Ruhe. Wie ein Arzt stellt er dann fest: Das Kind ist nicht gestorben, sondern nur bewußtlos, es schläft. Die Übergangsphase von der Bewegungslosigkeit bis zum klinischen Tod war den Laien unbekannt. Die Deutung, Jesus selbst habe hier den Tod als Schlaf bezeichnet, scheidet aus. Denn diese bildhafte Redeweise wäre in einem Disput mit Schriftgelehrten über Tod und Auferstehung noch sinnvoll, aber nicht in dieser Situation. Die Klagefrauen haben das ‚nicht gestorben‘ wörtlich verstanden (sie verlachten ihn) und konnten es nur wörtlich verstehen. Es war aber nicht Jesu Art, sich durch Rätselreden möglichst unverständlich zu machen (115 117). – Ein weiteres Zeichen seiner Nüchternheit: Jairus hatte ihn gebeten, das Kind durch den religiösen Ritus der Handauflegung zu heilen (V. 23). Doch Jesus tat etwas anderes: Er faßte die Scheintote kräftig bei der Hand und rief sie an. Mit Erfolg.

Wird Jesus nun ‚kleiner', wenn er nur eine Schwerkranke heilt, wie Markus berichtet, statt eine Tote zu erwecken, wie es Mattäus und Lukas darstellen? Er selbst hatte wohl ganz andere Sorgen als seine späteren Verehrer: daß Gott groß werde in Israel; daß Gott zur Herrschaft komme; daß Gottes Menschenliebe durch die Kraft des Gottvertrauens sich auswirke, besonders an den Kranken. – Und überdies: Spektakuläre Wunder wie die Wiederbelebung von Toten könnten wir nicht nachahmen, sondern nur bestaunen. Oder bezweifeln. (Schlimmer als der rationale Zweifel an der Möglichkeit derartiger Wunder wäre der Zweifel des Herzens an der Moral Jesu und seines Gottes. Wenn er nämlich gemäß der frühkirchlichen Christologie wirklich alles kann, was er will, beliebig Wetter machen, Tote erwecken, Bäume verdorren lassen etc., zwingt er uns, zu fragen: Warum schaffst du nicht die Krankheiten aus der Welt? Wenigstens die unverschuldeten? Oder braucht dein Gott doch, wie ein Kaufmann, das Menschenleid als Entgelt für ein jenseitiges Glück?) – Hat aber Jesus ‚nur' das Äußerste getan, was ein Mensch tun kann, dann können sogar wir Durchschnittsmenschen ihm folgen, wenn auch in weitem Abstand. Das heißt: Wir können aus der Kraft ‚Gottvertrauen und Menschenliebe' unseren kranken Mitmenschen helfen. Zwar nicht unbeschränkt wie die Zauberfee im Märchen. Aber doch mehr, als wir ohne diese Kraft zu helfen vermöchten.

Siehe Anmerkung!

Seine Landsleute in Nazaret: Woher hat der das alles? Das ist doch der Handwerker; der Sohn der Maria; der Bruder des Jakob, Joses, Juda und Simon. Auch seine Schwestern wohnen hier bei uns.

Nur in seiner Heimat ist ein Prophet mißachtet,
bei seinen Verwandten,
in der eigenen Familie.

Er konnte dort keine einzige Machttat wirken.
Und er konnte nicht verstehen, warum sie ihm mißtrauten.

Was hier glaubhaft über Jesu Herkunft berichtet wird: Er galt als ‚Sohn der Maria'. Normalerweise wird ein Kind nach seinem Vater benannt. – Er hatte vier Brüder und etliche Schwestern. – Bevor er zu Johannes an den Jordan zog, war er als Handwerker tätig. Das ist zumeist einer, der nicht so reich ist, daß er von seinen Feldern leben kann, aber auch nicht so arm, daß er sich als Knecht verdingen muß. Er verdient sein täglich Brot, indem er seine Geschicklichkeit als Stellmacher, Schreiner, Sandalenmacher in den Dienst der Leute stellt; in einem Dorf wie Nazaret wohl mehr zu allerlei Reparaturen als zu Neuanfertigungen. Ein Mensch, der viele Jahre als Handwerker tätig war, ist gewohnt, so einfach zu reden, daß jeder ihn versteht. Und er kennt die Nöte der kleinen Leute.

Das Ärgernis der Nähe

In der Religion gilt das Gesetz: Wer uns etwas über Gott sagen will, der muß von weither kommen. Von einer geheimnisumwitterten Ferne. Oder wenigsten von der Hohen Schule der Schriftgelehrsamkeit. Aber der Schreiner Jeschua von nebenan (oder der Schuster Müller aus der Fischergasse!), was will denn der? Den kennen wir doch! Jesus weiß um diese natürliche Abwehr. Er zitiert das Sprichwort „Nur in seiner Heimat ist ein Prophet mißachtet" und präzisiert es weiter, wohl aus eigener Erfahrung (113): „bei seinen Verwandten, in seiner eigenen Familie". – Im Grunde war hier nur jenes Ärgernis konzentriert, das Jesus überall erregte: Für einen Gottesmann ist er zu gewöhnlich! Er fastet nicht einmal wie Johannes (107 244). Wenn der ein Prophet wäre, wüßte er... (403). Die Pharisäer nehmen Anstoß an seiner unfeinen Rede vom natürlichen Verdauungsweg, der den Menschen nicht unrein macht (133/328). Er müßte sich durch Wunder als Boten Gottes ausweisen (135 174). Auch seine Anhänger wollten ihn mit dem Nimbus des Überirdischen umgeben (139 144). Aber Jesus bestand darauf, daß er gerade als der einfache Mensch der Bote Gottes ist (vgl. die jesuanischen Menschensohn-Worte im Gegensatz zu den ihm unterstellten apokalyptischen! 139). Darum mißtraute man Jesus. Und er seinerseits wunderte sich, daß man ihm mißtraute; gerade ihm, dem Redlichen, der alles Theater vor Gott und den Menschen (313 314), allen Widerspruch zwischen innen und außen (117 251 309 312) und alles Sich-Aufplustern (181) so verabscheute. – ‚Religion' braucht wohl Theater, Verfremdung, Über-Natürliches. Aber für das ‚Kind' Jesus ist Gott das Natürlichste.

Die Grenze der Macht Jesu

Wo man ihm nicht vertraut, kann er auch nicht heilen. Denn seine Heilungen beruhen nicht auf einem Zauber, den er auch ohne und gegen den Willen der Betroffenen ausüben könnte. Was in ihnen zur Wirkung kommt, ist das Vertrauen der Kranken zu Jesus, der wiederum ganz Gott vertraut.

Siehe Anmerkung!

Helft den Kranken in der Stadt und sagt ihnen: Zu euch ist die Gottesherrschaft gekommen.

Verkünden *und* heilen

Jesus selbst: „Er zog in ganz Galiläa umher, lehrte in ihren Synagogen, verkündete die Freudenbotschaft vom Reich *und* heilte jegliche Krankheit und jegliches Gebrechen im Volk" (Mt 4,23). So ähnlich lauten alle synoptischen Kurzfassungen des Lebens Jesu. – Seine Schüler: „Er wählte zwölf, daß sie mit ihm seien und er sie sende, um zu predigen *und* Vollmacht zu haben, die Dämonen auszutreiben" (Mk 3,14f; ähnlich Mk 6,7; Lk 9,1; Mt 10,1). „Sie zogen aus, predigten, die Menschen sollten umkehren, *und* trieben viele Dämonen aus und salbten viele Kranke mit Öl und heilten sie" (Mk 6,12f). „Sie verkündeten die Freudenbotschaft *und* heilten überall" (Lk 9,6).
In diesem Gesamtrahmen wird der spezifische Sinn der Missionsanweisung Jesu deutlich. 1. Seine Boten sollen den Kranken nicht sagen: Die Gottesherrschaft wird einmal kommen, ihr werdet von eurem Elend erlöst werden am Jüngsten Tag oder nach eurem Tod. Sie sollen ihnen vielmehr ausrichten: Die Gottesherrschaft ist gekommen; zu euch. 2. Aber was sie da behaupten, müssen sie auch vorzeigen, oder besser noch: Zuerst vorzeigen, dann erklären. Das heißt: Sie müssen selbst etwas von der gekommenen Gottesherrschaft, von der herandrängenden Liebe Gottes zum Menschen realisieren, indem sie den Kranken helfen. So wie sie es vom Meister gelernt haben.
Der Missionsauftrag Jesu ist verblüffend einfach. Und erschreckend radikal. – Weggefegt wie eine Nebelschwade sind plötzlich die beiden Hauptsorgen der Theologen: Was sollen wir den Leuten über Gott und die göttlichen Dinge sagen, damit sie rechtgläubig werden? Und wie sollen wir es sagen, daß der heutige Mensch es uns abnimmt? Sagt ihnen deutlich das Wichtigste: daß Gott sie ohne Vorbedingung liebt! Aber

sagt es nur dann, wenn ihr gleichzeitig durch euer Helfen zeigt, daß es wahr ist! – Versperrt ist plötzlich für christliche Prediger der Fluchtweg ins Unkontrollierbare: das Heil Gottes sei eben unsichtbar, innerlich, geistlich, himmlisch, eschatologisch, zukünftig, und deswegen nicht zu schauen, sondern zu glauben. Nein, den ganzen Menschen will Gott heil machen; schon auf Erden; von innen nach außen; bis in seine grindige Haut. Aber durch *eure* Hände! – Gegenstandslos geworden ist plötzlich auch der alte Streit, ob für Apostel „das Wort Gottes oder den Tisch besorgen" wichtiger sei. Nach Apg 6,3f wurde sehr bald schon diese Entscheidung gefällt: „Diese (von euch gewählten sieben) wollen wir für dieses Werk (der sozialen Dienste) bestellen. Wir aber werden weiter beim Gebet und Dienst des Wortes verbleiben." Das war nicht nur Arbeitsteilung, sondern beginnende Schwergewichtsverlagerung zugunsten von Kult und Lehre. Dementsprechend fehlt in allen nachösterlichen Sendungsworten (Mk 16,15f; Mt 28,19f; Lk 24,47f; Apg 1,8; Joh 20,21–23; 21,15–17) der Auftrag, zu ‚heilen' und bezeichnenderweise auch „die Gottesherrschaft zu verkünden". Wenn es aber um das Werk Jesu geht, ist Verkünden und Helfen grundsätzlich nicht mehr zu trennen, mag auch die jeweilige Situation diese oder jene Akzentuierung erfordern. – Wer sagt, die Gottesherrschaft sei gekommen, ohne sich für die Notleidenden einzusetzen, der verfälscht durch sein Nur-reden die Gottesherrschaft zu einer ‚schönen Idee'. Wer sich aber einsetzt, darf auch nicht für sich behalten, was er vom Meister her weiß: Das Glück des Menschen kommt von dem liebenden und liebenswürdigen Gott Jesu. Wer diesen elementar-vitalen Zusammenhang zwischen dem Herzen der Welt und ihrer Oberfläche kennt und dennoch verschweigt (116), weil er Angst hat, als unmodern belächelt zu werden, der täuscht die Menschen ebenso.

Siehe Anmerkung!

Heilt Kranke, macht Aussätzige rein, treibt Dämonen aus!
Umsonst habt ihr's empfangen – umsonst sollt ihr es geben!
Verdient damit kein Gold, kein Silber, keinen Kupferpfennig in eure Gürteltasche!

Der antike Arzt hatte natürlich Anspruch auf ein Honorar, das sich zumeist nach seinem Erfolg und nach dem Vermögen des Patienten richtete. Die Boten Jesu aber dürfen mit ihrer Heiltätigkeit keinen Pfennig ‚verdienen'. Warum eigentlich, da Heilung doch ein Wert ist, den sie geben? Weil sie durch ihre Hilfe an den Kranken die angekommene Herrschaft Gottes vorzeigen sollen (126). Die Eigenart seiner Herrschaft besteht aber gerade darin, daß er umsonst gibt. Umsonst habt ihr von Gott die Fähigkeit zu heilen empfangen. Umsonst sollt ihr eure Hilfe weitergeben. Damit die Menschen durch euch Gott erleben als den Schenkenden! – Die strenge Anweisung, durch Helfen und Heilen keinen Kupferpfennig in die eigne Tasche zu verdienen, betrifft hier zwar die Verkünder der Gottesherrschaft. Aber es ist kein Zweifel möglich, daß Jesus darüber hinaus dieses ‚Umsonst' als neuen Lebensstil fordert. Und zwar nicht zur Übererfüllung einer Norm, sondern um überhaupt in den Herrschaftsbereich Gottes zu gelangen (203–207 u.a.).

Das Prinzip ‚gratis'

Es ist zwar göttlich, aber nicht utopisch, wie es auf den ersten Blick erscheint. Im Gegenteil: 1. Die Urform menschlicher Gemeinschaft, die Familie, praktiziert es spontan und reibungslos, solange sie gesund ist. Es wäre ein Unding, wenn Mann und Frau ihre gegenseitige Hilfe und ihre Dienste an den Kindern verrechnen wollten. Auch außerhalb der Familie herrscht noch das Prinzip ‚gratis' im Freundeskreis. Warum sollte es nicht auch die Großfamilie ‚Menschheit' mehr und mehr beherrschen? 2. Alle Güter der Erde von den Rohstoffen bis zum Intelligenz- und Arbeitspotential der einzelnen sind doch der Menschheit als ganzer gegeben (religiös gesprochen: sind ihr vom Schöpfer geschenkt). Wer kann da, wenn er überhaupt von der Realität Gott her denkt, noch sagen: Das Erdöl unter unseren Staatsgrenzen gehört nur uns. Oder: Mein Mantel oder meine Fähigkeit, Blinddarm zu operieren, gehört nur mir. – Also ist es sachlich richtig, daß der Mensch alles, was ihm ‚zufällt', locker weiterfließen läßt; dorthin, wo es mehr benötigt wird. An diese Selbstverständlichkeit mußte zunächst erinnert werden, um unser starres Eigentumsrecht zu entwurzeln. Es wurzelt nämlich nicht in der Natur des Menschen, sondern ist nur ein Notbehelf für einen Defekt. Bloß die Angst vor der Gier meines Nachbarn drängt mich, meinen Garten einzuzäunen und so zu tun, als gehöre dieses Stückchen Erde mir allein (was die ursprungsnäheren Zigeuner bis heute nicht begreifen). Nun hat Jesus als erstes nicht den Menschen ihre Krücken weggenommen, sondern hat versucht, sie von innen her zu heilen, damit sie allmählich ohne Krücken, zum Beispiel ohne Eigentums-‚Recht' (164 u.a.) laufen lernen. Das unterscheidet ihn von den Zeloten und von all den Sozialrevolutionären, die von außen her, durch gewaltsamen Eingriff, die Welt verbessern wollen. Die Weltverbesserung kommt nach Jesus aus dem innersten Grund der Welt: Wenn ihr eurem Vater vertraut, daß er euch alles geschenkt hat und immer wieder schenken wird, dann braucht ihr nichts mehr ängstlich festzuhalten. Dann sollt ihr auch alles weiterschenken, um zu „werden wie Gott" (205 bis 207), nämlich glücklich im Schenken.

Das Prinzip ‚gratis' ist natürlich noch kein fertiges Rezept, etwa für heutige Tarifkonflikte. Aber wo es wenigstens von fern angezielt wird, ermöglicht es schon innerhalb eines vorgegebenen Wirtschaftssystems humanere Lösungen. Es entkrampft den Dialog und drängt nach vorn in Richtung Sättigung der Hungrigen.

Er befahl ihnen, keinen Vorrat mitzunehmen,
kein Brot, keinen Ranzen, kein Geld im Gürtel . . .
Wo ihr in ein Haus einkehrt, da bleibt,
bis ihr von dem Ort weiterzieht!
Eßt und trinkt, was man euch bietet,
und wechselt nicht von einem Haus zum anderen!

Den Verkündern der Gottesherrschaft könnte man mit gutem Grund auch das Gegenteil empfehlen: Versorgt euch selbst, damit ihr unabhängig bleibt! Aber Jesus will offenkundig seine Sendboten der Barmherzigkeit der Menschen ausliefern, schutzlos und mittellos. Der Sinn dieser Mittellosigkeit ist nicht Armutsaskese. Er sagt ja: Eßt und trinkt! Freilich fügt er hinzu: Seid mit dem zufrieden, was man euch anbietet, und schnuppert nicht im Dorf herum, bis ihr das beste Quartier beim reichsten Bauern gefunden habt! – Sie sollen ohne Gepäck und ohne Sorgen dahinziehen (leicht-sinnig wie die Vögel, die Gott ernährt) und so das Gottvertrauen, das sie predigen sollen, selbst praktizieren. Damit sie aus diesem Vertrauen heraus lernen, sich auch den Menschen anzuvertrauen und mit ihnen das neue *gegenseitige* Schenken zu erproben. Einerseits: Helft und heilt umsonst! (127) Andererseits: Eßt und trinkt, was sie euch bieten! Die Zusammenschau der drei Missionsanweisungen (126 127 128) läßt das Besondere der Missions-‚Methode' Jesu deutlich erkennen: Wer mit Worten verkündet, daß die Gottesherrschaft gekommen ist, muß durch sein Verhalten zeigen, daß es stimmt. 1. ‚Verkünden *und* heilen', damit niemand auf den Gedanken kommt, die Gottesherrschaft sei etwas rein Geistiges oder in ferner Zukunft Liegendes. 2. ‚Umsonst' helfen und heilen, damit jeder spürt: Gott ist ein Schenkender und in seinem Bereich gilt Schenken statt Verrechnen. 3. ‚Ohne Vorrat' dahinziehen, damit sichtbar wird: Man soll nicht nur Gott vertrauen, sondern auch den Menschen Güte zutrauen.

Siehe Anmerkung!

Kommt mit, ihr allein, an einen abgelegenen Ort und ruht ein wenig aus!

Denn die da kamen und gingen, waren so viele, daß sie nicht einmal Zeit zum Essen hatten . . .

Eine scheinbar belanglose biographische Notiz. Sie ist uns nur noch bei Markus erhalten, der das ihm vorliegende Überlieferungsgut noch nicht so streng theologisch gesiebt hat wie später Mattäus und Lukas.
Was diese Nebensache so kostbar macht: Sie zeigt, wie menschlich dieser Mensch ist, der doch so unerhört Neues über Gott gesagt hat. Weder abstrakte Denker noch religiöse Fanatiker reagieren so, wenn menschliche Schwächen wie Müdigkeit und Hunger ihrer Aufgabe entgegenstehen. – Jesus wählte zwar nicht grundsätzlich den leichteren Weg (102 418). Wo es sein mußte, ging er entschlossen in die Todesgefahr (140–142) und verlangte dieselbe Härte von den Seinen (146). Aber er ging nicht ‚über Leichen'. Bei der Güterabwägung, was jetzt wohl das Gottgemäßere sei, ließ er sich nicht mechanisch von einem vorgegebenen Plan oder Gesetz bestimmen, sondern von der konkreten Not des jeweils Nächsten (134 187).
Dann sind es auch keine Floskeln, wenn von ihm erzählt wird: „Er kam heraus und sah die vielen Leute. Da überkam ihn Mitleid, denn sie waren wie Schafe ohne Hirten" oder „Die Leute tun mir leid, weil sie nichts zu essen bei sich haben" oder sogar „Er empfand Mitleid über die Versteinerung ihrer Herzen" (Mk 6,34; 8,2; 3,5). – So menschlich und gerade deshalb so vertrauenswürdig ist der Meister. Aber was noch entscheidender ist: So menschlich ist der Gott, der ihn bewegt.

130 Mk 6,35–42 (8,1–8a / Mt 14,15–20 (15,32–37a) / Lk 9,12–17 / Joh 6,5–11

Die Leute tun mir leid,
weil sie ... nichts zu essen haben (Mk 8,2).

Entlasse sie, damit sie in die umliegenden Höfe und Dörfer gehen und sich etwas zu essen kaufen!

Gebt ihr ihnen zu essen!

Sollen wir Brote kaufen und ihnen zu essen geben?

Nein. Wie viele Brote habt ihr da? Schnell, schaut nach!

Fünf haben wir. Dazu zwei Fische.

Er nahm die fünf Brote und zwei Fische,
blickte zum Himmel und sprach das Dankgebet.
Dann zerbrach er die Brote
und gab sie den Jüngern zum Austeilen an die Leute.
Auch die zwei Fische zerteilte er für alle.
Und alle aßen und wurden satt.

Was geschah wirklich?
Es wäre voreilig, wegen der mirakulösen Darstellung die beiden Brotvermehrungsgeschichten für freie Erfindungen zu halten und deshalb nur nach der Verkündigungsabsicht der Evangelisten statt nach der Intention Jesu zu fragen. Gegen ein reines Phantasieprodukt zur Verherrlichung Jesu sprechen folgende Momente: 1. Fünf ist keine symbolische Zahl. 2. Der Fisch war nie eucharistische Speise. 3. Wenn schon eine messianisch-wunderbare Speisung des Volkes in der Wüste aus dem Nichts heraus erdichtet werden sollte, dann mußte es nach dem literarischen Prinzip der Überbietung des Alten Testaments (vgl. Joh 6,30–58!) geschehen. Aber was da in zwei Varianten

erzählt wird, die Speisung der Vielen durch das Teilen der schon vorhandenen Brote, ist ein kleineres ‚Wunder' als der alttestamentliche Brotregen vom Himmel; kleiner auch als ein ebenso erfindbares Brotemachen aus Steinen (analog dem Weinmachen aus Wasser in Joh 2,6–11). 4. Beide Erzählungen sind ursprünglich nicht als typische Wundergeschichten konzipiert. Abgesehen davon, daß nie vom Vermehren oder Ähnlichem die Rede ist, sondern nur vom Teilen und Austeilen, fehlt die ‚Verwunderung der Menge' und der ‚Chorschluß' mit der Preisung des Wundertäters. – Lassen wir einmal die Zahlenangaben beiseite, mit deren Wucherung man bei religiösen Autoren der Antike immer rechnen muß: 3 Tage nichts zu essen; für 200 Denare Brot; 5000 Männer, ohne die Frauen und Kinder (bei 2–3000 Einwohnern von Kapharnaum!), 12 Körbe voll Reste. Dann bleibt eine Speisung der Hungernden dadurch, daß Jesus den Vorrat seiner Jünger austeilt.

Anfänglich durfte Jesus noch in den Synagogengottesdiensten reden. Als sich aber der Konflikt mit der geistlichen Behörde mehr und mehr zuspitzte und er auch der schädlichen Wunderpropaganda innerhalb der Städte (103) entgehen wollte, hielt er seine öffentlichen und langen Predigten außerhalb der Siedlungen. Mit Wüstensymbolik hat das nichts zu tun. – Daß ein Verkünder der Gottesherrschaft die ‚nur-leiblichen' Nöte seiner Zuhörer überhaupt merkt und so ernst nimmt, daß er sich sofort tatkräftig für sie einsetzt, weil er einfach Mitleid empfindet, das paßt weder zu einem Fanatiker noch zu einem in höheren Regionen schwebenden Theoretiker. Aber es paßt genau zu diesem menschlichen Propheten, der sich immer wieder als ‚gütig und nüchtern zugleich' erweist (124 129 u.a.). Das ist als erstes zu beachten. – Das andere jesuanische Element ist seine besondere Art zu helfen, die im Dialog mit den Jüngern hervortrat. Für sie ist das Nächstliegende, die Leute zu entlassen, damit jeder sich selbst versorgen kann. Dagegen Jesus: Gebt ihr ihnen zu essen! Diesem Befehl wollten sie mit dem

Kauf von Brot aus der Gemeinschaftskasse nachkommen. Dagegen Jesus: Nicht Geld aus der Kasse, sondern euren eigenen Mundvorrat sollt ihr geben! Da eine solche Zumutung sie wohl ziemlich verwirrte, gab er seiner Forderung Nachdruck: Schnell, schaut nach, was ihr da habt! Dann nimmt er ihre Vorräte und zerteilt sie (kata-klao herunter-brechen, zer-brechen), so daß jeder, der nichts bei sich hat, etwas bekommt. Er läßt sie austeilen, damit sie beim Austeilen lernen, das eigene letzte Stück Brot mit Hungernden zu teilen. – Natürlich spricht Jesus auch zu diesem Gemeinschaftsmahl im Freien den Tischsegen. Darin dankt er nicht den Spendern, sondern Gott, der den Menschen das Brot gibt und überdies die Kraft, es einander weiterzugeben. – Alle wurden satt, wurden zufrieden. Dabei bleiben die ‚technischen' Fragen offen: wie viele es waren; wieweit psychische Faktoren bei der Sättigung mitspielten; ob das ostentative Austeilen des eigenen Mundvorrats auch ohne zusätzliche Aufforderung eine Kettenreaktion auslöste, so daß auch andere ihre stillen Reserven auspackten und mit den Nachbarn teilten zu einem Brudermahl, das zwar bescheiden ist, aber alle Beteiligten zufrieden und insofern satt macht.

Die Predigt Jesu und die Predigt über Jesus

Er hat in der gegebenen Situation jene von Gott ausgehende Liebe praktiziert, die er lehrte, weil er selbst davon erfüllt war. Herz-und-Wort-und-Tat sind bei ihm eins. Insofern ist das Brotteilen in der Einöde eine leicht verständliche ‚Predigt Jesu'. Sie bedarf nur noch der Annahme. – Aber die frühchristlichen Missionare haben daraus eine ganz andere ‚Predigt über Jesus' gemacht. Seht, welche Wundervollmacht der Messias/Christus besitzt: Mit 5 Broten konnte er 5000 Männer samt Frauen und Kinder satt machen, so daß noch 12 Körbe voll übrigblieben! Exegeten mögen sagen, dies sei nicht als Faktenmitteilung zu verstehen, sondern als Symbolsprache des Kerygmas, die Christus als den göttlichen und sakramentalen Ernährer seines Volkes, der Kirche, darstellen will. Und wenn dem so wäre, ist es denn richtig, die bäuerlich-einfache Tat-Sprache Jesu (etwa: euer Brot miteinander teilen, so müßt ihr das machen!) wieder so zu mystifizieren und zu verschlüsseln, daß kein Bauer sie mehr versteht? – Oder hat Jesus nach Meinung der Evangelisten die Menschen tatsächlich durch Wunder satt gemacht? Das widerspräche zwar der Intention Jesu, denn Steine in Brote verwandeln zu wollen galt ihm als eine Versuchung. Überhaupt lehnte er Beweiswunder ab. Doch nehmen wir einmal an, Gott könne Brot- und Fischmaterie ohne Zwischenursachen ins Tausendfache multiplizieren und Jesus könne es ebenso und wir könnten derartiges sogar von ihm lernen . . . Aber dann müßten wir doch im Sinne Jesu weiterfragen: Käme denn auf diese Weise Gott besser zur Herrschaft? Was ist denn größer und dem Gott Jesu gemäßer: daß ein Zauberer durch Mirakel, die ihn nichts kosten, die Nöte der Menschen beseitigt? Oder daß ein armer Schlucker ‚nur' seinen letzten Wurstzipfel herausholt und in Scheiben schneidet, damit der Max und die Emma neben ihm nicht gar so hungern müssen? Die Antwort ist leicht, wenn man bedenkt, daß Jesus nicht einmal mit dem Einsatz von Geldmitteln, der immerhin etwas kostet, zufrieden war, sondern hartnäckig fordert: Gebt euer letztes Brot! Was die Welt wirklich erlöst und verändert, zwar langsam und mühsam, aber dafür von innen her auf die Gottesherrschaft hin, das sind keine Mirakel. Es ist allein das Wunder der Liebe. „Gebt ihr ihnen zu essen!"

Siehe Anmerkung!

Schriftgelehrte, die von Jerusalem hergekommen waren: Warum halten sich deine Schüler nicht an die Überlieferung der Alten, sondern essen das Brot mit unreinen Händen?

Treffend hat Jesaja von euch Schauspielern gesagt:
„Dieses Volk ehrt mich mit den Lippen,
aber ihr Herz ist weit weg von mir.
Umsonst verehren sie mich, wenn sie als ‚die Lehren'
nur Menschensatzungen lehren."
Das Gebot Gottes laßt ihr fahren,
um die Überlieferung von Menschen festzuhalten.

Der Grundkonflikt Jesu mit der geistlichen Behörde

„Pharisäer und einige Schriftgelehrte, die von Jerusalem gekommen waren, traten miteinander an ihn heran" (Mk 7,1). Sie waren Abgesandte der obersten geistlichen Behörde in Jerusalem, die für Kult und Lehre in Israel verantwortlich war und auch den Täufer Johannes kontrolliert hatte (Joh 1,19). Sie sollten den merkwürdigen Laienprediger Jeschua beobachten und seine Rechtgläubigkeit prüfen. Ihr Richtmaß ist die Treue zur Überlieferung. Es kommt zu einem offiziellen Lehrgespräch. Sanft wie Geistliche das Inquisitionsverfahren zu beginnen pflegen, nehmen sie nicht ihn persönlich, sondern nur das Verhalten seiner Schüler aufs Korn. Sie sprechen von deren Essen mit ungewaschenen Händen. Jesus braucht nur diese Unvollkommenheit seiner Schüler zu beklagen. So wird ihm der Rückzug leicht gemacht.
Aber Jesus greift an. Offen aufs Ganze gehend. Ihrer Sorge um die Tradition stellt er die allein entscheidende Sorge entgegen: Was will Gott selbst? Ihr seid auf eure religiösen Traditionen, die doch nur von Menschen gemacht wurden, derart fixiert, daß ihr lieber preisgebt, was Gott gebietet, um nur die Tradition festzuhalten. – Das macht euch zu gespaltenen Menschen, zu

Schauspielern (hypokriteis). Komödianten müssen nämlich berufsmäßig auf der Bühne etwas anderes darstellen, als was sie im Leben sind. Euer Mund bekennt Gott als den Herrn, wenn ihr öffentlich betet und lehrt. Aber euer Herz anerkennt ihn nicht als Herrn, denn ihr tut nicht, was Gott von euch will (338). – Die hier grundsätzlich erhobene Anklage belegt Jesus oft mit Einzelbeispielen (104 132 133 160 181 u.a.).

Zur Verteidigung der geistlichen Behörde

Jene Vertreter eines religiösen Systems zu prügeln, als seien sie schlechthin böse, wäre nicht nur ungerecht, es müßte auch die Intention Jesu verdunkeln und unsere eigene Umkehr verhindern. Zu ihrer Verteidigung ist folgendes zu bedenken: – 1. Nicht jeden einzelnen trifft der Vorwurf Jesu. Es gibt auch Schriftgelehrte, die der Gottesherrschaft nahe sind, weil sie das Erste Gebot als das zentrale erkennen (179). – 2. Ehe sie dem Volk ihre erstarrten Traditionen als Joch auferlegten, sind sie doch selbst in ihrem ganzen Denken und Empfinden davon geprägt worden. Gefangene Gefängniswärter soll man nicht verdammen, sie aber auch nicht weiter ihre ‚Pflicht' tun lassen, sondern sie zu befreien suchen, wie es der große Arzt Jesus tut: Er betrachtet sie als Erblindete (255), die erschreckende Versteinerung ihrer Herzen weckt sein Mitleiden (111). – 3. Das Wichtigste aber: Für unbedingte Treue zu Gesetz und Tradition und als Hilfe dazu detaillierte Anweisungen gibt es eine sachliche Rechtfertigung, die sehr ernst zu nehmen ist. Die Masse braucht solche festen Stützen und Zäune. Nimmt man sie einfach weg, dann bricht erfahrungsgemäß nicht von selbst der Geist Gottes durch, sondern das Chaos, die Gleichgültigkeit oder die Beliebigkeit in Lehre und Lebenshaltung. – Soviel steht fest, auch heute: Ein Volk von seinen alten Ordnungsstrukturen zu ‚befreien', weil sie verhärtet sind und das Leben einengen, ohne ihm zugleich etwas wirklich Besseres und nicht nur scheinbar Besseres zu bieten, wäre gewissenlos. Die Verantwortlichen in Israel konnten aber nicht ohne weiteres sehen, ob in dem eigenwilligen Laienprediger aus Galiläa Chaotisches oder Göttliches zum Durchbruch kam, ob er ein falscher oder echter Prophet war. Darum die entscheidende Frage: Was bringt denn Jesus anstelle der Bindung an Gesetz und Tradition? – Den Willen Gottes selbst, behauptet er. Aber das ist zu allgemein! Wo erkennt man Gottes Willen, wenn nicht in Gesetz und Tradition? Er sagt, das unverdorbene Menschenherz (303) spüre noch, wohin es von Gott gezogen wird (408): zum Helfen und Heilen und Aufrichten. Weil Gott Liebe ist. Und daraufhin bekommen die Gebote ihren ursprünglichen Richtungssinn wieder und die Traditionen ihre Elastizität und Korrigierbarkeit (110 132). Aber das Menschenherz kann irren, kann sich ein Gottesbild nach seinem Belieben zurechtmachen. Das stimmt und darauf kann Jesus nur mit dem Bekenntnis antworten: Mir ist Jahwe gegenwärtig (100 245 407 194). Das heißt zugleich: Wer mir vertrauend folgt, der hat die nötige innere Gewißheit, daß er auf Gott zugeht. Ob nun diese neue, auf Vertrauen beruhende ‚Gewißheit des Herzens' solider ist als das alte Sicherheitssystem von Gesetz und Tradition, das wird niemals theoretisch zu beweisen sein. Es ist nur zu erproben.

Zu den Schriftgelehrten, die von Jerusalem hergekommen waren:

Großartig, wie ihr Gottes Gebot wegwerft,
um eure Überlieferung zu behalten!
Denn Mose sprach: „Ehre deinen Vater und deine Mutter!"
Aber ihr sprecht: „Wenn einer nur zu Vater oder Mutter sagt: Korban!, das heißt: Weihegabe sei, was dir von mir zusteht!"
Dann laßt ihr ihn für Vater und Mutter nichts mehr tun.
Gottes Wort setzt ihr so außer Kraft
durch eure Überlieferung,
die ihr selbst zur Überlieferung gemacht habt!

Jesu allgemeiner Vorwurf gegen die geistliche Behörde, daß sie Gottes Gebot durch Menschensatzungen aufhebe (131), wird hier durch ein Beispiel erhärtet. Mit der Rechtsformel ‚Korban' konnte sich der erbberechtigte Sohn von der Versorgungspflicht gegenüber seinen alten Eltern befreien. Was er ihnen zum Unterhalt schuldete, gehörte nunmehr als Opfergabe dem Tempel. Also durfte er es nicht mehr ihnen geben. Er selbst blieb aber Nutznießer, weil Korbangut erst nach dem Tod des Besitzers an den Tempel überging. – „Großartig!", sagt Jesus ironisch. Diese Konstruktion der jüdischen Kirchenrechtler ist in der Tat als Trick bewundernswert. Einerseits wird jeder fromme Jude, der bereits systemgemäß denkt, zugeben, daß die Überschreibung des Erbes an den Tempel ein gottgefälliges Werk ist. Ein Grundstück Gott zu opfern ist doch besser, als es Menschen zu überlassen. Und es tut nicht weh, da man den Acker zeitlebens weiter abernten kann. Anderseits ist solch ein Opfer sehr nützlich für die wirtschaftliche Basis des Tempels und aller, die vom Tempel leben (vgl. 182). – Auch die Gesetzeslehrer wollten den Mißbrauch der Korbanpraxis eindämmen. Aber sie versuchten es nur mit ihrer systemgemäßen Methode: Gesetzesauslegung und Gesetzesdispens. Wer nachwies, daß er das Korban-Gelübde unbedacht abgelegt hatte, konnte sich davon dispensieren lassen. Genauer: Es wurde als von vornherein ungültig erklärt. – Jesus dagegen verwirft die Korbanpraxis als solche. Weil sie dem widerspricht, was Gott will. Weil sie nur von Menschen erdacht und zur ‚heiligen Überlieferung' gemacht wurde. – Was Jesus da an Widerspruch zwischen Menschensatzung und Gotteswillen aufdeckte, konnte jeder Mensch erkennen. Aber das Erkennen allein nützt nichts. Nötig war, daß endlich einer kam, der es ‚laut sagte', ohne Angst vor den Mächtigen.

**Seid auch ihr so verständnislos? Begreift doch:
Was von außen in den Menschen kommt,
kann ihn gar nicht unrein machen,
weil es nicht in's Herz gelangt,
sondern in den Bauch
und wieder ausgeschieden wird in den Abort.
Was aus dem Menschen kommt,
das macht ihn unrein.
Denn von innen, aus dem Herzen der Menschen,
kommen die bösen Absichten ...
Die machen den Menschen unrein.**

Jesus beschwört das Volk, doch endlich den so einfachen Sachverhalt zu begreifen: Was von außen in den Menschen kommt, was er ißt, das kann ihn gar nicht vor Gott schmutzig machen, sondern nur die böse Absicht, die aus seinem Innern aufsteigt. Um auch die primitivsten Hörer zu packen, zeigt er in ungewöhnlich derber Sprache auf den Verdauungsweg, der nicht das ‚Herz' berührt und in der Abortgrube endet.
Es war wohl notwendig, die Illusion von kultischer Reinheit so kräftig zu zerschlagen. Die Geistlichen hatten sie dem Volk, das gar nicht wagte, in religiösen Dingen selbständig zu denken, immer tiefer eingeprägt. Ihr ausgeklügeltes System von Reinheitsvorschriften, die angeblich von Gott ausgehen, belastete unnötig das tägliche Leben des kleinen Mannes. Sie bedrückten auch sein Gewissen, denn sie machten ihn ständig zu einem Unreinen, der Gott (bzw. dem Tempel!) Reinigungsopfer schuldet. – Das Schlimmste aber: Was muß das für ein Gott sein, wenn bestimmte Speisen oder die Vorgänge bei Zeugung und Geburt oder die Berührung von Aussätzigen oder Toten den Menschen wirklich ‚vor Gott unrein' machen? Ein solcher Gott wäre in seiner ‚Reinheit' abgesondert, durch magische Barrieren vom Menschen getrennt. – Jesus dagegen weiß: Gott ist dem Menschen nahe, ist ihm wie ein Abba seinem Kind

von Herzen zugewandt. Immer unmittelbar. Ohne kultische Vorbedingung. Auch im ‚unreinen' Alltag. Was den Menschen vor Gott unrein macht, ist allein die Verkehrtheit seines Herzens. Was ihn wieder rein macht und mit Gott verbindet, ist allein die Metanoia, die Umkehr des Herzens.
In diesem Zusammenhang stellt sich die Frage:

Reinigt das Taufbad von Sünden?

Daß die beiden Taufanweisungen Mt 28,19 und Mk 16,16 erst nach Ostern formuliert und hinzugefügt wurden, sagt noch wenig. Schwerer wiegt die Tatsache, daß Jesus die „Taufe zur Vergebung der Sünden" (Mk 1,4), die er doch bei Johannes akzeptiert hatte, selbst nicht mehr praktizieren wollte, als er getrennt von Johannes und anders als dieser die Gottesherrschaft in Galiläa verkündete. (Joh 3,22 – 4,3 gibt einen undeutlichen Hinweis, aber eindeutig ist hier das Schweigen von Markus, Mattäus und Lukas.) Warum wollte Jesus nicht taufen, da doch auch Johannes das Tauchbad sicherlich nicht als magische Sündenreinigung verstand, sondern mit der Umkehr des Herzens verband? Wir kommen der Intention Jesu auf die Spur, wenn wir fragen: Warum hat er bezüglich der rituellen Reinigungen nicht ‚nachgegeben' und nur ihren Sinn als äußeres Zeichen innerer Reinheit wieder klargestellt, sondern sie ostentativ mißachtet und das „Essen mit ungewaschenen Händen" (Mk 7,2; Mt 15,20) ausdrücklich verteidigt? – Einerseits mußte Jesus verkünden, daß nur die Umkehr des Herzens den Zutritt zur Gottesherrschaft ermöglicht. Und dies noch intensiver, als es schon Johannes gepredigt hat. Denn die Umkehr, die Jesus fordert, zielt auf mehr als die Erfüllung rechtlicher Pflichten. Er meint die Umkehr zur Gesinnung eines Kindes gegenüber seinem Abba, die Umkehr zu Vertrauen und Liebe gegenüber Gott. Das ist eine aus der innersten Mitte des Herzens kommende freie Selbsterschließung des Menschen. Diese Eigenbewegung des Herzens kann durch nichts ersetzt werden.

Aber sie darf auch nicht überlagert werden durch religiöse Reinigungsriten. – Andererseits war die Gefahr, Herzensumkehr durch rituelle Korrektheit zu ersetzen, in der Umwelt Jesu besonders akut: bei den abergläubischen Massen und bei ihren legalistisch orientierten Religionslehrern. – Deshalb ging Jesus, wie Propheten zu tun pflegen, rigoroser vor, als es ‚an sich' nötig war. Wie er ohne zwingende Notwendigkeit das Sabbatgebot durchbrach, so wollte er auch die Taufe als Zeichen der Umkehr anwenden.

Das Fazit: Nach Jesus kann kein Reinigungsritus, sei es Beschneidung oder Taufe oder sonst ein sakramentales Zeichen, aus sich heraus (ex opere operato), ohne die *bereits geschehene* Umkehr des Herzens, oder aufgrund des Glaubens anderer, irgendeine Reinheit vor Gott bewirken. Wer aber jeden mechanischen oder magischen Zusammenhang zwischen Taufe und Heil als nichtexistent erkannt hat, der braucht die Taufe nicht mehr zu verwerfen, denn nun kann er sie völlig unbefangen als ein sinnvolles Zeichen gebrauchen. So wie er weiß, daß ein Händedruck oder ein Blumenstrauß Sympathie nicht ‚macht', aber auf treffende Weise ‚zum Ausdruck bringt'. Wer sich vom Puritanismus bekehrt, das Menschengemäße der ‚nicht-notwendigen' religiösen Zeichen wiederentdeckt und sich daran erfreuen kann, der braucht sich auch nicht zu scheuen, wieder ein Weihwasserbecken in seine Wohnung zu hängen und es zu benutzen. Der kann sogar seine Morgentoilette fröhlich zum ‚Zeichen' machen:

Lieber Vater,
so sauber wie mein Hals,
so sauber wie meine Fingernägel,
so sauber wie meine Schuhe
sei heute mein Sinnen und Trachten
vor dir!

Er ging fort in das Gebiet von Tyrus. Er trat in ein Haus und wollte, daß es niemand erfahre. Aber er konnte nicht verborgen bleiben; vielmehr hörte eine Frau von ihm, deren Töchterchen einen unreinen Geist hatte. Sie kam und fiel ihm zu Füßen – die Frau war ja eine Heidin – und bat ihn, er möge den Dämon aus ihrer Tochter austreiben: Herr, auch die Hündlein unterm Tisch fressen von den Krümchen der Kleinen.

Um dieses Wortes willen:
Geh nur, der Dämon ist aus deiner Tochter ausgefahren.

Er wollte im Ausland für einige Zeit untertauchen

Auch Markus bietet keinen chronologischen Ablauf des öffentlichen Wirkens Jesu. Das ist schade; nicht weil unsere Neugier auf historische Details unbefriedigt bleibt, sondern weil wir aus den situationsbedingten Entscheidungen, die er nacheinander traf, noch besser sein Grundverhalten erkennen könnten. Nur darauf kommt es an. – Immerhin *will* Markus chronologisch berichten. Und an den einzelnen Überlieferungsstücken, die er vorfindet und (als Prediger!) zusammenordnet, hängt hie und da unablösbar noch etwas Biographisches. So auch hier.
Er ‚ging fort' (von Israel) in das Gebiet von Tyrus. Ähnliche Berichte: Er ging in das Land der Gerasener (123); er ‚zog fort' in das Gebiet von Cäsarea Philippi (139). Dagegen: Zieh fort von hier, denn Herodes will dich töten! Dieser Aufforderung widerstand er (418). Seinen Boten befahl er: Geht nicht fort zu den Heiden! (319) Auch er selbst weiß sich nur zu den verlorenen Schafen des Hauses Israel gesandt (329). Wie reimt sich das alles zusammen?
Es scheidet aus, daß er wegen des Mißerfolgs in Israel die Heiden missionieren wollte. Auch daß er in der Diaspora predigen wollte. Jedenfalls wird nirgends erwähnt, daß er im Ausland Juden angesprochen habe. Also war es jeweils nur ein kurzes

Sich-zurückziehen. Nicht um für sich und die Seinen Stille und Entspannung zu suchen (vgl. 129 148). Dazu mußte man nicht außer Landes gehen. So bleibt wohl die einzige Erklärung, daß er schon während der galiläischen Periode Verfolgungen ausweichen mußte (vgl. Mk 3,6). Man bedenke: Auch in den letzten Jerusalemer Tagen zog er sich allabendlich aus der Stadt zurück. Das paßt zwar nicht zu dem ‚Ideal', das die Heldenlegenden literarisch aufbauen: Ein Held weicht nicht zurück, er stellt sich, opfert sich! Aber es paßt zu der ‚realistischen' Treue, mit der Jesus seinem inneren Auftrag nachkommt, die Gottesherrschaft in ganz Israel zu verkünden: 1. Er predigt und provoziert, so wie er muß. Und wenn die Zeit reif ist, zieht er sogar in das Zentrum der Gegner, obwohl er mit ihrem vernichtenden Gegenschlag rechnet. 2. Wenn man ihn aber fangen will, noch bevor er sein Werk getan hat, zieht er sich zurück, um wiederzukommen. Eine scheinbar frömmere Alternative wäre: sich dem Verfolger preisgeben und auf Rettungswunder warten. Aber sich von der Tempelzinne stürzen, weil die Engel ihn auffangen müssen, heißt nicht Gott vertrauen, sondern Gott versuchen! 3. In diesem ‚vor und zurück und weiter vor' läßt er sich nur von seinem inneren Auftrag leiten und von seinem Gespür für das ‚jetzt Notwendige'. Nicht von der Sorge seiner Angehörigen; nicht von der Angst seiner Begleiter; nicht von der Taktik seiner Gegner. Auch nicht von der eigenen Todesangst: wenn ‚die Stunde' da ist, weicht er nicht mehr aus, sondern geht seinen Verfolgern entgegen.

Das Weghindernis: ein hilfsbedürftiger Mensch

Der Reisende aus Samaria wollte nach Jericho. Da kam ihm dieser Schwerverletzte in die Quere. Er folgte seinem Herzen und nicht seinem Terminplan... Jesus will im Gebiet von Tyrus unerkannt bleiben. Da tritt ihm diese Heidin in den Weg. Was er geplant hatte, sollte er wieder umstoßen, indem er sich hier als Heiler bekannt macht? Er konnte um der Gottesherrschaft willen sehr hart sein gegen Menschen (144 228 u. a.). Aber was ist in diesem Dilemma hier der Wille Gottes konkret? Für Jesus war nicht ‚von vornherein alles klar' wie für ein allwissendes, unfehlbares Überwesen. Die Überlieferung bewahrt noch die Erinnerung an ein Suchen nach Klarheit in seinem Ringen mit der Bittstellerin, die er zunächst abweisen möchte. (Das Motiv der Abweisung wurde später umgedeutet; siehe Anm.) – Was ihn am Ende stärker bewegt als sein eigener guter Plan, das ist die Mutterliebe dieser Frau zu ihrem leidenden Kind und ihr starkes Vertrauen. Beides tritt in ihrem demütigen Betteln zutage: Wir Nichtjuden sind zwar in euren Augen keine Kinder Gottes, sondern nur Hunde. Aber trotzdem! Euer Gott wird sicher ein paar Krümchen vom Brot der Kinder auch für die Hunde herabfallen lassen. ‚Um dieses Wortes willen', um dieser Haltung willen... heilt Jesus das Kind der Frau und riskiert die negativen Folgen dieser ‚Planänderung'.

Das Wasser macht von der Quelle bis zum Meer viele ‚Umwege'; aber nur in der Horizontale. Nach der Vertikalen gemessen, fließt es in eine einzige Richtung: zur Tiefe; nur von einem Kraftzentrum bewegt und durch alle Hindernisse hindurchgesteuert: von der Schwerkraft der Erde zu ihrem Mittelpunkt. So geht Jesus, während er auf unterschiedliche Situationen unterschiedlich reagiert, immer nur auf ein Ziel zu: Gottesherrschaft; immer von der einen Kraft bewegt, die mit diesem Zielpunkt identisch ist: von der Liebe Gottes zum Menschen. – Daß er (im Unterschied zur Automatik des Wasserlaufs) auf seinem Wege um Klarheit ringt, nicht nur im Gebet der Einsamkeit, sondern auch in der je neuen Begegnung mit den Nöten der Menschen, und daß er dabei sich korrigiert, das macht ihn doch nicht kleiner! Das zeigt nur, wie sehr er Mensch und uns nahe ist. Wegführer von Menschen ist er. Nicht wie ein Stern am hohen Himmel, der steht und nur die Richtung zeigt, sondern wie ein Mensch, der hier unten über diese bucklige Erde uns vorangeht und zeigt, wie wir es machen sollen. Siehe Anmerkung!

Die Pharisäer zogen aus und begannen, mit ihm zu disputieren. Sie verlangten von ihm ein Zeichen vom Himmel, um ihn zu prüfen. Da stöhnte er in seinem Innern:

Was verlangt dieses Geschlecht ein Beweiswunder?
Amen, ich sage euch: (Gott strafe mich Lügen)
wenn ER diesem Geschlecht ein Beweiswunder gibt!

Und er ließ sie stehen ...

Wie sind Propheten zu prüfen?

Gerade in jener apokalyptisch aufgeheizten Epoche sind viele Phantasten aufgestanden mit dem Anspruch, die Gedanken Gottes genau zu kennen. Es war zweifellos notwendig, auch den Prediger aus Galiläa zu prüfen, ob er aus Gott redete. – Wer soll einen Propheten prüfen? An sich jeder Mensch, der in seinem Gewissen von ihm angesprochen wird. Denn die Augen zu schließen und dann eine Botschaft, die von Gott kommen ‚kann', blind anzunehmen oder blind abzulehnen, wäre nicht Treue zu Gott, sondern das Gegenteil: Eigenwilligkeit. – Entscheidend aber ist die Frage: Nach welchen Kriterien soll einer geprüft werden, der behauptet, aus Gott heraus zu sprechen? Dem Kriterium der Rechtgläubigkeit, also der Gesetzes- und Traditionstreue, genügte Jesus nicht. Das stellte sich in seinen provozierenden Worten und Taten sowie in den theologischen Disputen bald heraus. So griff man nach einem zweiten Kriterium, das in jener wundergläubigen Zeit noch viel galt: nach dem Gottesurteil. Gott selbst mag durch ein augenfälliges Wunder die Echtheit seines Boten beweisen! Diese Erwartung wurde öfter an Jesus herangetragen: Wenn der ein Prophet wäre, wüßte er... (403); Wir möchten von dir ein Zeichen sehen (252); Kraft welcher Vollmacht tust du das? (174). Auch der Hohe Rate verlangte wohl einen solchen Messiasbeweis,

denn der Spott der Gerichtsdiener ist ein Widerhall davon: Weissage uns, Messias! (Mk 14,65 parr) Die letzte Wunderforderung: Er soll jetzt vom Kreuz herabsteigen, damit wir es sehen und glauben! (196)
Jesus hat zweifellos charismatische Heilungen vollbracht, die vom Volk als Wunder bestaunt wurden. Aber warum benutzte er diese Fähigkeit nicht, um sich und seiner Botschaft Geltung zu verschaffen bei Menschen, für die ‚Gott' und ‚Wunder' nun einmal zusammengehören? Warum vermied er geflissentlich die Wunderpropaganda (103)? Warum lehnte er die Forderung, sich durch Wunder auszuweisen, so kategorisch ab, wie es in diesem Jesuswort (und ähnlich in 174 252) geschieht? Das Amen verbunden mit einer Art Selbstverfluchungsformel ist stärkste Bekräftigung und bedeutet hier: Es ist ganz ausgeschlossen, daß Gott (pass. div.) dieser Generation einen Wunderbeweis liefert. Warum sieht er schon in der ‚frommen Absicht', Gott zu einem Rettungswunder herauszufordern (Brot aus Steinen; Sturz von der Tempelzinne), eine Versuchung Satans?
Es gibt für die Wunderscheu Jesu wohl zwei Gründe, die übrigens unsere heutigen, naturwissenschaftlich-philosophischen Fragen nach der Möglichkeit und Grenze von Wundern noch gar nicht berühren:
1. Für Jesus ist Gott eine Realität, die er erfahren hat (100). Darum braucht er nicht ‚mehr' über Gott auszusagen, als was er ‚im Herzen weiß'. Für wen aber Gott faktisch ein Gebilde seiner frommen Phantasie ist, der muß dieser seiner Phantasie weiter folgend auch alle phantastischen Mirakel von seinem Gott erwarten. Treten sie nicht ein, wie beispielsweise der vorausgesagte Weltuntergang, so bleibt ihm stets die unwiderlegbare Ausrede: Gott könnte schon, er will nur nicht oder noch nicht.
2. Das Göttliche am Gott Jesu ist seine Liebe. Aber Liebe kann das Ja des Partners nicht erzwingen. Sie würde aufhören, Liebe zu sein. Sie kann sich auch nicht strikt rational ‚beweisen'. Sie

kann mit all ihrem Engagement nur um Vertrauen bitten. So hat Jesus um Vertrauen zum Abba geworben. Das ist also die bleibende Schwäche Gottes gegenüber dem Menschen: Gerade das, was Gott zu Gott macht, seine Liebe, kann er Menschen, die ihm nicht trauen, auch nicht durch Wunder beweisen.

Darum bleibt nur noch ein Kriterium, nach dem Jesus sich von seinen Hörern prüfen läßt, ob er von Gott herkommt: Das ‚reine Herz', das ‚Gott schaut' (303). Das bedeutet: Der unverdorbene Mensch spürt, was Gott will. Das erscheint zunächst als ein sehr subjektives Kriterium. Und ist es auch. Aber ein Beispiel mag verdeutlichen, was für eine Subjektivität gemeint ist: Jesus behauptet, Gott habe den Sabbat für den Menschen gemacht, und zieht daraus die Konsequenzen (110). Nach dem Kriterium der Überlieferung ist das falsch. Aber wer weiß denn, ob nicht jene irrten, die diese Überlieferung machten? Wenn Jesus durch offenkundige Wunder zeigen würde, daß er recht hat, bliebe immer noch ungewiß, ob nicht der Teufel die Hand im Spiel hat, um Israel durch Jesus zu verführen. Aber Jesus weiß den entscheidenen Grund, weshalb Gott alles, auch den Sabbat, für den Menschen gemacht hat, und nennt ihn immer wieder: weil Gott den Menschen liebt. Ob nun ein Hörer das als die Grundwahrheit akzeptiert, ist letztlich seiner ‚Subjektivität' überlassen. Ein noch nicht verdorbenes Herz spürt, daß dies die rechte Richtung ist. Ein verhärtetes Herz wird genug Gegengründe finden, weil es sie sucht.

Hätten jene Beamten der jüdischen Glaubensbehörde, die auszogen, um Jesus zu testen, mit einer menschenfreundlichen Gesinnung im Herzen danach gefragt, ob er die Armen, Geschlagenen und Ausgestoßenen im Lande mehr belastet oder mehr befreit (260/322), dann hätten sie gemerkt, daß er kein Ketzer war, sondern von Jahwe, dem Rettergott, herkam. An ihren Früchten sollt ihr die Propheten erkennen, sagt der Meister (222).

Schaut genau hin!
Hütet euch vor dem Sauerteig der Pharisäer!

Der rechte Sauerteig ist in den Augen Jesu der Geist der Gottesherrschaft, der allmählich ganz Israel durchdringen soll (254). Aber hütet euch vor dem Geist des Pharisäismus, der auch wie ein Sauerteig wirkt! Auf den ersten Blick erscheint er gut. Darum müßt ihr genau hinschauen, um ihn vom Geist der Gottesherrschaft zu unterscheiden!
Was zu seiner Zeit den Geist des Pharisäismus ausmachte, verdeutlicht Jesus an anderen Stellen: Ihr Eifer für Gott ist groß, aber kalt. Ihnen fehlt der Eifer für den armseligen Mitmenschen (vgl. 104–106 403 425 u.a.). Der im Tempel betende, zweimal wöchentlich fastende und reichlich Almosen gebende Pharisäer kommt deswegen nicht zum Frieden mit Gott, weil er erbarmungslos auf den sündigen Zöllner herabschaut. Der wirkliche Gott will nicht Opfer für sich, sondern Erbarmen mit den Menschen (318). Darum: Paßt gut auf, daß nicht die Frömmigkeit der Pharisäer in eure Reihen eindringt und verhindert, daß der wirkliche Gott zur Herrschaft kommt!

Siehe Anmerkung!

Hütet euch vor dem Sauerteig des Herodes!

Sauerteig kann hier nicht religiöse Haltung oder Lehre des Herodes bedeuten analog dem Sauerteig der Pharisäer. Das Rätsel vom Sauerteig des Herodes löst sich, wenn man folgende Tatsachen mitbedenkt: 1. Er hat den Propheten Johannes eingekerkert und umgebracht. 2. Seine Leute wurden von Pharisäern in die Verschwörung gegen Jesus einbezogen (111). 3. Pharisäer wollten Jesus mit dem Hinweis auf die ihm von Herodes drohende Verfolgung aus Galiläa verscheuchen, aber er widerstand ‚diesem Fuchs' (418). Demnach meinte Jesus mit dem ‚Sauerteig des Herodes' wahrscheinlich die Atmosphäre lähmender Angst, die der Tyrann wie eine ansteckende Krankheit um sich herum verbreitet, um das freie Wort zu ersticken. Immer wieder wollte Jesus seine Jünger gegen diese Seuche immunisieren, besonders in den Verfolgungslogien. Dabei sind dies seine Grundmotive: 1. Tyrannenfurcht ist Mißtrauen gegen den Abba, als wäre nicht er allein der wirkliche Herr und hielte euer Leben in seiner Hand, auch wenn sie euren Leib töten. Eure Angst verhindert, daß Gott in euch selbst zur Herrschaft kommt. 2. Was nützt die rechte Erkenntnis, wenn Tyrannenfurcht euch verleitet, zu schweigen, statt die befreiende Botschaft „von den Dächern zu rufen"? Eure Angst verhindert, daß ihr die Gottesherrschaft weiterverkündet.

Die Jünger hatten vergessen, Brote mitzunehmen. Nur ein einziges hatten sie bei sich im Boot. Da stritten sie miteinander, weil ihnen Brote fehlten.

Was streitet ihr da, weil euch Brote fehlen?
Könnt ihr noch nicht begreifen und Folgerungen ziehen?
Habt ihr denn versteinerte Herzen?
Habt ihr Augen und seht nicht, Ohren und hört nicht?
Denkt ihr denn nicht mehr daran,
wie ich die fünf Brote brach für die fünfmal ‚Tausend'?
Zieht ihr immer noch nicht die Folgerung daraus?

Läßt man die Beifügungen weg (das Sauerteig-Wort; die Betonung des großen Überflusses bei vorausgehenden Brotteilungen; die Mattäus-Darstellung, wonach überhaupt kein Brot vorhanden war), dann bleibt ein sehr einfacher Vorgang und eine typische Reaktion Jesu auf ihn: Als die Jünger im Boot Hunger bekamen, merkten sie, daß nur ein einziger Brotfladen vorhanden war. Gereizte Stimmung. Wer ist schuld, daß wir jetzt hungern müssen? Wer hat Anspruch auf das eine Brot? – Jesus ist zornig und traurig über diese Haltung. Warum tun sie nicht, was er ihnen immer predigt und was er ihnen neulich in einer ähnlichen Notlage demonstrierte? (Wobei 5 x 1000 emphatischer Ausdruck für ‚fünf mal viele' sein kann.) Warum teilen sie nicht das vorhandene Brot, statt über das nichtvorhandene zu disputieren? Die Schüler haben vom Meister noch nichts gelernt. Obwohl sie aus nächster Nähe ihn sehen und hören konnten. – Daß Schriftgelehrte als beamtete Hüter der Tradition in ihrem Denken erstarrt sind, war zu erwarten (111). Daß auch die Herzen seiner eigenen Schüler noch versteinert sind, daß sie von dem alten Rechtsdenken (mein Brot!) noch nicht zu dem neuen freien Schenken (unser aller Brot!) kamen, das ist für Jesus noch leidvoller.

Jesus und seine Jünger gingen hinaus (aus Israel) in die Dörfer von Caesarea Philippi.

Was sagen die Leute, wer ich sei?

Du seist Johannes der Täufer;
andere, du seist Elija;
und wieder andere, du seist einer der Propheten.

Ihr aber, was sagt ihr, wer ich sei?

Petrus: Du bist der Messias.

Da schärfte er ihnen ein, von ihm sollten sie überhaupt nicht reden.

Von da an begann er, sie darüber zu belehren,
daß er, ein schlichter Mensch, viel leiden muß,
und daß er nach Jerusalem ziehen muß.

Im Zusammenhang mit der entscheidenden ‚Wende nach Jerusalem' (140) will Jesus wissen, was das Volk und was sein Jüngerkreis von ihm erwartet. Hier die vier Vermutungen über Jesus:
1. Er sei Johannes der Täufer. Ob man nun mit dem abergläubischen Herodes meinte, da gehe das Gespenst des von ihm Geköpften um (Mk 6,14), oder nur annahm, Jesus setze im Geist des Johannes dessen Werk fort, beides traf nicht zu. Jesus grenzte sich scharf von Johannes ab (107 240–244).
2. Er sei Elija. Von diesem Propheten erzählte man sich, er sei lebendig gen Himmel gefahren und komme am Ende der Zeiten herab, um alles wieder herzustellen. Aber Jesus ist weder diese apokalyptische Elija-Erscheinung, noch stimmt er innerlich mit jenem Propheten überein, der ‚Feuer vom Himmel rief' (405).

3. Er sei einer der Propheten. Das kann bedeuten: ein aus dem Grab Erstandener (Lk 9,8b), oder auch: er ist ‚wie' einer von den (alten oder zeitgenössischen, apokalyptischen) Propheten (Mk 6,15b). Er ist gewiß nicht ‚kein Prophet', aber er läßt sich nicht in ihre Reihe einordnen. Vgl. 253 und 175!
4. Er sei der Messias, sagte der Sprecher des Jüngerkreises, Petrus und erhoffte die Bestätigung durch Jesus (wie sie von Mattäus später eingefügt wurde). An dieser Stelle mußten auch die christlichen Gemeinden als Adressaten des Markus-Evangeliums ein Ja aus dem Munde Jesu erwarten. Markus hätte es gewiß nicht unterschlagen, wenn er es im Überlieferungsgut vorgefunden hätte, da er doch selbst schon im Titel seines Buches (Mk 1,1) Jesus als den Messias bekennt. Um so glaubwürdiger ist sein für Christen unpassender Bericht über die Reaktion Jesu auf die Antwort des Petrus:
1. Keinerlei Stellungnahme zu den vorgetragenen vier Vermutungen wer er sei. Dieses Schweigen ist ebenso wenig Zustimmung zu der Meinung, er sei der Messias, wie etwa zu der Meinung, er sei das Gespenst des Johannes.
2. Statt eines Ja oder Nein gibt er mit Nachdruck diese grundsätzliche Anweisung: Von mir sollt ihr überhaupt nicht reden! Zu keinem Menschen! – Warum? Nicht was ich vermutlich bin, sondern was ich verkünde, *das* sollt ihr weiter verkünden! Von Gott sollt ihr reden, Gottes Herrschaft sollt ihr verkünden! Nicht Jesu Herrschaft! – Aber faktisch wurde schon bald nach Jesu Tod die Rede ‚über ihn' zum eigentlichen Thema der christlichen Verkündigung: er sei der Messias und Davidssohn, der Kyrios (Herrscher), der Erlöser, der vom Himmel gekommene und zum Gericht wiederkommende ‚Menschensohn' (apokalyptisch verstanden), der Logos (innerer und im Wort geäußerter Gedanke Gottes), ja, er sei Gott selbst. – Vgl. dazu 179!
3. Nach dem Verbot, über ihn zu reden, machte er dann doch entscheidende Aussagen über sich selbst. Aber es waren er-

nüchternde Feststellungen, mit denen er die Messiasillusionen seiner Jünger zerstören wollte, um sie für den bevorstehenden ‚Kampf um Jerusalem' zu härten: a) ‚Von da an begann er', seinen Jüngern zu erklären, daß er nach Jerusalem ziehen und dort leiden muß. Aber ein übermenschliches Wesen, für das sie ihn halten, braucht doch nicht zu leiden! b) Darum nannte er sich ‚von da an' und in diesem Zusammenhang ‚Menschensohn'. – Diese uns fremd anmutende Selbstbezeichnung war nur im hebräischen Sprachraum möglich. Sie bedarf einer Klärung.

Was bedeutet ‚Menschensohn' im Munde Jesu?

Die Problemlage ist schwierig, die Diskussion der Exegeten noch nicht abgeschlossen, die Spezialliteratur immens (J. Theisen führt in seiner 1974 erschienenen Monographie über die Menschensohngestalt im Henochbuch bereits 615 Titel auf). Hier sei nur das Ergebnis einiger Beobachtungen thesenartig vorgelegt, soweit es für das Verstehen der entsprechenden Jesusworte nötig ist.

1. Immer ist von der Situation Jesu auszugehen. – Er hat seine Botschaft nicht geschrieben, sondern gesprochen. Er hat die Menschen, die ihm gerade gegenüberstanden, angesprochen. Und zwar so, daß sie ihn verstehen konnten, denn er wollte sie ja überzeugen und sie nicht mit Rätseln unterhalten. Er wandte sich zumeist an einfache Leute, jedenfalls in den fraglichen Menschensohn-Worten. Daraus folgt: Wenn der Ausdruck ‚Menschensohn' (wie sich herausstellen wird) zweierlei Bedeutung hat, eine allgemeine, die jedem Juden bekannt war, und eine theologisch-hintergründige, die nur einem bestimmten Personenkreis verständlich war, dann hat ihn Jesus in dem schlichten Sinn gebraucht, den Handwerker und Hausfrauen damit verbanden.

2. Im Aramäischen bedeutet ‚der Sohn des Menschen' nichts anderes als ‚ein Mensch'. – In der religiösen Sprache, die dem

einfachen Volk vom Synagogengottesdienst her ebenfalls vertraut war, schwingt noch die Betonung mit: ein armer, aus sich hilfloser Mensch, der ganz auf Gott angewiesen ist. Nach Psalm 8 wird der ‚geringe Menschensohn' von Jahwe umsorgt und erhöht. Der Prophet Ezechiel wird sechzigmal von Gott als der aus sich heraus machtlose Menschensohn angesprochen, beauftragt und beschützt.

3. Jesus gebrauchte den Ausdruck ‚Menschensohn' immer als Selbstbezeichnung. – Diese Redeweise ist im Aramäischen nicht allgemein üblich, aber durchaus möglich, denn es gibt dafür Beispiele. Die Bedeutung ist etwa: ‚der Mensch im allgemeinen und somit auch ich' oder ‚ein einfacher Mensch wie ich'. Diese nicht-geläufige Selbstbezeichnung fiel auf, prägte sich ein, wurde als typisch jesuanisch empfunden und gab später Anlaß zu Nachbildungen, ähnlich wie die Amen-Formel.

4. Jesus hatte ein Motiv für diese Selbstbezeichnung. – Er wurde in seiner wundersüchtigen Umwelt von vielen für ein übermenschliches Wesen gehalten, auch von seinen Jüngern. Weil das seinem Werk schadete, weil das in den Jüngern eine Hurra-Stimmung erzeugte, die nicht mehr mit Verfolgung und Ermordung rechnet, deswegen mußte er besonders ihnen gegenüber betonen: Ich bin ein einfacher Mensch, mit allen bitteren Konsequenzen, die sich aus dem Menschsein ergeben.

5. Die meines Erachtens jesuanischen Menschensohn-Worte zielen alle in dieselbe Richtung: Ich bin ein schlichter, machtlos den Menschen ausgelieferter, aber von Gott gehaltener Mensch. Folgende Texte dürften in ihrer vorliegenden Form oder wenigstens in ihrem inhaltlichen Ansatz auf Jesus zurückgehen: 244 (kein Asket wie Johannes), 168 Markus-Version (zum Dienen gekommen); Lk 9,56; 19,10 (Menschen retten, statt richten und vernichten); 141 (als untauglich verworfen); 202 (auch seine Jünger seinetwegen verachtet); 235 (man schämt sich seiner); 244 (als Fresser und Säufer verachtet); 250

(ihm, dem Menschen, mag man widersprechen, nur nicht dem Geist Gottes); 252 (er ist in seiner Schlichtheit ein Zeichen, das abgelehnt wird, im Unterschied zu Jona); 142 (Menschenhänden ausgeliefert); 227 (hat nicht mal den Nestschutz wie Füchse und Vögel); 188 268 (Judas: Auslieferung des Menschen durch einen Freund); 192 (die Stunde der Auslieferung ist gekommen); 149 (auch Elija war der Willkür der Mächtigen ausgeliefert); 143 (der Wiederaufrichtung nach dem Tod gewiß); 194 (ab jetzt sitzt der völlig ausgelieferte Mensch ‚zur Rechten der KRAFT‘).

6. Etwas völlig anderes bedeutet ‚Menschensohn‘ in der Sprache der Apokalyptiker, besonders ausgeprägt in der Henochliteratur (im 1. Jahrhundert v.Chr. entstanden). Dieser ist gerade kein machtlos ausgelieferter, schlichter Mensch, sondern im Gegenteil ein mysteriöser, machtvoller Über-Mensch. Seit grauer Vorzeit von Gott im Himmel aufbewahrt (Henoch!), auf Himmelsreisen über alle Geheimnisse der Natur und des Geschichtsverlaufs belehrt, wird er dazu auserwählt, an seinem Tag herabzukommen, sich auf den Thron seiner Herrlichkeit zu setzen und als Weltenrichter mit den Strafengeln die Rache Gottes an den Bösen zu vollziehen. Die Herkunft dieser merkwürdigen Vorstellung mag hier offen bleiben. Wichtig ist dagegen: Die Chiffre ‚Menschensohn‘ für einen *herab*kommenden Welten*richter* ist nicht aus Dan 7 abzuleiten und wurde nur im Schrifttum eines esoterischen Apokalyptikerkreises gebraucht. Dessen Bücher mußten vor Nicht-Eingeweihten geheimgehalten werden. Diese Menschensohngestalt taucht nicht einmal im Schrifttum der immerhin apokalyptisch orientierten Qumranmönche auf. Wir müssen davon ausgehen, daß nur vereinzelte Grüppchen damit etwas anfangen konnten, aber keineswegs die Masse der einfachen Leute, die Jesus angesprochen hat. Er wäre mit einem derartigen ‚Geheimwort‘ nicht verstanden worden.

7. Apokalyptische Menschensohnworte wurden nachträglich

Jesus in den Mund gelegt. Echte, von Jesus als schlichte Selbstbezeichnung gebrauchte Menschensohnworte wurden apokalyptisch umgedeutet. ‚Menschensohn' wurde später durchweg als geheimnisvoller messianischer Titel versandten. Dieser Vorgang entspricht nur der offenkundigen Tendenz der frühchristlichen Überlieferung, Jesus immer höher hinaufzusteigern. Die Schöpfer der unechten apokalyptischen Menschensohn-Worte sind meines Erachtens frühchristliche ‚Propheten', die stark von der spät-jüdischen (Henoch-)Apokalyptik vorgeprägt waren. Da sie den irdischen Jesus nicht kannten (vielleicht als Geistträger sich auch nicht für ‚Jesus dem Fleische nach' interessierten), statt dessen die Stimme des ‚himmlischen Christus' zu hören meinten, gaben sie ihm die Menschensohn-Gestalt, die ihnen vertraut war. Auf diesen späteren Einbruch verweist auch folgende Beobachtung: Alle Passionssummarien (Mk 8,31; 9,31; 10,31 samt Mt/Lk-Parallelen und Lk 24,7) enthalten noch keinen Hinweis auf eine Wiederkunft Jesu zum Gericht. Das ist um so verwunderlicher, als das Stichwort ‚Menschensohn' von Jesus selbst gegeben ist und die katechetische Vollständigkeit nach Passion und Erhöhung auch die Erwähnung von Herabkunft und Gericht erwarten läßt. Grund: Diese Summarien wurden noch aus echtem Jesusgut zusammengefügt. Anderseits fehlt bei allen apokalyptischen Menschensohn-Worten vom Wiederkommen und Richten ein Rückverweis auf die Passion, obwohl es vom Ausgleichsdenken her (der Hingerichtete wird zum Richter über seine Feinde) doch naheliegt. Grund: Leiden kommt im Henoch-Menschensohn, dem Vorstellungsmodell dieser Autoren, nicht vor. – Alle unechten Menschensohnworte sind am Ende des 2. Bandes zusammengestellt. Besonders zu beachten ist das Menschensohn-Wort vor dem Hohen Rat (194), das meines Erachtens von einem jesuanischen (Lukas-Version) zu einem apokalyptischen (Mattäus/Markus-Version) weitergebildet wurde.

Siehe Anmerkung!

(1. Element der Leidensbelehrung)

Von da an begann er, seinen Schülern zu erklären, daß er nach Jerusalem ziehen und als schlichter Mensch viel leiden muß.

Jerusalem – das ist die Mitte Israels einschließlich des Diasporajudentums, religiös und politisch. Dort sind auch die Mächte konzentriert, die jenes ‚Alte', das dem ‚Neuen' im Wege steht (108f), institutionell verfestigen: 1. Das Tempel-Opfer-Kult-System, repräsentiert durch die Priesterschaft und den imposanten Sakralbau; 2. zugleich das unsaubere Taktieren der geistlichen Machthaber mit der weltlichen Gewalt (Rom) und dem weltlichen Mammon (Tempelfinanzen), repräsentiert durch die sadduzäisch-liberal orientierte Hierarchie; 3. die richterliche Befugnis des obersten ‚Lehramtes' in Israel, repräsentiert durch die Schriftgelehrtenschulen und das Inquisitionsgericht des Hohen Rates unter dem Vorsitz des Hohenpriesters. – Dieses Jerusalem muß mit der neuen Botschaft konfrontiert und für sie gewonnen werden, wenn Israel nicht nur als Summe von Individuen, sondern als das ‚Volk' Gottes die Gottesherrschaft annehmen soll.
Was heißt aber: „Von da an begann er..."? Kein Zweifel, daß Jesus schon von Anfang an, seit er die Herrschaft Gottes über Israel verkündete, auch Jerusalem im Auge hatte. Was er zu erklären ‚begann', war weniger sein geplanter Zug nach Jerusalem als vielmehr das damit verbundene Risiko. Denn darüber mußte er sie besonders belehren, nachdem er gemerkt hatte, daß sie ihn für den Messias hielten, das heißt aber: für einen mit göttlichen Kräften ausgestatteten Sieger, dem seine Feinde nichts anhaben können (144!). Ein Messias ist unzerstörbar, sonst wäre er kein Messias (196!). – Seit dem Auftreten solch gefährlicher Phantasien begann er, sein Jünger zu ernüchtern: Mein Auftrag verlangt, daß ich hinaufziehe in das für Prophe-

ten so gefährliche Jerusalem und dort mit vielen Leiden rechnen muß, weil ich ein Mensch bin und kein Übermensch!

Siehe Anmerkung!

(2. Element der Leidensbelehrung)

Ein einfacher Mensch wie ich muß doch als untauglich verworfen werden (von den Ratsältesten, den Oberpriestern und den Schriftgelehrten).

Bei den kleinen Leuten in Galiläa war Jesus angesehen, besonders wegen seiner charismatischen Heilungen. Aber die ‚Großen' in Jerusalem und mit ihnen die ‚Großstädter' werden ihm wohl mit Mißtrauen begegnen. Und das ist ganz natürlich, denn er kommt als einfacher Mensch. Dem Laienprediger aus der Provinz fehlen Amt und Würde eines angesehenen Schriftgelehrten. Und durch ‚Wunder' wird er sich keine Autorität verschaffen, weil für charismatische Heilungen dort die Vertrauensbasis fehlt. – Also werden die geistlichen Machthaber in Jerusalem wohl sagen: Was spielt sich dieser gewöhnliche Mensch da auf? Tatsächlich haben sie als die Bauleute Israels Jesus wie einen untauglichen Stein verworfen (176). – Solche Mißachtung ist noch keine Verfolgung. Aber sie führt dazu, wenn der Mißachtete sich nicht zurückzieht, sondern trotz seiner Kleinheit einen großen Sendungsanspruch erhebt. – Übrigens nicht nur die Maßgeblichen, auch die Massen urteilen nach dem Kriterium des Außergewöhnlichen. Das zeigt sich in Galiläa: Dieser gewöhnliche Mensch, der ißt und trinkt wie unsereiner, statt zu fasten wie Johannes, soll ein Gottesmann sein? Ein Säufer ist er! (244) Das wird sich auch in Jerusalem zeigen, wenn die Mitgekreuzigten spotten: Der genauso hilflos wie unsereiner am Kreuz hängt, soll der Messias sein?
Daß der schlichte Mensch von ‚Ratsältesten, Oberpriestern und Schriftgelehrten' als untauglich verworfen werden muß, entspricht dem Gesetz der Welt und ihrem oberflächlichen Begriff von Größe. Aber nach Jesus ist es gerade der schlichte Mensch, dem Gott sich mitteilt (245).

(3. Element der Leidensbelehrung)

Ihr, nehmt diese Worte in eure Ohren!
Der Mensch und so auch ich muß damit rechnen,
daß Gott ihn Menschenhänden preisgibt.

Aber diesen Ausspruch verstanden sie nicht,
und sie hatten Angst, ihn danach zu fragen.

Nur wenige Jesusworte sind durch ihre Rahmung so stark hervorgehoben wie dieses. Alle staunen über seine Werke (Lk 9,43b), und in diese Hochstimmung hinein spricht Jesus ein erschreckendes Wort der Ernüchterung. Gerade seine Schüler (hymeis) sollen es in sich aufnehmen, aber sie können es nicht begreifen und haben Angst davor, es zu begreifen.
Wörtlich heißt es: Der Mensch muß damit rechnen (mellei), daß er Menschenhänden ausgeliefert wird. Nach Markus: Der Mensch wird Menschenhänden ausgeliefert. An sich nur eine alltägliche, traurige Erfahrung. Was ist daran so unbegreiflich? Daß auch Jesus (durch die Formel ‚Menschensohn' mit einbeschlossen) diesem Gesetz des Dschungels unterworfen sein soll! Ihn hielten sie doch für den Messias, der unter dem besonderen Schutz Gottes steht (144). Wo bliebe da Gott?
Gott ist mittendrin. Der Mensch ‚wird ausgeliefert'. Passivum divinum: von Gott ausgeliefert. Gott überläßt ihn Menschenhänden, ohne einzugreifen. Das ist härteste Gottesernüchterung, nahe am Atheismus. Denn man kann ebenso fortfahren: Gott überläßt die Kranken ihrer Krankheit, ohne einzugreifen; die Schiffbrüchigen den Naturgewalten; die Geiseln einem wahnsinnigen Terroristen usw. – Hat Jesus es so gemeint? Er unterscheidet wohl das Ausliefern oder Überlassen auf seiten Gottes von dem, was Menschen böswillig einander antun. Lk 22,21: „Der Mensch geht zwar dahin (in seine Ausgeliefertheit), aber wehe dem Menschen, durch den er ausgeliefert

wird!" Doch dieses Unbegreifliche, daß ein liebender Gott den Menschen Menschenhänden überläßt, hat auch Jesus nicht rational aufgelöst. Er, der reine Mensch, hat es bescheiden akzeptiert und hat dennoch Gott vertraut. Dieses ‚dennoch' trennt die Nüchternheit Jesu von der Nüchternheit dessen, der sagt: Da ist kein Gott. – Jesus hat nicht nur zum voraus mit seiner Auslieferung durch Gott gerechnet, er hat sie am Ende erfahren. Am Kreuz, wo sein Gott ihn hängen ließ. Aber er hat diese ärgste Zerreißprobe bestanden in der Kraft des Gottvertrauens. Denn mit dem alttestamentlichen schwergeprüften Menschen hat er jenen Psalm (22) gebetet, in dem es heißt: Warum gabst du mich wilden Tieren preis? Und dennoch bist du mein Beschützer vom Mutterleib an. Und dennoch werde ich dir leben.

143 Mk 9,31; 8,31; 10,34 / Mt 16,21; 17,23; 20,19 / Lk 9,22; 18,33

(4. Element der Leidensbelehrung)

Gott gibt den Menschen Menschenhänden preis, die ihn töten, aber er wird auch den Getöteten nach drei Tagen wiederaufrichten.

Es ist leider wahr, daß Gott den Menschen seinen Mördern überläßt; aber es ist ebenso wahr, daß er auch den Ermordeten bald wiederaufrichten wird. Illusionslose Nüchternheit, verbunden mit unbedingtem Vertrauen zu Gott – in dieser Haltung ging Jesus seinem Prophetenschicksal entgegen. Die gleiche Haltung wollte er denen vermitteln, die ihm folgen. Darum ist dieses Wort der Zuversicht ebenso historisch glaubwürdig wie seine auf dem ‚Weg nach Jerusalem' gesprochenen Worte vom Leidens- und Todesrisiko.

Zur Wiederaufrichtung

Egeiro heißt in den Reden Jesu sowohl ‚aufwecken' als auch ‚aufrichten' und ‚aus der Grube ziehen' (Mt 12,11). Daß Gott einen Schwerkranken aus seiner tödlichen Krankheit wieder herausreißen kann, gehört zum Glauben Israels an Jahwes Macht. Aber Jesus sagt mehr: Gott werde auch einen bereits Getöteten wieder zum Leben aufwecken. Dies war zur Zeit Jesu unter den Theologen strittig (178). Es widersprach der alten Vorstellung von der Gottesferne der Toten (Ps 88). Doch dem Gott Jesu ‚leben alle'. – Daß der von Menschen niedergetretene Mensch von Gott wieder aufgerichtet wird, bedeutet für Jesus gewiß nicht, daß er ich-los in einem Weltgrund aufgeht, sondern als dieser einmalige, durch seine leidvollen Erfahrungen, sein Vertrauen und seine Liebe geformte Mensch wieder aufwacht und zu sich selbst kommt. Ebenso ist dieses wiedergeschenkte Leben gerade im Sinn Jesu gewiß kein passives

‚seliges Für-sich-Sein' oder gar ‚ewige Ruhe', sondern hellwaches, engagiertes ‚Mit-Sein' und ‚Für-Sein' auf Gott und seine Welt hin. – Die Physik und Biologie unserer nächstfolgenden Lebensphase brauchen wir nicht zu kennen. Alle diesbezüglichen Spekulationen sind müßig. Nur die Tatsache unserer Wiederaufrichtung muß sicher sein. Wer nämlich für die Gottesherrschaft alles riskiert, auch sein Leben (146 147), bleibt doch mit Recht ein lebenshungriges Wesen und muß deshalb aus zweifelsfreiem Vertrauen heraus ‚wissen': Derselbe Gott, der mich jetzt Menschenhänden überläßt, wird mich aus dem Tod wieder aufrichten. Mehr ist nicht nötig; weniger wäre nicht genug.

‚Nach drei Tagen'

Diese semitische Redewendung (vergleichbar unserem ‚nur einen Augenblick' oder ‚in fünf Minuten') ist keine präzise Terminangabe, zu der sie später gemacht wurde, sondern meint, wie in Mk 14,58; 15,29: sehr bald! Mit der so verstandenen Bemerkung ‚nach drei Tagen' verfolgte Jesus einen bestimmten Zweck. Die Apokalyptiker glaubten zwar auch an eine Auferweckung der Toten; aber sie erwarteten diese erst in ferner Zukunft, am letzten Tag des alten Äons, phantastisch ausgemalt als Öffnung der Gräber und mirakulöse Wiederbelebung der Leichname. Dagegen Jesus: Gott läßt den getöteten Menschen doch nicht lange im Schattenreich warten, weckt ihn bald nach seinem Tod wieder auf.

Ist die ‚Auferweckung nach drei Tagen' ein Privileg Jesu?

Vergißt man einmal die christologischen Dogmen und vergegenwärtigt sich unbefangen die historische Situation des Jesuswortes, dann klärt sich vieles von selbst. Wollte Jesus eine Predigt halten über seine Person und seine Privilegien, die ihn von den Jüngern unterscheiden? Oder wollte er sie ermutigen, ihm in das Todesrisiko um der Gottesherrschaft willen zu folgen? Wenn das zutrifft, kann er gar nicht beabsichtigt haben, ihnen zu erklären: Mich wird Gott schon bald wieder aus dem Tod erwecken; euch nicht, oder euch erst am Ende der Welt. – Nicht zufällig sagte Jesus vom ‚Menschensohn', daß er sowohl ausgeliefert als auch auferweckt werde, denn das bedeutete in der aramäischen Umgangssprache: Der Mensch und so auch ich. Dem Gott Jesu ‚leben alle' (178). Abraham, Isaak und Jakob waren bereits Auferweckte, als Jahwe, der ‚Gott der Lebenden', sich dem Mose offenbarte. Nicht nur Jesus, sondern ‚der Mensch', zumal der niedergetretene, wird von diesem Gott schon bald nach seinem Tod wiederaufgerichtet.

Muß die Auferweckung der Toten ein Wunder sein?

Die Werke des Schöpfers, die wir nach Jesus lernbegierig anschauen sollen (216), sind allesamt wunderbar, aber nicht mirakulös. Sie überspringen nicht willkürlich die natürliche Ursachenreihe, wie die Werke des Zauberers im Märchen. Hier nur ein Beispiel aus dem Bereich ‚Erweckung zum Leben': Da ist eine menschliche Eizelle. Nichts als Materie, wenngleich hochkomplizierte, ist zunächst konstatierbar. Zwanzig Jahre später ist daraus ein Wesen geworden, das sogar die Grenzen pflanzlichen und tierischen Lebens durchbrochen hat, ‚Ich' sagen und sich selbst bestimmen kann, auch gegen den Trend seiner Triebe, das in einer letztmöglichen Befreiung vom naturhaften Selbsterhaltungszwang imstande ist, sich selbstlos hinzugeben, zu lieben. Aus total gebundener Materie wurde eine Person zum Leben erweckt. Im größeren Rahmen gesehen: Am Anfang war die ‚tote', scheinbar chaotisch-ziellos sich gegenseitig stoßende Materie. In einer jahrmilliardenlangen ‚Entwicklung' wurde langsam daraus Leben, aus dem Leben langsam Bewußtsein, aus dem Bewußtsein langsam und mühsam Liebe. Dieses Werk wird dadurch, daß wir immer mehr Zwischenursachen und Zwischenstufen in den Blick bekommen, wahrhaftig nicht weniger grandios. In der Rückschau erscheint die ganze Kosmosgeschichte als eine einzige Totenerweckung: Aufrichtung und Wiederaufrichtung zu jeweils höherem, freierem (und das bedeutet: gottähnlicherem) Leben. Eine Vorschau ist uns verwehrt. Aber wenn derselbe Gott die Aufrichtung des Lebens auch nach dem Zerfall menschlicher Leibesmaterie weiter vorantreibt, dürfen die Apokalyptiker doch nicht behaupten, dies müsse dann mit völlig anderen Mitteln, nämlich mit ausgesprochenen Wundereingriffen geschehen. Warum sollte das Wiedererwachen eines personalen Ich nach dem Todesdurchgang über-natürlicher oder mirakulöser vor sich gehen als das allmähliche Erwachen der Person aus der apersonalen Materie einer befruchteten Eizelle? Der Ruf nach spektakulären Eingriffen Gottes in die Natur, der nüchternen Menschen die Religion so verdächtig macht, wird leiser, sobald wir Gott, dem innersten personalen Grund der Welt, zu dem Jesus Abba sagt, etwas mehr Vertrauen schenken. Dann wird bezüglich Auferweckung der Toten zum Beispiel unsere ganze ‚Sorge um Leichen' überflüssig. Wahrscheinlich hat der Gott, der die Lilien des Feldes so ‚wunderbar' kleidet, für die wiedererweckten Toten passendere Kleider, als es die durch Mirakel reparierte, alte dreidimensionale Leibesmaterie wäre. Mit den Leichen ist wohl nichts mehr anzufangen. Insofern war es ein Schritt nach vorn, wenn Israel die Leichen für nichtig erklärte und den großartigen Totenkult der Ägypter samt ihren Pyramiden zurückließ. Auch unser Osterglaube wird jesusgemäßer, wenn wir alle Sorgen um den Leichnam Jesu zurücklassen. – Je weniger Spezialwunder wir zwischen Gott und seine Welt projizieren, desto deutlicher tritt das eine, allumfassende und beglückende ‚Wunder' zutage: daß Gott die Welt liebt und sie zur Liebe befreien will.

Siehe Anmerkung!

Petrus fing an, heftig mit Jesus zu streiten
(im Anschluß an die Leidensbelehrung):
ER ist dir gewogen, du Herr.
Niemals wird dir so etwas geschehen.

Weg da! Hinter mich, du Satan!
Eine Falle bist du für mich,
weil du nicht die Gedanken Gottes im Sinn hast,
sondern die Gedanken von Menschen.

Nachdem Jesus angefangen hatte, von seinem Todesrisiko zu reden (140), begann auch der Sprecher des Schülerkreises, ihm dies zu bestreiten. Es ist ungewöhnlich, daß Schüler einem derart verehrten Meister widersprechen und ihn belehren wollen. Und es war ein sehr heftiger Streit (ein Ausruf wie ‚Du Satan!' ist gewiß nicht später erfunden). Es ging letztlich um die Frage hinter allen Fragen: Wie ist Gott, und was will er?
Die Jünger meinten, Jesus sei der Messias. – Aber er verbot ihnen, überhaupt von ihm zu reden, und belehrte sie statt dessen: Gott überläßt den Menschen Menschenhänden und so auch mich. – Dagegen Petrus: Das ist unmöglich. Sein Argument: Gott ist dir besonders gewogen; du bist ja der Herr (Kyrios, Messias?). Darum wird er niemals zulassen, daß dir dies geschieht, daß du machtlos Menschen ausgeliefert wirst. (Zur Übersetzung: Beides sind Behauptungen, nicht nur Wünsche; grammatikalisch erkennbar an dem ‚estai'; logisch daran erkennbar, daß der bloße Wunsch, Gott möge Jesus gewogen sein und ihm nichts Böses geschehen lassen, nicht gottwidrig wäre.)
Jesu heftige Abwehr solchen Denkens: Satan spricht aus dir, der uralte Verführer der Menschen, der ihnen mit scheinbar frommen, theologisch einwandfreien Argumenten eine Falle stellt (skandalon), um sie vom Wege Gottes abzubringen. Darum sollst du hinter mir gehen, mir nachfolgen (145), statt

vor mir herzugehen, um mir mit deinen Menschengedanken den Weg zu zeigen!
Wo in den gutgemeinten Worten Petri die satanische Verführung versteckt ist, tritt in Jesu ‚Versuchung durch Satan' zutage: Stürz dich von der Tempelzinne, um zu demonstrieren, daß Gott dir gewogen ist. Denn Gott muß dich durch ein Wunder retten, wenn er dir Vater ist. Ebenso in dem letzten Gegenbeweis der Schriftgelehrten unterm Kreuz: Wenn Gott ihm gewogen ist, soll er ihn jetzt retten (196). – Dieser ganzen Mirakel-Logik, die so glatt aufgeht und nur aus ihrer Prämisse, Gott könne zaubern, irreal ist, stellt Jesus immer wieder sein realistisches Gottesbild entgegen: Gott überläßt den Menschen dem Spiel der rohen Mächte, obwohl er ihn liebt wie ein Vater sein Kind. Vgl. 140–143 und 194!
Petrus, nicht nur dem Meister in Begeisterung zugetan, sondern auch tiefgläubig und aus gutjüdischer Tradition mit der Wundermacht Jahwes rechnend, denkt in alledem doch lediglich die religiösen Gedanken von Menschen. Nur Jesus, einsam auch inmitten seines engsten Jüngerkreises, denkt die Gedanken Gottes. Weil nur er mit *ganz* offenem Herzen den *ganzen* Gott erfahren hat. Er muß seine beglückende und doch erschreckend nüchterne Botschaft von dem absolut-liebenden, aber nicht alles könnenden Gott unerbittlich verteidigen. Nicht nur mit dem Risiko eines tödlichen Konflikts mit der Inquisition. Auch mit dem Risiko, seine engste Gefolgschaft zu verlieren. Denn der wirkliche (nicht nur gedachte) Gott kann das Böse nicht beseitigen, ohne daß der Mensch frei mitwirkt. Vgl. 156!

145 Mk 8,34 / Mt 16,24 / **Lk 9,23 (Handschr. D a l)**

Wenn einer hinter mir hergehen will (als mein Schüler), **muß er sich verneinen**
und mir folgen.

Hier sind zwei gegensätzliche Haltungen dargestellt, die nicht vermengt werden dürfen. Die Stichworte sind: verneinend ablehnen und bejahend nachfolgen. Es stehen sich gegenüber Meister und Schüler. Die Alternative lautet demnach: Entweder bejaht einer Jesus als den maß-gebenden Meister und folgt ihm; dann muß er sich selbst, seine eigenen Meinungen und Maßstäbe verneinen. Oder er bejaht weiterhin sich selbst, hält an seinen eigenen Ideen und Interessen fest, dann verneint er faktisch Jesus als den Meister und kann ihm nicht folgen. – Hinter dieser harten Einlaßbedingung in die Schule Jesu steht ein absoluter geistiger Führungsanspruch, den man bei anderen jüdischen Schulhäuptern so nicht findet. Gewiß bestanden auch sie auf ihrer Lehraurotität. Aber sie bezogen sich auf die höhere Autorität der Tora, und ihre Schüler konnten auf dieser Basis mit ihnen wirklich diskutieren und sie gegebenenfalls korrigieren.

Für den kompromißlosen Autoritätsanspruch, der auch in den ‚Ich aber sage euch'-Formulierungen und vielen anderen Jesusworten sichtbar wird (108 224 237 249 etc.), gibt es nur zwei Erklärungen: Entweder liegt da eine endgültig verhärtete Selbsttäuschung vor, wie man sie bei fanatischen Sektenpredigern beobachten kann. In diesem Fall müßte man seinen Irrtum aufdecken und Jesus entthronen, wie es die Glaubenswächter Israels versucht haben. Freilich spricht die Menschlichkeit Jesu, die in den alten Berichten trotz ihrer Verehrungstendenz noch durchscheint (129 134 187), nicht gerade für blinden Fanatismus. Oder Jesus weiß tatsächlich, daß er die Wirklichkeit ‚Gott' so klar wahrnimmt wie kein Prophet vor ihm und kein Schriftgelehrter neben ihm. So wie etwa ein Sehender inmitten von Blinden tatsächlich weiß, daß er allein das Tor zur Freiheit

sieht, und deshalb seinen Führungsanspruch nicht mit den Blinden (255) demokratisch teilen darf. Um sie zu retten, nicht um sich groß zu machen! – Wenn aber dies der Fall ist, dann muß freilich, wer ihm als Schüler folgen will, zuerst sich selbst verneinen, das heißt, seine eigenen Gedanken zurückstellen, sie mögen ihm noch so vernünftig und fromm erscheinen, um innerlich völlig offen die Gedanken Gottes aus dem Mund des einzigen Meisters aufzunehmen. Zwei Beispiele, die noch nicht die Gegner Jesu, sondern seinen Schülerkreis betreffen: Ist es nicht vernünftig und fromm gedacht, zu erwarten, daß Gott seinen Auserwählten niemals brutalen Menschen, die ihn umbringen, in die Hände fallen läßt? (142 + 144) Ist es nicht vernünftig und alttestamentlich-fromm gedacht, auf jenes Samariterdorf, das Jesus nicht aufnehmen will, die Strafe Gottes herabzurufen? (405)
Wenn aber Jesus, und zwar der irdische, in den synoptischen Evangelien noch einigermaßen greifbare, der einzige Meister ist, der unsere religiösen Menschengedanken von den Gedanken Gottes unterscheiden kann, weil er Gott kennt, dann hat auch christliche Theologie im Grunde nur diese Aufgabe: negativ (1.) sich selbst verneinen, eigene Traditionen, seien sie noch so alt und heilig, und eigene Interessen, seien sie noch so aktuell und brennend, zuerst zurückstellen, um positiv (2.) möglichst unbefangen zu hören, was er selbst sagen wollte. Danach (3.) mag sich zeigen, was von unseren Traditionen vor seinem Auge gültig bleibt und wie unseren heutigen Problemen von ihm her zu begegnen ist. Nur ‚addieren' läßt sich Jesus mit keinem anderen ‚Lehrmeister', mag er Paulus heißen oder einen modernen berühmten Namen tragen oder namenlos im eigenen Innern thronen.

Siehe Anmerkung!

Wenn einer hinter mir hergehen will (nach Jerusalem), **muß er schon seinen Kreuzbalken aufnehmen und mir folgen.**

Wer den Kreuzbalken, an dem er aufgehängt werden soll, auf die Schulter nimmt, der ist bereits geschnappt und als Rebell verurteilt. Für den gibt es kein Zurück mehr und keine Flucht. Kein Nachgeben würde ihm nützen, um eventuell doch noch sein Leben zu retten. Wer weiß, daß er schon verurteilt ist, braucht nicht mehr zu taktieren.

Mit dem eigenen Hinrichtungsgerät auf der Schulter hinter Jesus hergehen, das ist zunächst ein drastisches Bild für jene Entschlossenheit, mit der er selbst seinen Weg geht und die er allen (Mk 8,34a!) zur Bedingung macht, die ihm folgen wollen. Aber das Bildwort nennt das Risiko bereits beim Namen: Wer jetzt mit ihm nach Jerusalem zieht, muß konkret mit seiner Hinrichtung rechnen, sei es durch Steinigung oder Meuchelmord oder (bei Auslieferung an die Römer) durch Kreuzigung. Denn Jesus ist, noch ehe er Jerusalem betritt, in den Augen der Tempellehrer ein zum Tod verurteilter Ketzer. Das weiß er (418). Das bedeutet zwar noch nicht, daß es jedenfalls so geschieht, wohl aber, daß er sich darauf einstellen muß.

Worauf es Jesus bei dem Wort vom Kreuzaufnehmen ankommt: 1. Wer ihm folgen will, muß vorher wissen, was es kostet, sich mit ihm für die Gottesherrschaft einzusetzen (420). 2. Wer ihm folgen will, darf die Entscheidung, ob er wirklich den ganzen Preis zahlen soll, nicht vor sich hinschieben. Er muß im Geist vorauszahlen, das heißt sein Leben im voraus als schon hingegeben betrachten. (Er wird es wiedergewinnen, sagt Jesus an anderer Stelle. 147.)

Von außen gesehen erscheint die radikale Entschlossenheit Jesu ähnlich jener von religiösen oder politischen Fanatikern. Von seiner Grundtendenz her ist sie anders. Wer einen Menschen *so* liebt, daß er ihn unbedingt aus dem brennenden Haus

retten *muß*, der kalkuliert nicht mehr: Ich will mal sehn, wie weit ich vordringen kann, ohne daß es mir zu heiß wird. Wer wirklich liebt, setzt sein Leben ein.
(Das Bildwort vom Kreuzaufnehmen enthält auch das Moment des Gewaltverzichts, das aber in 238 etwas deutlicher zutage tritt und dort bedacht werden soll.)

Siehe Anmerkung!

**Wer sich selbst für sich erhalten will,
wird sein Ich zugrunde richten.
Wer sich selbst zugrunde richtet,
wird sein Ich erzeugen.**

Dieses Programmwort klingt paradox und gipfelt in der scheinbar absurden Behauptung, der Mensch werde sein ‚Ich' (psyche) erst durch Selbst-Hingabe ‚erzeugen' (zoogoneo). Hier geht es um das Ganze, um unsere Existenz.
Statt leichtfertig ja zu sagen, sollten wir zunächst die uns geläufige Gegenthese verteidigen: Der Mensch muß sich selbst verwirklichen, indem er wie jedes Lebewesen seinem angeborenen Selbsterhaltungstrieb folgt, und zwar im harten Konkurrenzkampf. Begründung: 1. Die reale Welt ist nun einmal so konstruiert, daß kein Wesen leben kann, ohne andere zu zerstören und aufzufressen und ohne mit Konkurrenten um den begrenzten Futtervorrat zu kämpfen. 2. Dieses Naturgesetz, ‚struggle for life', ist sinnvoll, weil es die Kräfte des Einzelwesens herausfordert und durch das Überlebenlassen des je Tüchtigeren die Höherentwicklung des Lebens voranbringt. 3. Weil dieses Lebensgesetz vorgegeben und sinnvoll ist, soll der Mensch nüchtern und entschlossen es bejahen, statt es wegzuwünschen. Und wenn wirklich ein Gott die Welt so geschaffen hat, dann ist er eben als Kriegsgott zu akzeptieren. (Das taten übrigens nicht nur die bösen Heiden, sondern im Grunde auch die frommen Juden von den brutalen Eroberern Kanaans bis zu den Jüngern Jesu, die Feuer vom Himmel auf die feindlichen Samariter rufen wollten.)
Gegen diese ‚Logik der Tatsachen' stellt Jesus kein Wunschbild, sondern eine andere, neue Tatsache: Er hat es selbst erfahren (100!), daß Gott sich wie ein Abba zum Menschen verhält, genauer: daß er ihn ganz selbst-los liebt, auch den undankbaren (206). Nur von dieser ‚Ent-deckung' Gottes her ist die Umkehrung des alten egozentrischen Lebensprinzips für den

Menschen möglich und innerlich notwendig. – Übrigens haftet dieser Umkehrung nichts Unrealistisches an, weil sie nur den Menschen und nicht die ganze Natur betrifft. Jesus hat nicht den Traum vom allgemeinen Naturfrieden gepredigt, in dem der Löwe friedlich neben dem Lamm weidet. Er hat nicht den Fleischgenuß verboten, damit keine Tiere getötet würden. Er hat auch nicht erwartet, daß Gott die räuberische Menschennatur durch einen Eingriff verändert, sondern hat nüchtern damit gerechnet, daß Gott den Menschen weiterhin Menschenhänden überläßt. Nötig ist nur, daß der Mensch selbst sich ändert, daß er auf dem Weg zur Menschwerdung seine Richtung um 180 Grad ändert.

Er sagt, die alte Grundtendenz, sich selbst „für sich zu erhalten", führe zum Verderben. Es ist doch einsichtig: Ein Mensch, der nicht mehr liebt und nur noch für sich selbst da ist, versteinert allmählich.

Denn das menschliche Ich bleibt nur im Sichöffnen auf das Du hin lebendig. Wer aber sich selbst „zugrunde richtet"... Natürlich meint Jesus hier das Sich-Weggeben und Sich-Verlieren für andere, das zunächst einem inneren Sterben gleichkommt und gegebenenfalls auch zum Verlust von Gut und Leben führt. Von einem solchen Menschen wagt Jesus zu behaupten, er ‚erzeuge' sein Ich. Das klingt nur in dieser komprimierten Kurzfassung so irreal, ist es aber nicht.

In Wirklichkeit ist auch dieser dialektische Sprung so ‚natürlich und wunderbar zugleich' wie die vorausgehende Geschichte des Lebens im Kosmos. Dem alten, egozentrisch gebundenen und ängstlich verschlossenen Ich war die Fähigkeit und das Bedürfnis zu lieben als Anlage schon mitgegeben. Durch die Aktivierung dieses Keims wird daraus das neue (umgekehrte oder bekehrte) Ich entbunden: der frei sich verschenkende und im Sichverschenken glücklich gewordene Mensch. Dieser ist erst gottähnlich, sagt Jesus (205–207).

Siehe Anmerkung!

Amen, ich sage euch:
Einige von denen, die sich hier aufgestellt haben,
werden gewiß den Tod nicht kosten, bis sie es sehen werden,
daß die Gottesherrschaft gekommen ist in der Kraft (Gottes).

Nach diesen Worten, sechs Tage später, nahm er Petrus, Jakobus und Johannes mit sich und führte sie allein auf einen hohen Berg, um zu beten. Da wurde er vor ihren Augen verändert. Sein Antlitz leuchtete wie die Sonne.
Eine Stimme kam aus der Wolke:
DIESER IST MEIN SOHN, DEN ICH LIEBE. HÖRT AUF IHN!

Biographische Einordnung und Zusammenhang dieser beiden Ereignisse. – Jesus hatte sein Gefolge eindringlich darüber belehrt, daß sein Vorhaben, in Jerusalem die Gottesherrschaft zu verkünden, ihn und sie in den Tod führen könne. Da erhebt sich natürlich die Frage: Hat das Unternehmen einen Sinn, wenn wir alle umkommen, ohne den Erfolg zu sehen, ohne das Kommen der Gottesherrschaft zu erleben? Auch Jesus kannte diese innere Notwendigkeit: um den Tod als Rebell zu riskieren, genügt kein Hoffen in eine ungewisse Zukunft. Dazu bedarf es eines ‚Sehens', einer Erfahrung der Wirklichkeit Gottes, ähnlich jener, die er selbst hatte (100), ehe er anfing, seine für ihn gefährliche Botschaft zu verkünden. Zwar hat er allen, die mit ihm zusammenkommen, ein ‚Sehen und Hören und Verstehen' angeboten, seinen Anhängern (138 253) und seinen Kritikern (256). Aber die jetzt mit ihm das große Risiko eingehen, ohne zuvor ein Beweiswunder zu fordern wie die Gegner, denen sollte wenigstens eine Erfahrung zuteil werden, die in ihrer gewiß-machenden Wirkung einem ‚Zeichen vom Himmel' gleichkommt. Sie sollten die in Jesus schon gegenwärtige Gottesherrschaft ‚sehen' dürfen, nicht nur ‚glauben' müssen.

Darum verheißt er mit einer aus Gott kommenden inneren Gewißheit (Amen-Wort), „einige von denen, die sich hier aufgestellt haben", um mit ihm nach Jerusalem zu ziehen, würden die Gottesherrschaft sehen, bevor sie den Tod ‚kosten' (wohl eine euphemistische Umschreibung wie ‚Becher trinken' für die Bitterkeit eines gewaltsamen Todes). Diese Zusage ist konkret und situationsbezogen. Andernfalls hieße es allgemein: ‚Ihr' werdet sehen. Aber das Besondere dieses Jesuswortes liegt darin: Nicht daß die Gottesherrschaft kommen wird, sondern daß sie gekommen ist (elelythia), das werden einige sehen; gekommen in der Kraft Gottes (194: dynamis = KRAFT = Gott). – Noch ist offen, wer die wenigen sein werden, und wann oder wie sie ‚sehen' werden.
Mit dieser Verheißung wird bei Markus und Mattäus und ebenso in der Lukas-Variante (8 statt 6 Tage später) der Vorgang auf dem Berg verbunden und offensichtlich als deren Erfüllung gedeutet. Viele Exegeten halten die Taborgeschichte für unhistorisch oder eine redaktionell vorweggenommene Ostererscheinung. Dagegen spricht der Umstand, daß die Beteiligten so ungeschminkt gezeichnet werden, daß sie schlecht als Osterzeugen taugen: Petrus wußte nicht, was er sagte (Mk); sie waren vom Schlaf beschwert (Lk). Der Kern des Berichts hat nichts Unwahrscheinliches und vor allem nichts Jesusfremdes an sich. – Jesus geht in die Einsamkeit, um zu beten und den Kontakt mit Gott wieder so zu erfahren, wie es in der lauten Menschengemeinschaft nicht möglich ist (vgl. 314). Immer kam er mit größerer Klarsicht und Kraft für seinen weiteren Weg aus solcher Einsamkeit mit Gott (100 + 101 102 191). Eine ‚Menge' von Schülern am ‚einsamen' Gebet teilhaben zu lassen, ist nicht möglich. Aber jetzt, auf dem Weg in das Todesrisiko (und später noch einmal, unmittelbar vor der Auslieferung in Menschenhände), war es nötig, wenigstens einige besonders geeignete Schüler die innere Stärkung durch solches Beten erfahren zu lassen. Darum nahm er drei von denen, die ‚bereit standen', mit in die Einsamkeit eines Berges; und zwar

nach Lk 9,37 für einige Tage! Dort haben sie ‚gesehen', daß und wie die Gottesherrschaft schon ‚gekommen ist'. Sie haben nämlich erlebt, daß Jesus selbst als erster ganz und gar von Gott durchherrscht ist. Wenn er im Gebet sich Gott zuwendet, leuchtet sein Antlitz wie die Sonne. Dieser Jesus ist in Vollendung das, was in der Gottesherrschaft jeder ‚werden' soll (205): Sohn Gottes, das heißt der ganz Gott ähnlich gewordene, ganz Gott hingegebene, ganz von Gott geliebte Mensch. Darum ist er auch ‚der' Bote Gottes, auf den man hören muß. Das haben die Drei auf dem Berg unmittelbar ‚gesehen' und ‚gehört'. Sie haben es mit einer solch tiefen inneren Erschütterung erlebt, daß es ihnen unmöglich wurde, mit anderen, die nicht dieselbe Erfahrung gemacht hatten, darüber zu sprechen. Jesus selbst konnte nach seiner grundlegenden Gottesbegegnung am Jordan („Du bist mein Sohn") ebenfalls noch nicht mit Menschen darüber reden, sondern der Geist Gottes trieb ihn zunächst in die Einöde. – Vielleicht gründet Jesu Verbot, über ihn zu reden (139), auch in dieser Tatsache: Wer es nicht selbst erlebt hat, kann die Höhe und Tiefe der unendlich einfachen Wirklichkeit ‚Gott liebt mich ganz' nicht erfassen und wird sie mittels seiner abergläubischen Vorstellungen deuten. Darum schweigt lieber!

Dagegen sage ich euch:
Auch Elija kam und sie machten mit ihm, was sie wollten.
So steht es über ihn geschrieben.

Das ist gegen irrige Elija-Erwartungen gesagt. – Elija oder Henoch, beide nach der Legende nicht gestorben, sondern lebend gen Himmel gefahren und dort aufbewahrt, sollen am Ende der Zeiten wiederkommen. Jesus sei der wiedergekommene Elija oder etwas Ähnliches (139). Woraus folgen soll, Menschen könnten ihm nichts anhaben (144). – Jesus geht (wie in 139) auf diese Spekulationen nicht ein, sondern weist nur auf die geschichtliche Realität hin: Mit Elija haben die Machthaber (Achab und Isebel) getan, was sie wollten. Das steht doch geschrieben (1 Kön 19,1–4). Und bedeutet: Auch der Prophet ist Menschenhänden ausgeliefert. (Vgl. 142!)
Immer wieder muß Jesus seine Leute von den Wolken auf die Erde, von ihren apokalyptischen Phantasien in die harte Wirklichkeit herunterholen. Weil es jetzt, ‚auf dem Weg nach Jerusalem', notwendig ist, sich zum Martyrium zu rüsten. Vor allem aber, weil der wirkliche Gott nicht im Reich der schönen Märchen, sondern inmitten der brutalen Wirklichkeit dieser Welt seine Kraft erweist. Was also not tut, ist *nicht der Überglaube oder Aberglaube*, Gott müsse uns durch Mirakel vor Verfolgung schützen, *sondern das Vertrauen*, er werde uns im Leiden und Sterben nahe bleiben und bald danach uns wieder aufrichten (143).

Siehe Anmerkung!

Er sah Leute versammelt und Schriftgelehrte, die mit seinen Schülern disputierten.

Was disputiert ihr mit ihnen?

Meister, ich brachte meinen Sohn zu dir, der einen stummen Geist hat . . .
Ich sagte deinen Schülern, sie möchten ihn austreiben.
Doch sie hatten nicht die Kraft dazu . . .
Aber wenn du etwas kannst, dann erbarme dich und hilf uns!

Dieses „Wenn du kannst"!
Alles ist dem möglich, der Gott vertraut.

Ich will ja vertrauen. Hilf meinem Mißtrauen! . . .
Als sie zu ihm nach Hause kamen, fragten ihn seine Schüler:
Warum konnten wir den Dämon nicht austreiben?

Weil ihr zuwenig Gottvertrauen habt. (Mt)
. . . . .
Ach, ihr seid ein mißtrauisches Geschlecht!
Wie lang soll ich noch bei euch sein?
Wie lang soll ich euch noch ertragen?

Die Diskussion um Jesu ‚geheime Kraft'

Schriftgelehrte disputierten mit den Schülern Jesu in dessen Abwesenheit. Anlaß: Diese wollten einen besessenen (epileptischen) Jungen heilen und konnten es nicht. Also ging der Streit wohl darum, ob der Meister mehr ‚kann'. Durch welche geheimnisvolle, göttliche oder teuflische, Kraft er seine Heilungswunder wirkt, das dürfte besonders die Schriftgelehrten interessiert haben. Als Jesus hinzukam, wandte sich der Vater des kranken Kindes an ihn. „Wenn du etwas kannst", das heißt in diesem Kontext: wenn du kräftiger zaubern kannst als deine Schüler, dann hilf uns doch!

Die Klarstellung Jesu. – Dieses ‚Wenn du kannst' ist falsch! Gemeint ist diese Unsicherheit und diese Vermutung, ich könne vielleicht etwas, was andere nicht können. Positiv gewendet: Natürlich kann ich deinen Jungen heilen, aber nicht aus mir, sondern aus dem Vertrauen zu Gott. Und das sollte jeder können, denn „alles ist dem möglich, der Gott vertraut". – Das also ist die kindlich-einfache Heilmethode Jesu: Gott, der gute, der immer heilen wollende, ist doch da. Man muß sein Da-sein nur annehmen, daß er sich auswirken kann. Das heißt ihm vertrauen. – Der Mann spürte, wie weit er noch entfernt war von diesem unendlich einfachen Ja zu Gott, in dem Jesus lebte. Ich möchte ja so vertrauen. Aber ich kann es noch nicht. Hilf mir!

Beim ‚Nachhilfeunterricht' zu Hause sagt der Meister seinen Schülern im Grunde dasselbe wieder: Nur weil euer Gottvertrauen noch zu schwach war, konntet ihr nicht heilen. – Alle sollten wir so vertrauen, daß wir so heilen können wie Jesus. Dazu hat er doch seine Jünger beauftragt (126). Wie wir morgens aufstehen ohne die Angst, wir könnten nicht auf zwei Beinen gehen und müßten wie Babys kriechen, so unkompliziert vertrauend sollten wir uns in der Gegenwart Gottes bewegen, aufrecht und fröhlich. Aber... Wie weit sind wir von Jesus, dem ‚Meister des Vertrauens', entfernt!

Jesu Klage. – Er war gekommen, um in seinem Volk das Vertrauen zu Gott als dem Abba zu wecken. Kehrt um und vertraut! (101) Aber jetzt stöhnt er: Ach, ihr seid eine Generation ohne Vertrauen. Wie lang soll ich noch bei euch sein, bis ihr es lernt? Wie lange noch soll ich euer unverständliches, völlig unbegründetes Mißtrauen gegen Gott (und gegen mich) ertragen?

Siehe Anmerkung!

Sie wanderten durch Galiläa, und er wollte nicht, daß es jemand erfahre. Denn er widmete sich der Belehrung seiner Schüler.

Daß Jesus bei seinem gelegentlichen Ausweichen ins heidnische Ausland unerkannt bleiben wollte (134), ist verständlich. Erstaunlich ist aber, daß er auch innerhalb Galiläas zeitweise untertauchte, um sich ganz der Belehrung seiner Schüler zu widmen. Das bedeutet doch wohl: Wie er selbst immer wieder die Einsamkeit mit Gott suchte, um die Gedanken Gottes aufzunehmen (148 u. a.), so hielt er es für notwendig, auch jene, die seine Botschaft weitertragen sollen, in die äußere und innere Ruhe zu führen, um die Gedanken Gottes ihren Herzen einzusenken.

Nicht nur den Lerninhalt, auch die Lernmethode sollten wir vom Meister übernehmen: die gutgemeinte Aktivität dann und wann zurückstellen und die Stille suchen, um nur den Worten des Meisters zu lauschen. Weil er die Gedanken Gottes unverbogen weitergibt. Sonst verfallen wir immer wieder den andrängenden ‚klugen Menschengedanken' (144 405 428 u. a.), mit denen wir die einfältig-guten Gedanken Gottes zurechtbiegen.

Worüber habt ihr unterwegs gesprochen?
Sie schwiegen, denn sie hatten darüber gestritten, wer von ihnen der Größte sei.

**Wenn einer Erster werden will,
wird er der Letzte von allen sein.**

‚Erster werden' ist etwas anderes als ‚vollkommen werden'. Nach letzterem soll jeder in seinem Bereich streben. Das ist natürlich und gesund. An diesem Streben wird auch keiner dadurch gehindert, daß andere dieses Ziel besser erreichen. Dagegen ‚Erster' kann in einer Gruppe nur ein einziger werden. Wer danach strebt, muß alle übrigen als Konkurrenten betrachten, muß wünschen, daß andere hinter ihm zurückbleiben. Er zielt nicht nach der Vollkommenheit als solcher, sondern nur nach einem relativen ‚Mehr als die anderen', nach einem Platz, von dem aus er auf die anderen herabschauen kann. Dies ist böse, weil es dem Mit-sein und Für-sein widerspricht, das den eigentlichen Wert des Menschen ausmacht. Darum ist, wer Erster werden will und insofern für sich selbst statt für andere lebt, der wertloseste in einer Gruppe.
Das Tier, das um den obersten Rang im Rudel oder um den besten Platz beim Futtertrog kämpft, handelt noch naturnotwendig und schuldlos. Aber der Mensch, der ebenso handelt, wird schuldig, denn er könnte erkennen, daß er für seine Mitmenschen da ist.
In vielfältiger Form bringt Jesus diese elementare Wahrheit zum Ausdruck: Wer sich für sich zu erhalten sucht, wird sich verlieren (147). Wer sich erhöht, wird erniedrigt (261; vgl. 168). – Freilich muß es in jeder Gemeinschaft auch solche geben, die leiten und lehren. Nur sollen sie dabei nicht sich, sondern anderen dienen (404).

Siehe Anmerkung!

Er nahm ein Kind, stellte es in ihre Mitte
und umschloß es mit den Armen.

Wer eins von diesen Kindern da meinetwegen aufnimmt, der nimmt mich auf.

Öfter haben vornehme Leute den Rabbi Jeschua gastlich aufgenommen. Ihn, den großer Prediger und Heiler, ja; aber doch nicht die kleinen Leute, die sich wie Kletten an ihn hefteten. Es waren zumeist Ungebildete; unter ihnen Heilungsuchende mit allerlei ekelhaften Gebrechen; auch Menschen aus der Klasse der Sünder. Sogar eine Dirne drängte sich einmal in das vornehme Haus, wo er zu Tisch lag. Man wollte also ihn selbst hereinlassen, aber hinter ihm das Hoftor verriegeln. Verlangt nicht auch der Respekt vor dem Gast, daß man das Gesindel von ihm fernhält?
Diese Trennung lehnte Jesus energisch ab. Nur wer das ‚Gesindel' mit aufnimmt, kann mich aufnehmen. Das machte er sichtbar durch ein prophetisches Zeichen. Er nahm eines der herumstehenden Kinder und stellte es in ihre Mitte, zum Anschauen. Es war aber nicht das Kind unserer heutigen Vorstellung, das mit Süßigkeiten überfütterte, früh-emanzipierte Modepüppchen. Es diente auch nicht dazu, vom prominenten Gast getätschelt zu werden, damit er seine Freundlichkeit und Volksnähe öffentlich bekunde. Es war vielmehr das orientalische Kind der Zeit Jesu. Das zählte nicht in der Gesellschaft. Es war ganz der Autorität des Vaters ausgeliefert. Wenn es mit anderen da herumlungerte, war es wohl eines der ewig Hungrigen, die überall lauern, wo etwas Eßbares abfallen könnte. Das ‚Kind' war in dieser Situation, wo es um die gastliche Aufnahme ging, das leibhafte Sinnbild der nicht-beachteten ‚kleinen Leute'. Und solch ein Wesen umschloß Jesus ostentativ mit seinen Armen. Jeder konnte sehen: Er macht sich eins mit ihm wie eine Mutter mit ihrem eigenen Sprößling. Und jeder

konnte sich denken: Es ist unmöglich, einer Löwin ihre Jungen zu entreißen.
Zeichen und Wort sind deutlich genug: Mich könnt ihr nur dann aufnehmen, wenn ihr die Armen mit aufnehmt. Wer sie abweist, der weist mich ab. – So machte sich Jesus eins mit den Armen. Ganz so wie der Gott, den er verkündete (321 343).

Siehe Anmerkung!

Meister, wir sahen einen in deinem Namen Dämonen austreiben, obwohl er uns nicht nachfolgt.
Wir suchten ihn zu hindern, weil er uns nicht folgen wollte.

Hindert ihn nicht!

Irgendein jüdischer Exorzist heilte nach den Methoden jener Zeit. Doch dabei beging er nach Ansicht der Jünger ein schweres Unrecht: Um Dämonen zu verjagen, gebrauchte er den Namen des großen Exorzisten Jeschua, obwohl er nicht zu seiner Schule gehörte. Weil er sich auch nicht dazu bewegen ließ, ihr beizutreten, suchten die legalen Schüler Jesu ihm das Handwerk zu legen. Das berichteten sie (durch Johannes als Sprecher) ihrem Meister und erwarteten seine Zustimmung. Doch er sagt: Nein, hindert ihn nicht!
Warum? War denn nicht alles richtig, was sie taten? – Für ihn haben sie sich eingesetzt. Für die Einmaligkeit und Unvermischbarkeit seines Namens und somit seines Programms. Entweder man sagt ja zu ihm und folgt ihm nach mit allen Konsequenzen, oder man sagt nein. Dann darf man sich auch nicht die Rosinen aus seinem Kuchen picken. – Sie wollten den Mann zu Jesus bekehren. Denn nicht von vornherein sind sie gegen ihn vorgegangen, sondern erst nachdem er sich weigerte, ihnen zu folgen. – Dabei hatten sie sich unbefangen mit dem Meister identifiziert. ‚Uns folgen' heißt natürlich ‚dir folgen'. Und ‚dir folgen' kann nur bedeuten ‚uns folgen'. (Später heißt es: Wir, die Kirche = der fortlebende Christus, der ‚Leib Christi'. Folglich: Außerhalb der Kirche kein Heil!) – In ihrem Eifer haben sie nur eine ‚Kleinigkeit' übersehen: die armen Kranken. Durch das zweifellos illegale und inkonsequente Verhalten des fremden Exorzisten wurden immerhin Menschen geheilt. Und die Jünger Jesu haben das verhindert. Nicht absichtlich, aber faktisch. Um der Ordnung willen. – Nein, hindert ihn nicht am Heilen! Siehe Anmerkung!

Wer nicht gegen uns ist, der ist für uns.

Dieses Wort ist nicht als eine der drei Begründungen für das Wirkenlassen des fremden Exorzisten zu werten (154 Anm.), sondern für sich zu bedenken. – Die Grundsituation, in der Jesus mit seinen Schülern allen übrigen gegenübersteht, ist die missionarische: ‚Wir'wollen die ‚andern' für die Gottesherrschaft gewinnen. Die Meinung der Schüler war wohl: Nur diejenigen sind für uns, die sich zu uns bekehrt haben. Alle anderen sind uns fremd und feindselig.
Das ist die übliche Einstellung religiöser Minderheiten. Wir allein sind die Auserwählten, die Guten. Alle anderen sind böse. Elitebewußtsein; Abgrenzungsbedürfnis; Fanatismus. – Dagegen Jesus: Nur jene, die uns bewußt ablehnen (zum Beispiel im Herzen verhärtete Schriftgelehrte), sind wirklich gegen uns. Alle anderen sind für uns. Warum? Solange sie noch zweifeln und zögern, sind sie noch irgendwie offen für die Freudenbotschaft Gottes, die wir ihnen bringen. Und so lange sind sie ‚für uns'. – Folgerichtig kommt zu dieser Missionsanweisung hinzu: Dort aber, wo man euch bewußt abweist, geht weiter und drängt ihnen das Angebot Gottes nicht auf wie eine wertlose Ware! (230) Werft eure Perlen nicht den Schweinen hin! (316)
Wieder tritt die missionarische Grundtendenz Jesu zutage: Alle will er beglücken. Nicht nur eine Elite von Helden, auch die Masse der Mittelmäßigen und Müden will er mit endloser Geduld allmählich zur Metanoia bewegen, zur befreienden Radikalität der Gottesherrschaft. Darin unterscheidet er sich von jenen ‚Radikalen', die zwar bekehrte Schwerenöter hochschätzen, aber die graue Masse der Unentschiedenen verachten und von ihren hohen Kanzeln herab voreilig verdammen (324). Weil sie kein Herz haben für den wirklichen Menschen, der von Natur aus ein helldunkles, gebrochenes, armseliges Wesen ist. Der Optimist Jesus dagegen sieht in jedem noch nicht ganz verschlossenen Menschenherzen einen Bundesgenossen.

Es ist nicht möglich,
zu verhindern, daß Fallen gestellt werden.
Aber wehe dem, durch den es geschieht!

Skandalon meint in den Jesusworten den Fallstrick oder Stolperstein, das getarnte Hindernis auf dem Weg, den Gott einen Menschen führen will. So wurde selbst Petrus mit seinen Menschengedanken ein Skandalon für Jesus. Auch jedes erlittene Übel und Unrecht ist eine Versuchung, Gott das Vertrauen aufzukündigen (Ijob!).

Jesus trifft zunächst eine sehr nüchterne Feststellung: Es ist nicht möglich, zu machen, daß keine Ärgernisse kommen. Es ist nicht möglich, alles Böse und alle Bösen aus der Welt zu schaffen. Das heißt: Ihr müßt euch darauf einrichten, mit der ständigen Gefährdung eures Gottvertrauens zu leben, mit dem bleibenden Skandalon fertig zu werden, statt ein Paradies auf Erden ohne Leid und ohne Sünde zu erwarten. Eine solch nüchterne Feststellung erwartete man damals gewiß nicht von einem Verkünder der Gottesherrschaft. Bedeutet Gottesherrschaft denn nicht, daß Gott selbst an dem bald kommenden Tag der Vergeltung die Bösen ausmerzen und die Erde reinigen wird von jedem physischen und moralischen Übel? So dachten die Zeloten, die mit ihren Dolchen schon die große Säuberungsaktion Gottes einleiten wollten. So dachten die Apokalyptiker, die in den Qumran- oder Henoch- oder ähnlichen Schriften die kommende Weltenreinigung im Vernichtungsfeuer ausmalten. So dachten wieder jene frühchristlichen Theologen, die Jesus als den ‚Menschensohn-Richter' verkünden ließen, er werde seine Engel senden, damit sie alle Ärgernisse und Übeltäter aus seinem Reich sammeln und in den Feuerofen werfen (324 Anm.).

Aber Jesus selbst sagt: „Das läßt sich nicht machen" (anekdeton). Wie er die Illusion zerstörte, Gott müsse den Menschen, den er liebt, durch Wunder vor dem Leiden bewahren (139 bis

144), so auch die Illusion, Gott könne durch Eingriffe von außen alle Übel und Ärgernisse aus der Welt beseitigen. (Ist denn Religion gar nicht möglich ohne Illusion – außer bei Jesus?)

Jesus lehrt aber zugleich, ohne die rationale Lösung des damit verquickten Theodizeeproblems mitzuliefern, daß nicht Gott das Übel will und die Versuchung schickt. Der Mensch, durch den es geschieht, ist frei, bleibt verantwortlich. Er wird schuldig. Wehe ihm!

Siehe Anmerkung!

**Wenn dein Fuß dich in der Falle festhält, hau ihn ab!
Es ist besser für dich, wieder ins Leben einzutreten,
wenn auch hinkend,
als im Vollbesitz beider Füße
in die Totengrube geworfen zu werden.**

Dies ist die Bildhälfte eines Gleichnisses, dessen Sachhälfte fehlt: Wie du dich verhalten sollst, wenn dein Fuß in eine Falle (skandalon) gerät, so sollst du dich verhalten, wenn... – Das Bild ist knapp, mit Ironie gewürzt („zwei Füße habend in die Grube“) und überzeugend skizziert. Vom Fuchs hat man sich erzählt: Lieber beißt er sich die eingeklemmte Pfote ab, als daß er wartet, bis der Jäger kommt und ihn totschlägt. Ein Glied opfern, um das Leben zu retten, das ist Lebenswille gepaart mit Klugheit.

Diese an sich allgemeine Lebensweisheit wird zu einer spezifisch jesuanischen Weisung erst dadurch, daß jenes höchste Gut, um dessentwillen man sogar ‚den Fuß abhacken‘ soll, die Gottesherrschaft ist. Wer sie als den Schatz im Acker (325) oder die wertvolle Perle (326) entdeckt, gibt alles für sie hin. Wer sich mit Jesus für sie einsetzen will, muß sein Leben riskieren (146 u.a.). – Das Wort verdeutlicht noch einen wichtigen Umstand. Um im Bild zu bleiben: Es wäre sinnlos, ohne Not sich einen Fuß abzuhacken, um länger zu leben. Ebenso wäre es sinnlos, die Güter der Erde zu verachten, um durch Fasten den Himmel zu verdienen. Fröhlich essen und trinken, das ist gut jesuanisch. Wenn aber einer neben dir hungert, *dann* mußt du dein Brot teilen. Oder wenn die Bindung an deine Familie dir den Einsatz für die Gottesherrschaft unmöglich macht, *dann* mußt du dich losreißen.

Siehe Anmerkung!

Salz ist gut.
Wenn Salz aber salzlos wird, womit wollt ihr es würzen?
Es taugt zu nichts. Man wirft es weg.
Mit Feuer will ER jeden salzen.

Salz ist in der rabbinischen Literatur ein Bild für die Tora, das schriftlich fixierte mosaische Gesetz. Jesus hat tatsächlich die Tora gemeint, denn jüdische Theologen wußten davon und polemisierten später dagegen. Um 90 erzählten sich die Juden in Rom folgende Satire: Rabbi Jeschua ben Chanania wurde gefragt: „Wenn das Salz dumm (salzlos) wird, womit soll man es salzen?" Antwort: „Mit der Nachgeburt einer Mauleselin." Frage: „Hat denn die (unfruchtbare) Mauleselin eine Nachgeburt?" Gegenfrage: „Kann denn Salz dumm werden?" Im Klartext heißt das: Wie eine Unfruchtbare nicht gebären kann, so kann die Tora ihre Salzkraft nicht verlieren. Erst recht könnte das Gesetz seine Kraft nicht wiedergewinnen durch Jesus, der hier als Nachgeburt einer Mauleselin bezeichnet wird (wohl in Anspielung auf die Behauptung der Christen, er sei von einer Jungfrau geboren).

Das Bildwort bedeutet demnach: Die Tora ist von ihrer Grundintention her gut, sofern sie Israel an den Willen Gottes gemahnen und es so vor Fäulnis bewahren will. Wenn die Tora aber zu einem System von ausgeklügelten Menschensatzungen erstarrt, die nicht mehr den Willen Gottes kundtun, sondern das, was Schriftgelehrte erdachten und tradierten (131 u.a.), dann hat sie ihre Salzfunktion verloren. Es ist zwecklos, sie nach Art der Gesetzeslehrer durch noch genauere Auslegungen wieder auffrischen zu wollen. Untauglich gewordenes Salz wirft man weg. – Aber habt keine Angst, Gott hat ein anderes, besseres Mittel, Israel vor Fäulnis zu bewahren: Feuer! Nunmehr wird Gott (pass. div.) sein ganzes Volk (jeden) mit einem Element durchdringen, das dem Feuer gleicht. Jesus meinte sicher nicht das apokalyptische Vernichtungsfeuer, das der

Täufer androhte (Mt 3,12 / Lk 3,17), sondern jenes Feuer, das er selbst im Land Israel entfachen wollte (413). Ohne Bild: Es ist der Geist der Liebe zwischen Gott und den Menschen. Das entspricht genau dem in Jer 31,31–34 angekündigten ‚Neuen Bund', dem ‚ins Herz geschriebenen Gesetz'. Dieser neue Geist bringt statt des mechanischen Ablesens ‚heiliger Texte' (243) ein inneres Verstehen dessen, was Gott will. An Stelle der Angst vor Gottes gerechter Vergeltung gibt er als Motiv die Freude über einen so guten Gott.

Jesus und Israel heute

Jüdische Theologen, die ihren wiederentdeckten ‚Bruder Jesus' heute heimholen möchten, ebenso christliche Theologen, die Frieden stiften möchten mit dem allzulange geächteten Israel, werden bestreiten, daß Jesus die Tora ‚wegwarf'. Trotz allem, unsere besten eigenen Intentionen dürfen uns nicht hindern, zunächst einmal die Intention Jesu zur Kenntnis zu nehmen. Auch wenn sie uns sperrig und für einen schnellen Frieden zwischen Synagoge und Kirche hinderlich erscheint. – Zwar hat Jesus nicht wie später Paulus gegen das mosaische Gesetz als solches theologisiert (Hagar/Sara; „Wenn ihr euch beschneiden laßt, wird Christus euch nichts nützen" u.ä.). Im Gegenteil: Die Befolgung der ‚Zehn Gebote' bezeichnet er als den Weg zur Erlangung des äonischen Lebens (164). Aber er wollte das Gesetz, das in den fünf Büchern Moses niedergeschriebene, nicht restaurieren, sondern ganz eindeutig nach oben hin aufbrechen. 1. Sämtliche Einzelgebote seien den zentralen Geboten der Gottes- und Nächstenliebe untergeordnet, sagt er (179). Doch dieser Gedanke war nicht neu in Israel. 2. Neu und kühn war die praktische Konsequenz, die Jesus daraus zog. Vom Prinzip Liebe ausgehend, deckte er nicht nur in den rabbinischen Gesetzesauslegungen, sondern bereits in dem Mose zugeschriebenen und als unantastbar verehrten Gesetzeskodex des Alten Testaments menschliche Verhärtungen auf, die dem Willen Gottes widersprechen, obwohl sie Bestandteil der Tora sind. Nur einige Beispiele: Öffentliche Sünder sind nicht aus der Gemeinschaft auszuschließen (105f). Kultische Reinheit bedeutet gar nichts (133). Der Sabbat ist für den Menschen da (110). Nicht Gott, sondern Mose hat euch erlaubt, eine nicht-mehr-geliebte Gattin fortzujagen (160). Derlei Aussagen sind nicht mehr Radikalisierung, sondern Entmachtung des geschriebenen Gesetzes, genauer gesagt: seine Entgrenzung nach oben hin. 3. Jesus war sich dessen bewußt und hat es offen bekannt, a) daß er unerhört Neues (108f) in Israel aufbrachte, b) daß er dieses Neue nicht auf rabbinische Weise ‚gelernt', sondern auf prophetische Weise von Gott unmittelbar ‚erfahren' hat (245), c) daß er deswegen für seine Worte Gottes Autorität beanspruchen muß (186). –

Weder die Kirche noch die Synagoge darf diesen Jesus friedlich vereinnahmen, indem sie seine Botschaft harmonisieren mit ihrem jeweiligen theologischen System. Dieser einmalige, zu allen religiösen Strömungen querstehende Rufer in Israel verlangt, entweder als Ketzer verworfen oder als ‚der' Meister akzeptiert zu werden. Auch für heutige jüdische Theologen, die sich mit Herz und Verstand nur an Jahwe gebunden wissen, bedeutet das, sich von neuem zu fragen: Könnte Jahwe nicht früher sein als die Tora? Könnte Jahwe nicht größer sein als die Tora? Könnte in dem Torabrecher Jeschua (in ihm selbst, nicht in dem Christus der späteren Christologie) nicht doch die Grundintention des Gottes durchgebrochen sein, der aus Erbarmen herabsteigt, um Sklaven zu befreien (Ex 3,7–10)? Der sich dem Propheten Mose offenbarte als der ICH-BIN-FÜR-EUCH-DA (= Jahwe)? – Kein Zusammenbinden gegensätzlicher Toraauffassungen. Entweder gilt die Sicht jüdischer Gesetzeslehrer zur Zeit Jesu, wonach Jahwe sich endgültig an die Tora gebunden weiß, die er noch vor Erschaffung der Welt festgelegt hat. Oder es gilt die Sicht des Propheten Jeremia, wonach ein künftiger Jahwebund die Tora nicht erneuert, reinigt, verschärft, sondern durch etwas anderes ersetzt: „Ich werde mit dem Hause Israel einen Neuen Bund schließen. *Nicht* wie der Bund, den ich mit ihren Vätern geschlossen habe damals, als ich sie bei der Hand nahm und aus dem Land Ägypten herausführte... (und das ist das Sinai-Gesetz, die Tora selbst und nicht nur ihre späteren Auslegungen). *Sondern* ich werde mein Gesetz *in ihr Inneres legen* und ihnen ins Herz hinein schreiben, und ich werde ihr Gott sein, und sie werden mein Volk sein. Dann brauchen sie sich nicht mehr gegenseitig zu belehren und einer zum anderen zu sagen: ‚Erkennet Jahwe!' Sondern sie alle werden mich erkennen, klein und groß. Denn ich vergebe ihre Schuld und denke nicht mehr an ihre Sünde" (Jer 31,31–34). Wenn Israel mit seiner Toratradition geistig von dem Propheten Mose herkommt, der erstmalig die Gottheit als Sklavenbefreier erfahren hat, warum sollte dasselbe Israel nicht auch das ‚Kind' hervorgebracht haben, das noch mit reinem Herzen spürt und unbefangen ausspricht, wohin der Befreiergott den Menschen über alle kodifizierten Gesetze hinaus ziehen will?

Siehe Anmerkung!

In euch selbst – habt Salz!
Untereinander – haltet Frieden!

Hier sind zweimal zwei gegensätzliche Begriffe in geist- und humorvoller Weise miteinander verbunden: Im eigenen Innern und im Umgang miteinander; Salz und Friede. Was gemeint ist, tritt noch deutlicher zutage, wenn wir einmal durch Umstellung der Elemente das Jesuswort verfremden: In euch selbst haltet Frieden! Gegen sich selbst mag jeder geduldig und freundlich sein; kurz: selbst-zufrieden. Aber im Umgang miteinander sei jeder das vor Fäulnis schützende Salz! Kritisch achte er auf die Fehler der anderen! Voll heiligen Eifers trachte er, die anderen zu korrigieren, die Splitter aus ihren Augen zu entfernen! – Doch so braucht kein Prophet zu predigen, denn so handelt der ‚Mensch in der Gruppe‘ ohnehin von Natur aus. Jesus erwartet offenbar die gegenteilige Wirkung von dem ‚Salz‘ oder ‚Feuer‘ (158), mit dem Gott die Menschen würzen will.

(Ein weiteres Salzwort unter 306!)

Ist es dem Mann erlaubt, seine Frau aus jedem beliebigen Grund zu entlassen? – Mose hat uns erlaubt, einen Scheidebrief auszustellen und sie dann zu entlassen.

Weil eure Herzen verdorrt sind,
schrieb er euch dieses Gebot auf.
Aber der Schöpfer hat die Menschen von Anfang an „männlich und weiblich gemacht".
Aus diesem Grund
verläßt der Mensch seinen Vater und seine Mutter
und vereinen sich Mann und Frau zu einem Leib.
Somit sind sie nicht mehr zwei, sondern ein Leib.
Was nun Gott verbunden hat,
soll der Mensch nicht auseinanderreißen.

Die rechtliche Lage. Der Mann durfte seine Frau entlassen, nicht sie ihn. Er brauchte ihr nur eine ordnungsgemäße Scheidungsurkunde auszustellen, aufgrund derer sie wieder heiraten konnte. Als Scheidungsgrund genügt, „daß sie nicht sein Gefallen findet" (Dtn 24,1). Auch diese dem Mose zugeschriebene Anordnung galt nach Dtn 26,17 als Gottes eigenes Wort. Die zeitgenössischen Gesetzeslehrer stritten nur darum, ob für das Mißfallen des Mannes ein schwerwiegender Grund erforderlich sei oder jeder geringfügige schon genüge, etwa „wenn sie die Suppe anbrennen läßt". Darin unterschied sich der strengere Lehrer Schammai von dem laxeren Hillel. – Die Mattäus-Version „aus jedem beliebigen Grund" ist treffender, denn die prinzipielle Scheidungserlaubnis war keine strittige Frage.
Die Entscheidung Jesu. Wie beim Sabbat-, Reinheits- oder Korbanproblem geht er unbekümmert vom ‚Anfang' aus, das heißt vom Willen Gottes. Jeder sieht, wenn er unbefangen hinschaut: Der Schöpfer hat die Menschen ‚männlich und weiblich' (arsen, thely; Gen 1,27) gemacht, hat sie durch ihre Sexualität geprägt. Deswegen drängen Mann und Frau so elementar

zueinander, daß sie sogar die Nestbindung an das Elternhaus zerreißen, um miteinander ‚ein Leib' zu werden. Nachdem sie die Macht des Eros, der ihre Ichsucht aufsprengt, erlebt haben, sind sie nicht mehr zwei ‚für sich' existierende Wesen, sondern gleichsam die aufeinander angewiesenen Hälften eines einzigen Organismus. Also ist es kein Mose und kein anderer menschlicher Gesetzgeber, sondern Gott selbst, der durch die Urgewalt der Geschlechterliebe Mann und Frau ‚zu einem Leib macht'. – Es leuchtet ein: Was Menschen durch ihre Gesetze zusammenfügen, dürfen Menschen in anderer Situation durch andere Gesetze wieder trennen. Wenn aber Gott etwas verbindet, hat kein Mensch das Recht, es jemals auseinanderzureißen. Die Scheidebrief-Anordnung kommt also nicht von Gott. Nur Mose hat sie euch gegeben. Jesus anerkennt auch das gute Motiv des Gesetzgebers. „Weil eure Herzen verdorrt sind", das bedeutet hier: weil der Eros eurer ‚Flitterwochen' so bald wieder erlahmt, statt zur *Liebe* zu reifen. Mose wollte der Willkür der Männer, die ihrer Frauen überdrüssig wurden, wenigstens einen gesetzlichen Riegel vorschieben.

Jesu gefährliche Bibelkritik

„Keinen Anteil an der künftigen Welt hat, wer sagt: ‚Die ganze Tora ist von Gott mit Ausnahme dieses Verses, den nicht Gott, sondern Mose aus seinem eigenen Munde gesprochen hat'. Von ihm gilt: Das Wort Jahwes hat er verachtet" (b. Sanh. 99a Bar.). – Zu solcher Vergottung von Texten, die doch von Menschen verfaßt wurden, gelangt eine Theologie, die sich nicht mehr vom Atem des lebendigen Gottes treiben läßt, sondern sich an ein ‚heiliges Buch' klammert. Als sei die Bibel von Gott diktiert. Als könnten sie in dem Buch nun ein für allemal Gott ‚haben'. So wird aus Jahwe, dem hilfsbereit-gegenwärtigen, aber unverfügbaren, dem immer vorausgehenden und vorandrängenden Rettergott allmählich ein stehender Abgott, nur daß er nicht in eine Steinfigur, sondern in Papier und Buchstaben (243) gebannt ist. Das entspricht dem natürlichen Verholzungsprozeß der Religionen. – Was den jüdischen Theologen damals streng verboten war, genau das tat der Laie Jesus: Statt die vorgegebenen biblischen Texte bloß auszulegen, fragte er, ob das, was die angesehenen Verfasser niederschrieben, wirklich mit dem übereinstimmt, was Gott selbst als seinen Willen kundtut. Weil dies allein für Jesus entscheidend ist. Getreu unserem ‚Lehrmeister der Bibelkritik' dürfen wir auch die neutestamentlichen Texte nicht als ‚heilige' Schrift verabsolutieren. Nüchtern und gewissenhaft müssen wir sie als Fundgrube gebrauchen, um herauszufinden, was Jesus gewollt hat. Weil er selbst für uns maßgebend ist, und nicht schon das, was die Autoren der neutestamentlichen Schriften über ihn meinten.

Sexualität und Ehe in der Sicht Jesu

Zum kulturhistorischen Hintergrund. – Das Judentum der Zeit Jesu stand dem Phänomen Sexualität zwar noch unbefangener gegenüber als das stärker vom Leib-Seele-Dualismus infizierte Christentum. Die Kindererzeugung in der Ehe galt sogar als eine heilige Verpflichtung. – Aber es zeigten sich auch einige Schatten: a) Von dem harten Abwehrkampf des Jahweglaubens gegen die kananäischen Fruchtbarkeitskulte war eine bestimmte religiöse Diffamierung des Geschlechtlichen zurückgeblieben: die kultische Unreinheit alles dessen, was mit Zeugung und Geburt zusammenhing, besonders auf seiten der Frau. b) Wie in der übrigen antiken Umwelt stand die Frau sozial und rechtlich tief unter dem Mann. c) Im Essenertum (Qumran) hatte sich ein sexualfeindlicher Asketismus und Reinheitsrigorismus entwickelt. Bezeichnend ist, daß Apokalyptiker glaubten, Sünde und Unheil sei durch den Koitus von Engeln mit schönen Menschentöchtern in die Welt gekommen (Henochbuch).
Dagegen ist Jesu Lehre und praktisches Verhalten (187 403) durch keines dieser Vorurteile geprägt.
1. Die Sexualität kommt nicht vom Teufel, sondern von Gott.

Er will, daß der Mann männlich empfinde und die Frau weiblich. Gott selbst will den Trieb und die Lust, ebenso die besonderen Risiken und die besonderen Aufgaben, die mit dem Männlichsein oder Weiblichsein verbunden sind. – Darum ist es nicht recht, die Geschlechtslust als etwas in sich Sündhaftes hinzustellen und die eigene Sexualität asketisch zu verdrängen oder heuchlerisch zu verstecken. (Wie weit die hochoffizielle kirchliche Morallehre sich davon entfernen konnte: „Quandoquidem ad actum conjugalem libido principaliter movet, est peccatum mortale“ Thomas v. Aquin, Summa theologiae, III, XLIX, 6. Auf deutsch: Wenn primär die Geschlechtslust zum ehelichen Akt drängt, ist das Todsünde. Das bedeutet für das Gewissen des Kirchengläubigen konkret: dann kommt er für ewig in die Feuerhölle, wenn er's nicht beichten will.) Richtig ist es vor dem Gott Jesu, unsere Sexualität fröhlich-dankbar anzunehmen und sie wie das Denk- und Sprechvermögen oder andere Vor-gaben Gottes zu kultivieren. Das heißt aber: sie zu vermenschlichen. Weil uns das Menschwerden nicht mehr in den Schoß fällt wie dem Affen das Tiersein.

2. Der Sinn des Sexus ist die Liebe. (Wie könnte es anders sein, da der Abba Jesu der Schöpfer und zugleich der große Liebende ist?) Auf den vormenschlichen Lebensstufen dient der Geschlechtstrieb der Fortpflanzung und bereits der sozialen Bindung. Der Mensch wird durch diesen Trieb ‚überlistet', seine ängstliche Selbstbewahrung im ‚Rausch' zu vergessen und sich selbst an einen anderen Menschen freudig zu verschwenden. Das ist freilich nur der unterste Ansatz. Aber daraus kann und soll menschlich-personale, ganzheitliche Liebe werden, ein Für-einander-leben. – Mit der Geburt der Kinder erwacht dann der Brutpflegetrieb, der ‚Papa und Mamma' dem ‚Abba' noch ähnlicher macht. Denn dieser ‚Instinkt' drängt die Eltern, schwaches Leben zu schützen und zu fördern; umsonst; auch unter Entbehrung und Leiden.

3. In derselben Richtung auf Liebe hin will Jesus den Menschen weiterführen, indem er zwei Grenzen aufbricht. a) Der

Brutpflegetrieb darf nicht bei der Familie, Sippe, Freundes- oder Interessenvereinigung aufhören. Allen Menschen sollt ihr Gutes tun; sogar den unsympathischen und bösen; ohne Dank zu erwarten! b) Die am Anfang rauschhafte Liebe zwischen Mann und Frau darf nicht erlahmen, wenn der Rausch verfliegt. Wenn der Ehepartner an Leib und Seele ‚Runzeln' zeigt, wenn er nicht nur so armselig, sondern auch so böse wird, daß jede Sympathie schwindet, bleibt er doch ein Mensch, den Gott heilen will, so wie er mich heilen will. Von einem solchen Gott getrieben, kann ich die Person, mit der ich einmal ‚ein Leib' geworden bin, nie mehr von mir wegstoßen. – Diese beiden Entgrenzungen des menschlichen Eros sind nicht durch neue Rechtsvorschriften zu schaffen. Es gibt kein Recht auf Liebe! Nur wenn ein stärkerer Eros den Menschen verlockt, wenn der Eros Gottes ihn erfaßt, wird er fähig, selbst-los und somit grenzen-los zu lieben.

4. Jesus hat in seiner Antwort an die Gesetzeslehrer kein neues Ehe-‚Gesetz' proklamiert, wie er auch kein neues Sabbat- oder Reinheits-‚Gesetz' aufstellte. Er hat nur geklärt, was Gott will: Du sollst den Partner, mit dem dich die Geschlechterliebe zu einem Leib verbunden hat, nicht mehr von dir wegstoßen. Weil jede naturhafte zwischenmenschliche Liebe in sich gottgewollt ist, soll sie nicht egoistisch zurückgenommen, sondern zur Reife gebracht und integriert werden. Diese eine Maxime gilt für alle Konfliktsituationen, führt aber zu unterschiedlichen Konsequenzen. Hier einige Beispiele, als Fragen formuliert, die der Leser von dem Jesuswort her selbst beantworten möge.

Wenn nicht der Eros, sondern das elterliche oder eigene Geschäftsinteresse Mann und Frau zusammenführt, hat sie dann Gott miteinander verbunden? – Was verbindet Mann und Frau zu jener Einheit, die Jesus meint: der staatliche bzw. kirchlich-sakramentale Rechtsakt als solcher oder der Beischlaf als solcher oder erst eine Liebe, die so stark ist, daß ein junger Mann eher das Elternhaus aufgibt als dieses Mädchen? – Kann auch eine Schwiegermutter die Ehe brechen, indem sie ihr Söhnlein in blinder Liebe festhält, statt es seiner jungen Frau zu überlassen? – Zweifellos gebietet Jesus, um der Gottesherrschaft willen *notfalls* alle Teilgüter zu opfern, auch das Familienglück. Aber ist es erlaubt, den berufsmäßigen Dienst an der Gottesherrschaft von vornherein ohne die Notwendigkeit im Einzelfall gesetzlich mit dem Eheverzicht zu koppeln? Und wenn ein Zölibatär heiratet (mit subjektiv-schlechtem Gewissen), wer handelt da objektiv gottwidrig? Dieser Mann, den Gott ‚männlich gemacht hat'? Oder jene Leute, die (mit subjektiv-gutem Gewissen) ihm ein von Menschen gemachtes Eheverbot auferlegen? Immer müssen wir furchtlos wie Jesus zurückfragen nach dem letzten Grund: Gott. – Wenn ein Mensch von seinem Ehepartner endgültig verstoßen wurde, darf er diesen dennoch nicht verstoßen. Er schuldet ihm weiterhin wenigstens jene Hilfsbereitschaft, die Gott auch dem fremd und feindselig gewordenen Menschen gegenüber fordert. Aber warum sollte jemand, den sein früherer Ehepartner wegwarf und gar nicht mehr haben *will*, nicht eine neue Ehe eingehen? Wem würde er dadurch Unrecht tun, wem gegenüber das Hauptgebot der Liebe verletzen? – In der bisherigen Geschichte der Menschheit hat sich die Einehe auf Lebenszeit als die wohl günstigste (und frauenfreundlichste!) Eheform entwickelt. Bedeutet dies, daß alle anderen früheren oder künftigen Eheformen in sich gottwidrig sind? (Jesus hat mit diesem Wort nicht einmal die Vielweiberei verworfen, die in seiner Umwelt noch möglich war.) Oder ist allein die Lieblosigkeit das, was in jeder Art von ehelicher Gemeinschaft gottwidrig ist? – Wenn zwei vernünftige Menschen erkennen, daß sie nicht zusammenpassen und friedlich auseinandergehen wollen, ohne die Lage der Kinder zu verschlechtern, trifft dann das Jesuswort überhaupt auf sie zu? Oder hat Jesus mit der Zurückweisung der Scheidebriefpraxis nur verbieten wollen, den Ehepartner gegen seinen Willen hinauszustoßen in die Ungeborgenheit? – Die Liebe kann unter Umständen ein hohes Maß an Askese fordern: Zügelung der sexuellen Begierden aus Rücksicht auf den Partner, Verzicht auf einen liebenswerten Menschen, der sich schon anderweitig gebunden hat; Dienstbereitschaft und Vergebungsbereitschaft. Das alles ist längst bekannt. Aber darf man es heute verschweigen aus Angst, unmodern zu gelten?

5. Gerade heute ist es angebracht, auch das Thema ‚sexuelle Lust' neu von der Gottesbotschaft Jesu her zu bedenken. Unbeirrbar müssen wir davon ausgehen, daß der Abba das ganzheitliche, das heißt leib-seelische Glück des Menschen intendiert; schon auf Erden und nicht erst im Himmel (vgl. 107!). Wenn Gott selbst den Mann männlich und die Frau weiblich gemacht hat, dann ist es einfach gottgemäß, die sexuelle Lust zu suchen, sie mit allen Sinnen bis zur Ekstase zu genießen, sie mehr und mehr zu kultivieren und sich ihrer ohne Sündenangst zu erfreuen. Genauso, wie die Lust am Essen und Trinken und Tanzen, am Malen und Musizieren, am wissenschaftlichen Forschen und Bauen ‚in sich gottgemäß' ist. Aber in der Menschennatur schlummern auch Begierden, die ‚in sich gottwidrig' sind und von den Verfassern der Moralbücher und Beichtspiegel vielfach noch gar nicht entdeckt wurden. Da gibt es die Lust, zu quälen und Leben zu vernichten, den Stier in der Arena zu töten, den Hirsch mit der Hundemeute zu Tode zu hetzen, den Fisch am Angelhaken zappeln zu sehen; und das alles, ohne daß der Hunger dazu zwingt! Oder die Lust, Menschen zu beherrschen statt zu bedienen, Verbrecher gerecht zu bestrafen, statt auf ihre Umkehr und Heilung auszugehen. Daß diese Lüste im christlichen Abendland gesellschaftsfähig waren, die sexuelle Lust aber nicht, ist so unmaßgeblich wie die heutige und im nächsten Herbst wieder veraltete Hutmode. – Wenn wir schon Jesus als Lehrmeister akzeptieren, müssen wir in allen Dingen a) von seinem Gott her fragen, was moralisch gut oder böse ist, b) vom gottgeschaffenen Menschen her fragen, was für ihn gesund oder ungesund ist. Ohne Angst vor Moralmoden!

Moralisch böse ist auch auf sexuellem Gebiet die Tendenz, sich selbst auf Kosten anderer Glück zu verschaffen. Eine Frau (mit oder ohne Heiratsurkunde) zu gebrauchen und sie dann, wenn sie nicht mehr gefällt (mit oder ohne Scheidungsurkunde), wie eine ausgepreßte Zitrone wegzuwerfen, das ist zutiefst gottwidrig. Dagegen ist Jesus aufgestanden! Ein anderes Beispiel: Daß der Anblick einer schönen Frau das Männerherz höherschlagen läßt, das liegt an dem gottgegebenen Männlichsein des Mannes und ist in Ordnung. Aber wer eine Frau anschaut mit der bösen Absicht, auch eine Ehe zu zerstören, um nur sein privates Glück zu finden, der ist in Jesu Augen schon ein Ehebrecher (311). – Was in Punkto Sex ungesund ist? Wie in allen Bereichen: die Nichtbeachtung der menschlichen Ganzheit und des menschlichen Maßes. Herz und Verstand dürfen vom Trieb nicht ausgelöscht werden, weil Herz und Verstand und Trieb zusammen die Ganzheit des Menschen bilden. Wir sind nicht mehr in der ‚glücklichen' Lage wie das Tier, geist-los und somit verantwortungs-los handeln zu dürfen, indem wir nur dem Trieb folgen. Der Preis wäre eine fortschreitende geistige Verödung.

Die Mystifizierung und Vergöttlichung des Sexus, die von fernöstlichen Religionen heute auf uns zukommt, ist ebenso töricht wie seine manichäische Tabuisierung und Verteufelung. Schämen wir uns nicht, in diesem Punkt abendländisch zu denken, und halten wir uns an das nüchterne Gott-Welt-Verständnis der Hebräer: Die Gestirne sind keine Götter, sondern nur von Gott gemacht, damit sie dem Menschen als Lampen dienen. Und so ist der Sexus nichts Göttliches, das man verabsolutieren und mit einem Kult umgeben dürfe. Er ist von einem freundlichen Gott für den Menschen ‚gemacht'. Aber derselbe Gott hat dem Menschen noch andere Kostbarkeiten gegeben, etwa das Urteilsvermögen und die Lust an der schöpferischen Tat.

Auch die Frauenemanzipation (deren einsamer Vorkämpfer Jesus ist) verfehlt das menschliche Maß dann, wenn sie das Weib zum ‚Auch-Mann' umfunktionieren und ihm die wunderbare Gabe der Mütterlichkeit verleiden möchte. Es wäre jammerschade, wenn ihr das gelingen würde. Denn gerade die spezifische Fähigkeit der Frau, tagsüber tausend unbeachtete, unbezahlte und doch lebenswichtige Kleinigkeiten ‚für andere' zu tun, macht sie dem Gott Jesu viel ähnlicher als die ‚Herr'-lichkeit des Mannes. Ob die des Dienens überdrüssigen Frauen denn nicht wissen, daß jede Herrschaftsgebärde den Menschen zum Clown macht mit zu großen Schuhen, zu großer Jacke und zu großer Nase? Denn Herr ist nur Gott. Und dieser wirkliche Herr dient ‚mütterlich' (207) dem Menschen. Emanzipation der Männer aus dem gesellschaftlichen Zwang, in Ehe und Familie den Herrn spielen zu müssen! Nur wenn wir schlicht und herzlich einander dienen, die Frauen in fraulicher und die Männer in männlicher Art, tragen wir die maßgerechten Schuhe und Jacken und Nasen. Und können unbeschwert miteinander lachen über die männlichen und weiblichen Clowns, die meinen, sich aufplustern zu müssen, um, wie sie sagen, ‚sich selbst zu verwirklichen'.

Was Jesus von seinem Gott her bringt, ist Befreiung und Vermenschlichung in allen Bereichen, natürlich auch auf dem wichtigen Problemfeld Sexus, Eros, Ehe, Familie.

Siehe Anmerkung!

**Laßt die Kinder an mich herankommen!
Hindert sie nicht!
Denn für Menschen wie sie ist die Gottesherrschaft da.**

Kinder drängen zu Jesus hin, wahrscheinlich Gassenjungen. Seine Begleiter empfinden das als Belästigung. Sie verscheuchen das Kroppzeug, das von der Predigt des Rabbi doch nichts versteht. – Aber damit treffen sie das Herz Jesu, das besonders für die ‚Geringen' schlägt, die von den ‚Großen' verachtet und weggeschubst werden: für die Armen, die Zöllner, die Aussätzigen, die Dirnen, die Ungebildeten, die Geistesgestörten. Das ‚Gesindel' drängte zu Jesus, weil es seine Güte spürte, und die ‚Anständigen' wollten es von ihm trennen; immer wieder (106 153 187 244 403 426). Jesus dagegen: Jagt sie nicht von mir weg, denn für ‚solche' ist die Gottesherrschaft da. Das heißt: für Menschen, die so gering geachtet sind wie diese Kinder. Denn nach einem Leitwort Jesu gehört das Glück der Gottesherrschaft vorzüglich den Armen (201). Darum: „Her zu mir alle, die ihr euch plagt und Lasten schleppt! Ich werde euch aufatmen lassen." (322)

Siehe Anmerkung!

Amen, ich sage euch:
Wer nicht wie ein Kind die Gottesherrschaft annimmt,
der kommt nicht hinein.

Es gibt drei Arten, etwas anzunehmen: 1. Brutale Menschen rauben, was sie brauchen. So glaubten die Zeloten, das Gottesreich gewaltsam herstellen zu können. 2. Gerecht Denkende kaufen, was sie benötigen. So wollten Pharisäer und Apokalyptiker das baldige Kommen der Gottesherrschaft durch korrekte Toraerfüllung und zusätzliche gute Werke verdienen. 3. Kinder lassen sich von Vati und Mutti einfach beschenken. Erwachsene mögen diese Art des Nehmens nicht. Den Kleinen ist sie naturgemäß. Ebenso dem ‚Kind' Jesus.
Jesus hat Gott als den guten Vater erfahren (100 148 245). Darum versteht er sich selbst und jeden Menschen als ein vom Abba geliebtes Kind. Wird diese Wahrheit erst einmal von Herzen bejaht, wird diese Freudenbotschaft Gottes angenommen, dann ist es ganz natürlich, sich von einem solchen Gott beschenken zu lassen, statt ihm etwas entreißen oder abkaufen zu wollen. Ja, anders als durch bescheidenes Hinnehmen seiner Gaben kommt man überhaupt nicht in das Kind-Vater-Verhältnis zu ihm. Denn wer ihm etwas entreißen möchte, tut so, als wolle Gott nichts hergeben. Und wer versucht, ihm durch Gegenleistungen etwas abzukaufen, der degradiert den Liebenden zu einem Kaufmann (171). – Darum sollt ihr die euch angebotene Gottesherrschaft als Geschenk annehmen. Wie Kinder: ohne Verdienst, ohne Rechtsanspruch, aber auch ohne Mißtrauen (220). Sonst überschreitet ihr nie die Schwelle zu dem göttlichen Bereich, in dem nur das Hin- und Herschenken gilt, weil er von der göttlichen Liebe beherrscht wird. Sonst bleibt ihr mitsamt eurer frommen Korrektheit ‚draußen' (259 339 425) und fordert enttäuscht und zornig euer vermeintliches Recht (337 421).
Jesus widerspricht sich nicht, wenn er hier vom ‚Hinnehmen

wie ein Kind' und bei anderer Gelegenheit vom Einsatz für die Gottesherrschaft bis zur Selbsthingabe redet. Das Engagement, das er meint, ist keine Vorleistung, sondern spontane Reaktion auf die Gabe Gottes. Erst ‚findet' der Mann den großen Schatz, dann gibt er alles dafür hin, und zwar freudig! (325)

Einer fiel vor ihm auf die Knie und fragte ihn: Guter Meister...

**Was nennst du mich gut?
Keiner ist gut außer einem:
Gott!**

Die Anrede ‚guter Meister', an sich eine Höflichkeitsformel, wird durch den Kniefall zu einer emphatischen Huldigung. Ihr Sinn erhellt aus der anschließenden Frage (164): Da du selbst so vollkommen bist, wirst du auch den Weg zum ewigen Leben wissen. – Darauf reagiert Jesus hart und nüchtern: Weder ich noch irgendein Mensch, sondern Gott allein ist (aus sich heraus) gut. Er selbst ist das Richtmaß des Guten. Also frage nicht nach meinen, sondern nach Gottes Geboten, wenn du das Leben suchst. Da Jesus eine eigene Lehrautorität gewiß nicht leugnen, sondern nur von phantastischen Übersteigerungen freihalten wollte (139), bedeutet seine Antwort zugleich: Ich propagiere nicht meine eigenen Ideen über Gut und Böse, sondern vermittle nur das, was Gott selbst will.
Das von Markus überlieferte Wort ist echt, weil es durchaus nicht zur Verkultung der Jesusgestalt paßt, die später einsetzte. Die Mattäus-Version „Was fragst du mich über das Gute? Einer ist der Gute" ist eine nachträgliche Entschärfung dieser christologisch ‚schwierigen' Selbstaussage. – Konnte der wirkliche Jesus, der so offen und eindeutig nicht sich, sondern Gott allein als das Richtmaß des Guten bezeichnet, im geheimen doch sich selbst für Gott halten? Immer hat er sich dagegen gewehrt, daß man seine Person mystifizierte (139–144) oder durch den Kniefall kultisch verehrte (103 167 134). Gerade für ihn ist Gott ganz allein Gott (vgl. 179!). Wer darum den wirklichen Jesus ehren will, muß mit ihm seinen Gott ehren. Das heißt: wie Jesus sich an Gott orientieren, von Herzen Gott lieben, Gottes Güte nachahmen. Statt Jesus selbst zu Gott zu machen, gegen seinen ausdrücklichen Willen.

Guter Meister, was soll ich tun,
um das Leben im anderen Äon als Erbe zu bekommen?

.....

Du kennst doch die Gebote:
Du sollst nicht ehebrechen, nicht stehlen,
nicht falsch aussagen, nicht den Lohn vorenthalten!
Ehre Vater und Mutter!

Meister, das alles habe ich von Jugend auf gehalten.
Jesus schaute ihn an und gewann ihn lieb.

Eins steht dir noch aus:
Was du hast – verkauf's und gib den Armen! Sofort!
Und haben wirst du – einen Schatz bei Gott!
Dann komm und werde mein Schüler!

‚Äonisches Leben erben' bedeutet: Nach dem Tod im oberen oder künftigen Äon ein neues Leben von Gott erhalten, und zwar als rechtmäßig zu beanspruchendes Erbteil. Darum: Welche Vorleistung muß ich hier erbringen, damit ich jenseitiges Leben erwerbe? Auf diese Frage gibt Jesus zuerst die korrekte Antwort, die von jedem Rabbi zu erwarten war. Dann, nachdem er den Fragesteller liebgewann, bietet er ihm die Weiterführung an.

Die Gerechtigkeit gegenüber dem Mitmenschen, die Gott in den Geboten fordert, belohnt er tatsächlich mit äonischem Leben. Aber ein Jude, der von Jugend auf die Gebote erfüllt (und das war hier nicht prahlerisch gesagt), wollte wahrscheinlich mehr erfahren. Alle frommen Gemeinschaften in Israel, die Pharisäer, die Essener in Qumran, die Johannesschüler leisten Zusätzliches, je nach ‚Ordensregel' lange Gebetsdienste, Fasten, Almosen, strenge ‚Klosterdisziplin', asketisches Wüstenleben, rituelle Reinigungsbäder. Und welche spezifische Frömmig-

keitsübungen sind in deiner Schule vorgeschrieben, guter Meister? Dahin zielt die Frage, sonst wäre sie überflüssig.
Jesus möchte diesem sympathischen Sucher weiterhelfen. Eines steht dir noch aus, was über den jenseitigen Lohn der Gerechtigkeit hinausgeht. Es ist der ‚Schatz bei Gott' (hebräisch formuliert: im Himmel). Schatz ist etwas anderes als Lohn oder rechtmäßiges Erbe. Schatz ist ein Glückstreffer. Der geliebte und widerliebende Mensch ist ein unbezahlbarer ‚Schatz'. Gott wird dein Schatz sein. – Daß der ‚Preis' für solch ein Glück entsprechend hoch ist, nämlich die Weggabe des ganzen Besitzes, war zu erwarten. Übrigens lebte schon Johannes in der Wüste völlig besitzlos. Das überraschende und spezifisch-jesuanische Moment liegt vielmehr darin: Den Armen mußt du deine Habe geben, um bei Gott einen Schatz zu haben. Verständlicher wäre es, daß der Mensch seine Gabe an Gott selbst adressiert in Form von kultischen Opfern oder Spenden an den Tempel oder auch durch Gebets- und Fastenübungen, die Gott unmittelbar dargebracht werden. Statt dessen geht Jesus davon aus, daß Gott alles, was einer den Armen gibt, als ihm selbst gegeben wertet und mit seiner beglückenden Liebe beantwortet. Es ist dieselbe Wahrheit, die auch in dem Wort vom Schätzesammeln (213), vom Sich-Freunde-Schaffen mit dem ungerechten Mammon (422) und im Endurteil Gottes (343) zum Ausdruck kommt.
Die Maßangabe „Verkaufe, was du hast" oder „Wer nicht all seinem Besitz entsagt" (420) erscheint übertrieben und wäre in der Tat unrealisierbar, wollte man sie isoliert nehmen. Aber deshalb dürfen wir noch nicht die Forderung Jesu verkleinern, sondern müssen bei ihm selbst lernen, in welchem Gesamtrahmen sie zu verwirklichen ist. (Das Jesuswort 166 gibt eine Erläuterung.)
Erst am Ende des Gesprächs sagt Jesus: Folge mir als mein Schüler! Das bedeutet doch: Zuerst sollte der Reiche über seinen Schatten springen und sich von all seinem Besitz lösen. Warum nimmt er ihn nicht zunächst als Schüler auf, um ihn all-

mählich zum Gipfel zu führen? Warum sagt er: Wer nicht von vornherein sein Kreuz auf sich nimmt oder wer nicht Vater und Mutter haßt, der kann nicht mein Schüler sein? Immer wieder verlangt Jesus die *sofortige* kühne Entscheidung. Er geht wahrscheinlich von seiner eigenen inneren Erfahrung aus: Wenn die Wirklichkeit ‚Gott' in einem Menschen aufblitzt, in diesem Moment ist ihm der günstigste Zeitpunkt (kairos) zur rechten Entscheidung angeboten. Wenn er den verpaßt, wenn er ängstlich zaudert, statt leichtsinnig (besser gesagt: vertrauend) zu handeln, wird er immer tiefer in seine Bedenken zurückfallen. Darum: Sofort geh hin und tu's! (hypage! Dieses ‚Geh hin!' scheint mir weniger eine stilistische Eigenheit des Markus als vielmehr ein Lieblingswort Jesu zu sein.) Dann, nachdem du ins Wasser gesprungen bist, kann ich dich schwimmen lehren.

Kinder, wie schwer werden die Reichen in die Gottesherrschaft gelangen!
Leichter kommt ein Kamel durch das Nadelöhr hindurch als ein Reicher in die Gottesherrschaft hinein.

„Kinder, wie schwer...“, solch ein besorgtes Wort kommt nicht aus dem Neid der Habenichtse. Es strömt aus dem guten Herzen eines freien Menschen, der *alle* frei machen möchte; die Armen von der drückenden Last ihrer Armut, die Reichen von der menschenwidrigen Bindung an ihren Reichtum.
‚Kamel durchs Nadelöhr‘. – Das ist eine scharfe Predigt, aber in Humor verpackt. Durch das Nadelöhr geht nur ein dünner Faden, ohne Knoten. Ein Kamel ist dafür etwas zu höckerig, hochbeinig und hochnäsig. Allein dieses Bildwort zeigt: Jesus ist nicht nur Prediger, sondern Dichter mit Geist und Witz. Ist dies an einer Stelle erst einmal bewußt geworden, wird man in vielen seiner Bilder und Gleichnisse den feinen Humor Jesu aufspüren. Und aus der Christus-Ikone tritt allmählich der Mensch Jesus hervor. Ein Mensch, dem das Lachen natürlich näher liegt als das Flennen, weil er es mit einem guten Gott zu tun hat.
Was er mit dem Bild sagen will, ist einfach: Ein Mensch gelangt nicht in den von Gott durchherrschten Bereich, solange er noch mit seinem Reichtum verwachsen ist wie ein Kamel mit seinen Höckern. Er muß allen Besitzanspruch abstreifen und ‚dünn werden‘ wie ein Fädchen. – Warum? Weil es innerhalb einer Gemeinschaft von Liebenden unmöglich ist zu sagen: Dieses Ding, sei es ein Produktionsbetrieb oder ein letzter Brotrest, ist nur für mich da und nicht für euch. Wer noch so denkt, ist dem Gott Jesu fremd und steht außerhalb der Gottesherrschaft. Auch wenn er, gemessen an Gesetz und Sitte, gerecht und fromm ist.

Siehe Anmerkung!

Siehst du, wir haben unser Eigentum verlassen, um dir zu folgen. Was werden wir dafür bekommen?

Amen, ich sage euch:
Keiner hat um der Gottesherrschaft willen
sein Zuhause verlassen,
Weib, Geschwister, Eltern, Kinder, Felder,
ohne daß er es vielfach wieder empfangen hat
in dieser einzigartigen Zeit (der Gottesherrschaft).

Der Mensch braucht normalerweise sein Zuhause, die Geborgenheit in einer Familie und eine wirtschaftliche Basis (Felder). Aber nicht nur Jesus selbst ist nestlos geworden, je mehr er sich für die Gottesherrschaft einsetzte (113 125 227). Er verlangte auch von denen, die ihm folgen wollten, daß sie sich von ihrer Familie und von ihrem Besitz losreißen (228 236 237 406 + 164 420). ‚Um der Gottesherrschaft willen' bedeutet: Sie dürfen sich durch keine Rücksicht auf ihre Familie und deren Traditionsgebundenheit und durch keine Angst vor wirtschaftlichen Verlusten davon abbringen lassen, die gefährliche Botschaft ‚von den Dächern zu rufen' und durch ihr neues Verhalten die Gottesherrschaft offen darzustellen.
Den Männern, die tatsächlich Besitz und Familie verlassen hatten, um wie Vagabunden mit Jesus durchs Land zu ziehen, lag natürlich die Frage auf der Zunge: Was werden wir dafür bekommen? (Mt 19,27) Wahrscheinlich dachten sie an eine künftige Entschädigung, sobald Jesus ein Messiasreich errichtet haben wird, ähnlich wie die Zebedäussöhne auf das Sitzen zu seiner Rechten und Linken hofften (167). – Jesu unerwartete Antwort: Ihr habt doch schon vielfach wiederempfangen, was ihr aufgegeben habt! (Die Tätigkeitswörter ‚verlassend folgten wir', ‚keiner verließ' und ‚der nicht empfangen hätte' stehen in derselben Vergangenheitsform.) Er fügt hinzu: „in diesem kairos", was im Munde Jesu niemals „in dieser Welt" bedeutet,

sondern durchwegs: in dieser von Gott herbeigeführten besonderen Zeit der Gottesherrschaft (101!). Das scheinbare Paradoxon ist leicht aufzulösen. Die Jünger haben in der Schule Jesu bereits ein besseres Zuhause gefunden. Und zwar mehr Geborgenheit, weil in dieser Gruppe bereits der Geist der Gottesherrschaft durch den Meister lebendig gehalten wird. Sie sind eine Großfamilie geworden, Jesu Brüder und Schwestern (113). Aber auch an Lebensunterhalt haben sie faktisch mehr gewonnen als preisgegeben. Unter dem neuen Grundgesetz des brüderlichen Miteinanderteilens konnten sie sorglos essen und trinken. „Als ich euch ohne Geldbeutel aussandte, hat euch da etwas gefehlt?" (428) – Sie sollten also nicht spekulieren, was sie einmal erhalten werden, sondern erkennen und schätzen, was ihnen bereits geschenkt wurde.
Wer die Großfamilie Jesu als Wirklichkeit vor Augen hat, für den ist auch die Bedingung, vor dem Eintritt in sie allen Besitz aufzugeben (164! 420), nicht mehr utopisch. In einer Gemeinschaft, deren Haupt unerbittlich fordert, das letzte Stück Brot miteinander zu teilen (wie viele Brote habt ihr? 130), braucht im Endergebnis keiner zu hungern oder gar zu verhungern, weil er das Seine weggab. – Beides bedingt einander: Totale Güterhingabe ist nur möglich innerhalb des ‚Kommunismus Jesu'. Dieser wiederum ist nur realisierbar, wenn und solange Menschen aus einem ungebrochenen Vertrauen zu Gott sorglos das Ihre hingeben. – Natürlich kann solcher Kommunismus nicht gewaltsam oder durch Verordnungen ‚gemacht' werden. Das Ergebnis wäre Terror. Aber es bleibt unbestritten auch heute die Aufgabe aller Gemeinschaften, die sich an Jesus orientieren, sich auf dieses Hochziel hinzubewegen, und zwar „in dieser Zeit der Gottesherrschaft".

Siehe Anmerkung!

Die Mutter der Zebedäussöhne machte einen Kniefall vor ihm . . .

Was willst du?

Verfüge, daß diese meine zwei Söhne dir zur Rechten und zur Linken sitzen dürfen, wenn du zur Herrschaft kommst!

Ihr wißt nicht, um was ihr bittet.
Könnt ihr den Becher trinken, den ich wohl trinken muß?

Das können wir.

Meinen Becher werdet ihr zwar trinken;
aber das Sitzen zu meiner Rechten und Linken –
das kann ich euch nicht geben.

Mutter und Söhne in rührender Eintracht, wenn es um Machtgewinn für die Familie geht. Aber sich von Vater und Mutter losreißen, wie es Jesus seinen Schülern abverlangt, das hieße auch: sich von den Sippeninteressen distanzieren.
Der Hintergrund dieses Antrags ist die Erwartung, Jesus werde in Jerusalem ‚seine' Herrschaft als Messias nach dem Modell des Königs David errichten. – Erschütternd diese Blindheit! Nicht einmal seine eifrigsten Schüler, denen er am intensivsten sein Denken mitzuteilen suchte und die ihn selbst unmittelbar erlebten (148!), merkten, wo er eigentlich hinauswollte. Denn sie hatten es sich in den Kopf gesetzt: Er muß der Messias sein (139). Die Reaktion Jesu: Ihr wißt nicht, um was ihr bittet. (Vergleiche 405: Ihr wißt nicht, was für ein Geist euch treibt.) Euer Begehren nach hohen Posten in ‚meiner Königsherrschaft' beruht auf einem Irrtum.
Und wieder versucht er, sie mit einer kalten Dusche zu kurieren (wie in 139–146 149 152 u. a.). Ihre Idee vom Gunsterweis

eines Königs, beim Staatsbankett als oberste Minister neben ihm sitzen zu dürfen, greift er auf und wendet sie ironisch ins Gegenteil, indem er ihnen ein anderes ‚Privileg' in Aussicht stellt: aus dem Becher des Königs trinken zu dürfen. Aber das Bildwort vom Bechertrinken ist doppeldeutig und hier ist nicht der Freudenbecher gemeint, sondern der Leidensbecher. Ob sie den mit ihm trinken können, wenn ihnen diese ‚königliche Gunst' zuteil wird, fragt er. Tapfer im Versprechen, bejahen sie es sofort.

Das Schlußwort Jesu. – Meinen Becher werdet ihr trinken. Mit mir um der Gottesherrschaft willen leiden und sterben, das könnt ihr haben. Aber Ehrenplätze und Machtpositionen in einem künftigen Messiasreich, die habe ich nicht zu bieten. – Der Grund kann nur sein: Es wird überhaupt keine Königsherrschaft Jesu geben, weil er ausschließlich auf die Herrschaft *Gottes* ausgeht. Wenn Jesus nämlich ‚sein' Reich errichten würde, sei es in Jerusalem oder im Himmel oder in einem künftigen Äon, dann stünde es ihm selbst auch zu, Ämter und Ehren darin zu verteilen, so wie er zu seinen Schülern und Mitstreitern „die wählte, die er selbst wollte" (Mk 3,13). Dann dürfte er auch nicht sagen, es sei „nicht seine Sache" (ouk emon), das Sitzen zu seiner Rechten und Linken zu vergeben. – Somit erweist sich die schon grammatikalisch unebene Fortsetzung der Antwort „sondern denen es bereitet ist (von meinem Vater)" auch inhaltlich als ein Nachtrag. Denn wenn es keine Ehrenplätze gibt, dann auch nicht für Jünger, denen sie von Gott bereitet sind. Hier wurde die frühchristliche, apokalyptisch orientierte Vorstellung von einer Thronerhebung der Zwölf (Mt 19,28 / Lk 22,29f) in die Antwort Jesu eingetragen und hat sein hartes Nein zum Ehrgeiz der Jünger aufgeweicht: „Jetzt nicht, aber später dürft ihr mitherrschen." Dabei hat der Meister doch klipp und klar gesagt, daß innerhalb der Gottesherrschaft Menschenherrschaft keinen Platz hat (340) und daß in den Augen Gottes nur der als Oberster gilt, der als Unterster dient (168).

Die Könige der Heidenvölker
spielen sich als ihre Herren auf;
die ihnen Gewalt antun,
lassen sich noch Wohltäter nennen.
Aber ihr sollt nicht so handeln.
Der Größte unter euch
verhalte sich genauso wie der Jüngste;
wer die Leitung innehat,
verhalte sich wie euer Diener!
. . . . .
Wer ist größer, der zu Tisch liegt oder der bedient?
Natürlich meint man, der zu Tisch liegt.
Aber ich bin in eurer Mitte wie einer, der euch bedient.

(Das zweite Jesuswort ist chronologisch in die Passionsgeschichte nach 190 einzuordnen.)
In der Tiergruppe werden Machtkämpfe ausgefochten, sooft eine neue Generation herangewachsen ist. Aber nur so lange, bis jedes Tier seinen Platz in der Rangordnung gefunden hat und das stärkste als Rudelführer an der Spitze steht. Das ist sinnvoll und lebenfördernd wie alle Triebmechanismen. – Im Menschen ist auch der Machttrieb nicht schlechthin böse. Riskant ist er geworden, weil beim Aufstieg des Menschen zur Bewußtheit und Freiheit die Automatik der Triebregelung aufgebrochen wurde und alle Triebe nunmehr einer zusätzlichen Steuerung durch das spezifisch menschliche Element ‚Gewissen' (in der Bibel auch Herz genannt) bedürfen. Billiger ist weder das Menschwerden noch das Menschbleiben zu haben.
Von den zerstörerischen Auswirkungen des Machtrausches in den verschiedenen Gemeinschaftsformen skizziert Jesus hier nur die politische. (Vom Mißbrauch geistlicher Macht spricht er genügend in seinen Auseinandersetzungen mit den Theologen und Priestern.) – Die Könige der Heidenvölker, so spricht er Juden als Jude an, spielen sich als deren Herren auf;

obwohl Gott allein der echte Kyrios ist, wie jeder Jude weiß; obwohl es menschenunwürdig ist, vor einem Menschen auf die Knie zu fallen, wie jüdischer Stolz es heidnischen Tyrannen oft bis zum Martyrium gezeigt hat. Obwohl sie den Völkern Gewalt antun, lassen sie sich von ihnen noch als Wohltäter feiern (wie etwa die römischen Cäsaren in den eroberten Provinzen). Damit deckt Jesus die ganze Verlogenheit der politischen Propaganda auf.

Wo ist das Heilmittel gegen die Tyrannei in der Welt? „Die Mächtigen vom Thron stürzen und die Erniedrigten hinaufheben?" Das erwartete man von Gott (Lk 1,52), und die Zeloten wollten ihm dabei behilflich sein. Aber durch Revolutionen, mit oder ohne Gottes Segen, werden nur die Machthaber ausgewechselt und Machtstrukturen umgeschichtet. Der Machtmißbrauch wird damit in seiner Wurzel, im Menschenherzen, noch nicht geheilt. – Jesus zeigt einen anderen Weg. Statt die Heidenkönige gewaltsam korrigieren zu wollen, sollt ihr selbst euch anders verhalten. So sollt ihr ein neues, besseres Modell von Gemeinschaftsleben in diese Welt setzen. Bei euch sollen die Großen freiwillig heruntersteigen. Der Größte benehme sich genauso schlicht wie der Jüngste. Heruntersteigen, nicht nur im äußeren Auftreten, sondern mit der Intention, allen zu dienen. Wer die in jeder Gemeinschaft unerläßliche Aufgabe der Führung zu erfüllen hat, der tue es als deren Diener und nicht als deren Herr und Eigentümer! Dienen, nicht um sich asketisch zu verdemütigen und später Himmelslohn dafür einzustreichen, sondern weil echtes Dienen, das Leben der anderen schützen und fördern in sich eine gute, ja eine göttliche Sache ist. Denn aus solchem Dienen besteht die Herrschaft des Abba (216f u.a.).

Das Wort vom Tischdienst ist wohl zum engeren Jüngerkreis gesprochen (ich in eurer Mitte) und wurde von der Tradition sinnvoll mit dem vorausgehenden Logion verbunden. Jesus reagiert auf ihren latenten Kampf um die oberen Ränge in der Gruppe (152 167), wie sie in jedem Hühnerhof amüsant zu beobachten sind. Vielleicht ist er anläßlich des täglichen ‚Problems', wer wieder den ‚Küchendienst' versehen soll, erneut aufgebrochen. Statt ihnen nun eine Moralpredigt zu halten, stellt er ihnen die scheinbar leichte Frage, ob der Bediente oder der Bedienende größer sei. Damit provoziert er die übliche und doch falsche Antwort. Und die korrigiert er; nicht theoretisch, sondern praktisch: Ich, euer Meister, bin unter euch wie der Tischdiener. Es liegt nahe, daß er daraufhin auch zeichenhaft den Tischdienst übernahm, für den sich seine Schüler zu gut waren. So wie es das vierte Evangelium in der Fußwaschungsszene einmal darstellt. Das ist die kantige und prophetische Art Jesu, zu predigen.

Dieses Wort hat auch sein christologisches Gewicht. Wenn wir heute erforschen wollen, wer Jesus eigentlich war, sollten wir ihn selbst fragen, statt auf ‚die Leute' zu hören (139). Er wußte sehr wohl, daß er Meister, Lehrer, Prophet ist, aber er verstand sich nicht als Herrscher, König, Messias, sondern ganz und gar als Diener.

Siehe Anmerkung!

169 Mk (zu 11,1) 14,26–28 / Mt 26,30–32 (Vgl. Lk 19,37f)

(Als sie sich Jerusalem näherten, zum Ölberg hin . . .)
Loblieder singend kamen sie zum Ölberg.
Da sagte Jesus zu ihnen:

Ihr werdet alle an mir Anstoß nehmen.
Aber wenn ER mich herausgeholt hat,
werde ich euch wieder nach Galiläa führen.

(Dieses Jesuswort, das bei Markus und Mattäus der Abendmahlsszene zugeordnet ist, wird wohl zum Einzug nach Jerusalem gehören.)
Die messianische Erwartung der Begleiter Jesu wuchs, je näher sie Jerusalem kamen. Am Ölberg, angesichts der heiligen Stadt, entlud sich die Begeisterung in Lobliedern auf Gott und seinen Messias. Lukas berichtet so: „Als er sich aber dem Abstieg des Ölbergs näherte, begann die ganze Jüngerschar voller Freude, Gott mit lauter Stimme zu preisen wegen all der Wundertaten, die sie gesehen hatten, indem sie riefen: ‚Gesegnet ist, der da kommt, der König, im Namen des Herrn‘ (Ps 118)."
Wieder möchte Jesus, wie schon öfters vorher (138–146 149 152 167), ihren frommen Wahn zerstören, damit die bevorstehende große Enttäuschung sie nicht ganz zu Boden wirft. (Lk 24,21: „Wir aber hatten gehofft, er sei es, der Israel befreien wird!") Darum jetzt, in dieser explosiven Situation vor der erhofften ‚Eroberung‘ Jerusalems seine nüchterne Prognose: Ihr werdet alle Anstoß nehmen; an mir, ergänzt Mattäus. Was bedeutet das? Den Johannesjüngern, die gefragt hatten, ob er der Kommende sei, hatte Jesus geantwortet: Meldet dem Johannes, was ihr von mir seht und hört, und „Wohl dem, der an mir nicht Anstoß nimmt!" Das heißt: der von mir nicht so enttäuscht ist, daß er an mir irre wird. Ähnlich sagt er jetzt zu den Galiläern, die ihn mit Messiashymnen feiern: Ihr alle(!) werdet einen schweren Schock erleiden, wenn mein Verhalten und mein Geschick in Jerusalem eure überspannten Erwartungen

enttäuscht. Aber ich führe euch wieder nach Galiläa zurück, wenn Gott (pass. div.) mich aus der bevorstehenden Gefahr herausgeholt hat.
Daraus folgt: 1. Jesus war zwar bereit, Verfolgung und Tod in Jerusalem auf sich zu nehmen, hoffte aber auf seine Errettung (191). 2. Auch bei günstigem Ausgang des ‚Angriffs auf Jerusalem' wollte er nicht in der Metropole bleiben, um eine Messiasherrschaft über Israel zu errichten, wie seine Schüler glaubten (167). Er wollte in Galiläa seine bisherige Tätigkeit (predigen, heilen, Schüler zurüsten) fortsetzen. – Denn ‚herrschen' sollte Gott allein; aber durch bekehrte Menschen hindurch.

Siehe Anmerkung!

Als sie in die Nähe von Jerusalem kamen ...
da schrien jene, die vor ihm hergingen, und jene, die ihm folgten.

(Messiasovationen)
Viele breiteten ihre Kleider auf den Weg,
andere grüne Büschel, die sie von den Feldern abrissen.
„Gesegnet sei die Königsherrschaft unseres Vaters David, die nun kommt!"
„Hosanna dem Sohn Davids!"

(Prophetenovationen)
„Gesegnet sei, der da kommt im Namen des Herrn!"
Einige Pharisäer: „Meister, weise doch deine Schüler zurecht!"

Wenn diese schweigen, werden es die Steine schreien.

Die ganze Stadt fragte: „Wer ist denn dieser?"
„Das ist der Prophet Jesus von Nazaret in Galiläa."

Die Messiasovationen

Hat Jesus selbst sie veranlaßt? Das ist die entscheidende Frage. – Daß er auch beim Einzug in Jerusalem einen Esel benutzt hat, war nicht ungewöhnlich. Häufig ritten Rabbis auf einem Esel inmitten ihrer Schülerschar durchs Land. Und Jesus ließ sich Rabbi nennen, trug die Mantelquaste, nahm Einladungen an und spielte nicht den Asketen. Aber wenn er zu Fuß angekommen wäre und sich für den Einzug in die Stadt ein Reittier geliehen hätte, dann hätte er selbst eine Demonstration geplant. Das ist nicht geschehen, denn die Besorgung des Esels ist eine frei erfundene Wunderlegende: Ein allwissender Jesus sieht, an welcher Haustür der passende Esel stehen wird; fremde

Leute sind von dem Wort „Der Kyrios braucht es“ so beeindruckt, daß sie das Tier sofort hergeben. Der Würde Jesu entsprechend muß es ein von keinem Sterblichen vorher benutztes Reittier sein; das völlig ungeübte Eselsfüllen trägt gehorsam den ‚Herrn‘. Diese Serie von Wundern wird bei Mattäus zum Schriftbeweis: Das ist geschehen, weil der Prophet Sacharja (9,9) es längst vorausgesagt hat; damit Jesus als sanftmütiger König Israels erscheine. Die Folgerung: Aus der Art, wie die Evangelisten die Beschaffung des Esels erzählt haben, kann nur entnommen werden, daß sie wünschten und glaubten, Jesus selbst habe diese Messiasovation angeordnet. Mehr nicht.

Zu dieser Überlegung tritt noch ein entscheidendes Argument: Als es um die Frage ging, ob er der Messias sei (139), hat Jesus seinen Anhängern befohlen, sie dürften überhaupt nicht über ihn reden. Sooft die phantastischen Messiaserwartungen wieder auftauchten, hat er sie verworfen und statt ihrer die Bereitschaft zum Leidensbecher (der zu keiner vorchristlichen Messiasvorstellung paßt) verlangt. Darum ist es innerlich unmöglich, daß er zum Auftakt seiner Jerusalemer Predigttätigkeit seine galiläischen Begleiter direkt oder indirekt aufgefordert hat, ihn doch als Messias zu proklamieren. Es ist aber sehr wahrscheinlich, daß diese es von sich aus taten.

Wenn man die eigenen Kleider und damit symbolisch sich selbst auf den Weg legte, daß der Herankommende darüberschreite, dann unterwarf man sich einem Eroberer oder akzeptierte den neuen König (2 Kön 9,13). – Der Ruf nach der „Königsherrschaft (basileia) unseres Vaters David, die nun kommt“ entspricht den politischen Messiaserwartungen der Zeloten. Ebenso die Zurufe „Sohn Davids“ (Mt), „der König“ (Lk) und „der König Israels“ (Joh). – Vielleicht ist es nicht grundlos, daß der Markus-Bericht nur hier vorausgehende und nachfolgende Jünger unterscheidet. Sonst betont Markus, daß auf dem Weg nach Jerusalem Jesus ‚voranging‘ (Mk 10,32) und daß er eigenwillige Jünger scharf aufforderte, ‚hinter ihm‘ herzugehen (144: opiso mou, hinter mich! Vgl. 145 146). Die beim Einzug in Jerusalem (örtlich und geistig) vor ihm hergingen, um ihre Kleider auf den Weg zu legen und ihn als Messiaskönig auszurufen, waren wohl eigenwillige zelotisch orientierte Anhänger aus Galiläa. Denn alle, die ihm ‚folgen', sollten wissen, daß er nicht seine, sondern Gottes Herrschaft anstrebt.

Die Prophetenovationen

Nicht messianisch klingt der Ruf „Jahwe, sende Heil! (aramäisch: hoscha' na, Hosanna!) – Gesegnet, der da kommt im Namen des Herrn!" Es ist ein Vers aus dem Einzugslied der Festpilger (Ps 118,25f). Dieses Wort, das jedem Tempelwallfahrer gilt, konnten die Jünger mit Recht speziell auf Jesus beziehen. Er verstand sich ja als Prophet, der im Auftrag Gottes kommt, und zwar als der entscheidende (175). Einen weiteren Vers desselben Psalms hat er ausdrücklich auf sich bezogen (176). Im gesamten Psalm 118 ist Jahwe der Kyrios (Herr) und niemand sonst. – Lk berichtet, diesen Zuruf der Schüler (den er freilich gegen den Schrifttext um das Wort ‚der König' erweitert) habe Jesus als rechtmäßig verteidigt: Wenn diese schweigen, werden es die Steine schreien. Das bedeutet: Da ist nichts zu verheimlichen, denn es ist die Wirklichkeit. Ich komme im Auftrag Gottes zu euch. – Auf die in der Stadt aufkommende Frage, wer Jesus sei, antworteten ‚die Massen': Das ist der Prophet aus Nazaret. Dies hörten sie von Jüngern Jesu oder von ihm selbst, oder sie spürten es an seinem Auftreten.
Die Analyse der Evangelienberichte läßt erkennen: Zweierlei ‚Rede über Jesu', natürlich nicht säuberlich getrennt, ging in Jerusalem um: Er ist der Messias. Er ist der Prophet.

Er begann damit, die auszustoßen,
die im Tempel verkauften und einkauften.

Steht nicht geschrieben: Mein Haus soll ein Haus des Bittens sein?
Macht das Haus meines Vaters nicht zu einem Kaufhaus!

–

Er ließ auch nicht zu, daß einer durch das Tempelgelände ging und ein ‚Gerät' bei sich trug.

Steht nicht geschrieben: Mein Haus soll ein Haus des Bittens sein – für alle Völker?
Aber ihr habt daraus einen Unterschlupf für Terroristen gemacht.

„Er ging in den Tempel und schaute sich alles ringsherum an" (Mk 11,11). Die Lilien des Feldes hat Jesus von Gott her freundlich ‚betrachtet'. Und mit denselben Augen, die jede Erscheinung durchschauen bis auf den Grund, hat er den Tempel von Gott her kritisch ‚betrachtet': die prächtigen Bauten (183), die langen Talare der Schriftgelehrten (181), den Betrieb an der Schatzkammer (182), die Geschäfte mit den Opfertieren und die merkwürdigen ‚Geräte', die manche bei sich trugen. Wenn er aber die Zerstörung dieses Tempels, richtiger: dieses Tempelsystems, ansagte (183), dann wollte er es nicht nur von Mißständen reinigen, wie man etwas abstaubt, um seinen Glanz zu erhalten, sondern wollte die Substanz angreifen und verändern (194). Davon müssen wir ausgehen, wenn wir seine Aktionen und Reden gegen den Tempel bedenken.

Tempel: Kaufhaus

Im Tempel, genauer: im äußeren Tempelvorhof, wurden nur Opfertiere verkauft und gekauft. Das war völlig legal. Wollte

Jesus gegen damit verbundene Betrügereien einschreiten? Dafür gibt der Text keinerlei Anhalt. Wollte er nur, daß die Viehhändler ihre Stände in den engen Gassen der Stadt aufbauten? Weil dort der Boden weniger ‚heilig' ist als im Vorhof der Heiden und Frauen? Es ist ganz unmöglich, daß sich Jesus, der erklärt hat, nichts, was von außen in den Menschen kommt, könne ihn unrein machen (133), plötzlich noch eifriger als die Pharisäer für die kultische Reinheit des Tempelgeländes einsetzt. Man bedenke auch: Hatte Jesus den Handel mit Opfertieren nur moralisch oder kultisch reinigen wollen, dann wäre er wie jeder gesetzestreue Rabbi dazu berechtigt gewesen. Aber die geistliche Behörde wertete sein Vorgehen als so ungeheuerlich, daß sie von ihm den Nachweis einer Sonderermächtigung verlangte, wie sie Gott nur einem Propheten gibt. Das geht aus dem Dialog 174 hervor. – Also bleibt nur eine Erklärung: Jesus wollte den Handel mit Opfertieren nicht reinigen, sondern abschaffen. Da es aber ohne Opfertiere kein Kultopfer gibt, wollte er im Grunde das Kultopfer als eine Art Kaufhandel zwischen Mensch und Gott abschaffen. Und das hat er auch zum Ausdruck gebracht durch seine Predigt und sein Vorgehen, wovon uns noch Bruchstücke überliefert sind.

a) Jesu Predigt. Der Tempel ist ein Haus des Betens und Bittens. Das heißt: Gott als Vater schenkt auf Bitten hin. Er verkauft nichts. Ihr könnt nicht hier ein Schaf gegen Geld erstehen und dort auf dem Altar opfern, um von Gott dafür den Schuldnachlaß oder eine gute Ernte einzuhandeln. Ihr aber (so bei Johannes) macht das Vaterhaus zu einem Kaufhaus. Ihr macht Gott, der euch doch Vater ist, zu einem Kaufmann.

b) Jesu Vorgehen. Zunächst ist zu beachten: Der Markus-Text sagt gar nicht, er habe Verkäufer ‚aus dem Tempel' verjagt, sondern die ‚im Tempel Verkaufenden und Kaufenden' habe er ausgestoßen. Also auch alle, die ein Opfertier kauften! Konnte er überhaupt die vielen Menschen verjagen? Ohne daß nicht nur die jüdische Tempelpolizei, sondern auch die Masse der Paschapilger, die doch alle ein Opfertier kauften, gegen ihn einschritt? Und was hätte es denn genutzt? Hundert Schritte weiter wäre der Handel weitergegangen. – Oder bedeutet ‚hinauswerfen' (ekballo) hier, wie so oft im Neuen Testament, ‚aus seiner Gemeinschaft ausstoßen'? Jesus hat sich nie gescheut, harte Zulassungsbedingungen zu seiner Jüngergemeinschaft zu stellen (145 146 228 237 406 420). So ‚begann er' in Jerusalem angesichts des Opferkultes, seinen Anhängern zu erklären, was in Galiläa noch nicht aktuell war: Wer von euch ‚im Tempel verkauft und einkauft', wer also Gott weiterhin zum Kaufmann degradiert, statt vertrauend ihn zu bitten, der gehört nicht mehr zu mir! – Damit hat er ‚Schlimmeres' getan, als ein paar Viehhändler vorübergehend zu erschrecken. Er hat die Tempelinstitution, die dem Kultopfer dient und vom Kultopfer lebt, an der Wurzel getroffen. – Daß Jesus seinen Anhängern tatsächlich den Opferkult verbot, muß nicht nur aus seinem spezifischen Gottesbild gefolgert werden; dafür spricht auch, daß von der Jerusalemer Urgemeinde nur die Teilnahme an den Gebetsgottesdiensten im Tempel überliefert ist, aber nicht am Opfergottesdienst. Diese Neuerung kam noch nicht aus einer christlichen Reflexion über das Kreuzes-‚Opfer'; sie geht wohl, ähnlich wie das gemeinsame Brotbrechen und Weintrinken, auf eine Anweisung Jesu zurück. – Vom Kultopfer als einer Art Tauschhandel im Verkehr mit Gott ist aber die liebende und nichts fordernde Selbsthingabe, die in der religiösen Sprache auch ‚Opfer' genannt wird, sauber zu scheiden.

Tempel: Räuberhöhle

„Er ließ nicht zu, daß jemand ein Gerät durch den Tempel trug." Was soll diese merkwürdige von Mattäus und Lukas ausgelassene Notiz des Markus? Wir dürfen doch Jesus nicht die Meinung unterstellen, ein Wasserkrug oder sonst ein profanes Gerät, durch den Tempelvorplatz hindurchgetragen, entweihe das Haus des Gottes, der sogar den Sabbat ‚für den Menschen' gemacht hat. Es kann nur der böse Zweck bestimmter

Geräte sein, den Jesus durchschaut und verhindern will. – Mit skeuos wird nicht nur das Haushaltsgerät, sondern ebenso das Kriegsgerät bezeichnet. Dieses Wort paßt besser als jedes andere zum Handwerkszeug der ‚Sichelmänner', wie die kämpferischen Zeloten in Judäa hießen. Schwerter durften die Juden unter der römischen Herrschaft nicht tragen. Aber ‚Geräte' konnte man ihnen nicht verbieten. Freilich, ein Messer dient zum Kälber- und zum Menschen-Schlachten, ein Beil zum Holz- und Schädel-Spalten, ein Knotenstock zum Wandern und Totschlagen. Und solche ‚Geräte' auf dem Tempelgelände bei sich zu tragen, hatte für die Zeloten sehr wohl einen Sinn. Sie benutzten gerade das jüdische Nationalheiligtum, um hier mit den Massen, die an den Festen zusammenströmten, ihre religiös motivierten Revolten gegen Rom zu inszenieren. Die Antwort der in der Burg Antonia stationierten römischen Garnison war dann ein grausiges Gemetzel. Vgl. Lk 13,1! Das Küchenmesser unter dem Pilgermantel diente dem gottwohlgefälligen Femegericht, wenn Feinde Gottes und Israels, etwa verhaßte Zoll- und Steuerbeamte, im Gewühl erdolcht wurden. Josephus nennt die Zeloten „eine Art von Räubern in Jerusalem". – Wenn Markus nun überliefert: „Er duldete nicht...", so kann das nicht heißen: Er hielt an sämtlichen Toren zum Tempelplatz Gepäckkontrollen und Leibesvisitationen, sondern: seinen eigenen Leuten, seinen Galiläern, die als solche schon zum Zelotismus neigten, hat er strikt verboten, mit einem auch als Waffe dienenden Gerät das Tempelgelände zu betreten oder auch nur zu durchqueren. So bekommt der Markus-Bericht einen Sinn. So paßt er genau zu dem Jesus, der den Waffengebrauch auch zu seiner eigenen Rettung abgelehnt hat (344). Im Tempel erlebte der Prediger der Feindesliebe eine besonders widerwärtige, weil ‚fromme' Art von Feindeshaß: den religiös verbrämten Nationalismus. Die Zeloten mordeten ja nur für Gott! Um das Haus Jahwes von Heiden und Heidenknechten zu säubern! Nein, sagt Jesus, das Haus unseres Gottes ist ein Haus des Betens und zwar ‚für alle Völker'. Konkret heißt das: Den Unbeschnittenen und Unreinen, auch den Römern muß der Tempel offenstehen als Ort der Gottbegegnung! Jetzt, nicht erst in ferner Zukunft! Aber ihr macht ihn durch euer Verhalten zu einer Höhle, die Räubern als Unterschlupf dient. Statt ‚Räuber' würden wir heute ‚Terroristen' sagen. Wie man die Guerilleros je nach dem politischen Standort als Freiheitskämpfer oder als Terroristen bezeichnet, so hießen damals die Dolchmänner entweder ‚Eiferei' (zelotes) oder ‚Räuber' (lestes). Jesus nennt sie Räuber.

Haltet das Vertrauen fest, das Gott gibt!
Amen, ich sage euch:
In allem, um was ihr betet und bittet,
vertraut IHM, daß ihr es empfangen habt,
und ihr werdet es empfangen.

Ein guter Mensch erweckt Vertrauen. Die Mutter gibt dem Kind Vertrauen, nicht durch logische Beweisführung, sondern durch ihr mütterliches Dasein. So gibt Gott dem Menschen das Urvertrauen. Das sollt ihr euch nicht erst einreden. Das sollt ihr nur ‚haben', festhalten.

So einfach konnte Jesus von Gott reden, weil er so selbstverständlich im Gottvertrauen lebte wie ein Fisch im Wasser. Wie der Mensch dahingeht ohne Angst, die Anziehungskraft der Erde könne einmal aufhören, ihn zu halten, so zweifelsfrei steht Jesus auf dem Urgrund, den er Abba nennt. – Darum kann er mit einem Amenwort bezeugen, was sich zunächst absurd anhört: Wenn ihr Gott vertraut, daß er euch schon gegeben hat, um was ihr bittet, wird er es euch geben. Das heißt: Gott hat schon ‚gestern' beschlossen, euch das zu geben, was ihr heute erbittet. Aber das andere Jesuswort muß mitgehört werden: Wenn es für euch gut ist! (220) Darum meint Jesus nicht das eigensinnige Bitten, sondern das unbedingt vertrauende. Nicht: Genau das da und nichts anderes will ich haben. Sondern: Dies möchte ich und, wenn es wirklich gut ist, dann weiß ich schon, daß du beschlossen hast, es mir zu geben (vgl. 191).

„Kehrt um und vertraut Gott!" (101), das ist der Anfang der Freudenbotschaft, der im Keim schon das Ganze enthält. Der alternden Menschheit, die durch böse Erfahrungen gegen Gott, ihren Lebensgrund, mißtrauisch geworden ist, will das ‚Kind' Jesus jene instinktive Sicherheit wiedergeben, mit der das Neugeborene nach seiner Mutter tastet.

Die böse Legende vom Fluchzauber Jesu

Mk 11,12–14.20–23: „Am anderen Morgen, als sie Betanien verließen, hungerte ihn. Da sah er von weitem einen Feigenbaum voller Blätter und ging hin, ob er etwas daran fände. Als er zu ihm kam, fand er nichts als Blätter, denn es war keine Zeit für Feigen. Da sprach er zu ihm: Nie mehr in Ewigkeit soll jemand von dir Frucht essen! Seine Jünger hörten es." (Nun folgt der Bericht von der ‚Tempelreinigung'.) „Als sie am Morgen vorbeikamen, sahen sie den Feigenbaum von der Wurzel aus verdorrt. Da erinnerte sich Petrus und sagte zu ihm: Meister, schau, der Feigenbaum, den du verflucht hast, ist verdorrt. Da antwortete ihnen Jesus: Habt Glauben an Gott! Amen, ich sage euch: Wer zu diesem Berg da spräche: Heb dich hinweg und stürz dich ins Meer! und in seinem Herzen nicht zweifelte, sondern glaubte, daß wirklich geschieht, was er sagt, dem würde es zuteil." – Weiterbildungen bei Mattäus: Und der Feigenbaum verdorrte auf der Stelle. / Amen, ich sage euch: Wenn ihr Glauben habt und nicht zweifelt, bringt ihr nicht nur das mit dem Feigenbaum zustande, sondern...

Markus und Mattäus wollen die Verfluchung des Feigenbaums nicht als Gleichnis erzählen, sondern als wirkliche Tat Jesu mit symbolischer Bedeutung (Verfluchung Israels) und lehrhafter Tendenz (richtiges Beten). Aber wenn Jesus nicht geistesgestört war, ist es unmöglich, daß er einen Baum deshalb vernichten wollte, weil er außerhalb der Erntezeit nichts zum Essen an ihm gefunden hat. Die Geschichte ist also von den Christen erfunden worden. Vielleicht war der äußere Anlaß dazu eine verdorrte Sykomore am Weg von Betanien nach Jerusalem, dazu die vage Erinnerung an ein Jesuswort vom unfruchtbaren Feigenbaum (Lk 13,6–9). – Nichts gegen Legenden als solche! Sie können Wahrheiten manchmal besser veranschaulichen als die nüchterne Aufzählung von Fakten. Man denke nur an die köstlichen Franziskuslegenden! Aber die Feigenbaumlegende ist böse. Nicht weil sie unhistorisch ist, sondern weil sie die Gestalt und die Botschaft Jesu gräßlich verzerrt.

1. Im Talmud haben jüdische Theologen Jesus der Zauberei bezichtigt. Dazu waren sie berechtigt, wenn sie unkritisch hinnahmen, was Christen selbst über ihn erzählten. Die apologetische Absicht, Jesus durch die Aufbauschung und Erfindung von Wundertaten zu einem Alles-könnenden hochzusteigern, um seine Anerkennung zu fördern, hat schon im Judentum das Gegenteil bewirkt. Heute erscheint vielen denkenden Menschen das Evangelium und die darübergebaute Christenlehre als eine Sammlung frommer Legenden, hinter der die Gestalt Jesu im Nebel bleibt. Darum können sie trotz einer gewissen Sympathie nichts mit ihm anfangen.

2. Markus und Mattäus haben das wichtige Jesuswort vom Gottvertrauen durch die Verquickung mit der Feigenbaumlegende verdorben. Denn im jetzigen Zusammenhang fungiert es als Anleitung zum Zaubern durch psychische Kraftakte. Offensichtlich meint Markus: Wenn ein Jünger nur fest genug für wahr hält und nicht zweifelt, daß genau das eintritt, was er jetzt von Gott verlangt, dann geschieht es wirklich. Der schwächste Punkt in dieser Anweisung ist das Moment ‚was der Bittsteller selbst will'. Gerade dieses Moment wird bei Mattäus noch hervorgehoben: Wenn ihr nicht zweifelt, könnt ihr nicht nur einen Feigenbaum auf der Stelle verdorren lassen, wie das eben geschehen ist, sondern könnt auch den Berg dort hochheben. Hier ist das ‚Berg hochheben' nicht mehr bildlich gemeint wie in der jüdischen Redewendung vom bergeversetzenden Glauben, sondern genauso wörtlich, wie das plötzliche Verdorren des Feigenbaums vom Evangelisten als konkret geschehen erzählt wird.

Diese ‚Zauberlehre' (der Evangelisten) ist zunächst einmal naturwissenschaftlich etwas ernster zu nehmen als bisher. Nachgewiesenermaßen bringen parapsychologische Kräfte auch im materiellen Bereich ungewöhnliche Wirkungen hervor. Fernbewegung von Gegenständen (Telekinese), Beeinflussung von Lebensvorgängen etc. Aber es muß gleich hinzugesagt werden: Die paranormalen Kräfte und Wirkungen sind genauso innerweltlich-natürlich wie die normalen. Nur weil sie weithin unbekannt sind, wurden sie seit alters als über-natürlich empfunden und mit Gott oder Geistern in engere Verbindung gebracht als die uns geläufigen Erscheinungen. Daß jemand durch seine außerordentliche Suggestivkraft statt durch gewöhnliche Mittel Warzen verschwinden läßt, ist nur eine Frage der Methode. Hier ist das vitale Vertrauen in die eigene Kraft am Werk. Wenn aber Jesus von Vertrauen spricht, meint er das unbedingte Vertrauen zu dem guten Gott. Erst aus diesem Gottvertrauen heraus kann der Mensch dann a) beten, b) furchtlos seine Kräfte einsetzen, gegebenenfalls auch seine außergewöhnlichen, c) notfalls leiden, ohne zu verzweifeln. – Das ethische Kriterium kommt hinzu. Die parapsychologischen Kräfte sind wertneutral. Sie können zum Heilen und Verderben verwendet werden. Das Vertrauen zum Gott Jesu dagegen befreit und ermächtigt nur zum Heilen, niemals dazu, ein Lebewesen, sei es schuldig oder unschuldig, verdorren zu lassen.

3. Die Verfluchung des Feigenbaums, der nur Blätter statt Früchte trägt, kompositorisch verbunden mit der Tempelreinigung, hat für die Evangelisten sicher auch Symbolwert. Sie bedeutet die Verfluchung Israels, insofern es dem unfruchtbaren Baum gleicht, von dem schon Johannes der Täufer spricht (Mt 3,10 par). – Doch der wirkliche Jesus hat zwar seinen Hörern die furchtbaren Folgen einer Ablehnung seiner Botschaft eindringlich vor Augen gestellt. Aber er konnte nicht sein Volk, weil es in einer geschichtlichen Stunde versagt hat, zu ewiger Unfruchtbarkeit verdammen. Jedenfalls nicht, solange er an einem Gott festhielt, der unentwegt und unenttäuschbar die Rettung der Verlorenen will. Er konnte niemand verfluchen, ohne sein eigenes Gebot zu widerrufen: Segnet, die euch fluchen! Tretet bei Gott für eure Feinde ein statt gegen sie! (205–207) Auch im Winzer- und im Gastmahl-Gleichnis ist die Vorhersage einer strafenden Vernichtung Israels von christlichen Theologen erst nachträglich eingefügt worden (175 259). – Diese angebliche Verfluchung des jüdischen Volkes diente

jahrhundertelang als fromme Rechtfertigung seiner Verfolgung und Vernichtung um Jesu willen. Wie unverstanden und einsam steht Jesus zwischen Juden und Christen!
Das eigentliche Rätsel, das den Evangelienleser heute angeht: Warum hat ein Christ der ersten nachösterlichen Generation diese Feigenbaumgeschichte teils erfunden, teils kombiniert und weitererzählt? Hat er sein eigenes Denken und Empfinden in Jesus, den er nicht persönlich kannte, hineinprojiziert, um ihn als den Christus zu verherrlichen? Warum hat der Redaktor des Markus-Evangeliums, der genug echtes Überlieferungsgut vor sich hatte, aus dem er die Grundintention Jesu ablesen konnte, kritiklos dieses Stück aufgenommen? Nur weil es für ihn bereits ‚Überlieferung' war? Warum ist jahrhundertelang bei der meditativen und wissenschaftlichen Durchforstung der Evangelien das Jesuswidrige dieser Perikope nicht gesehen worden? Weil sie nunmehr in einem Buch stand, das als ganzes zur ‚heiligen' Schrift erklärt worden war und deshalb irrtumslos sein muß? Warum haben die beamteten Theologen, die es schließlich gesehen haben, nur andeutungsweise ‚im Kleingedruckten' und nicht klar und grobkörnig, so daß Laien es verstehen, gesagt: ‚Hier irren Markus und Mattäus'? Vor *wem* hatten sie Angst?

Wenn ihr euch schon zum Beten aufgestellt habt, vergebt erst, wenn ihr etwas gegen jemand habt, damit Gott, euer Vater, auch euch die Sünden vergebe!

Man stellte sich auf zum gemeinsamen Gebet, in der Familie, in der Synagoge, im Tempel und vollzog dann ohne Unterbrechung den heiligen Ritus. Aber Jesus sagt: Auch wenn ihr schon zum Beten dasteht, vergebt erst einander, bevor ihr Gott anredet. Das bedeutet: Solange ihr einander nicht vergebt, habt ihr noch keinen Frieden mit Gott, und euer Gebet geht ins Leere. Auch wenn Jesus verlangt, die Opfergabe vor dem Altar liegen zu lassen und erst hinzugehen, um sich zu versöhnen, meint er dasselbe (310). – Warum ergeht diese Forderung auch an den, der ohnehin schon Böses von seinem Gegner erlitt? Es wäre noch verständlich, daß man erst das eigene Unrecht gegen andere wiedergutmachen muß, um Gottes Vergebung zu erhalten. Warum kann ich im Gebet nicht von meinem Feind weg direkt zu Gott flüchten? Das entspräche doch dem Grundgedanken vieler Psalmen. – Weil der Gott Jesu allen Vater ist, auch den verlorenen Söhnen, auch deinem Feind. Weil er allen Gutes will. Mit einem solchen Gott habt ihr keinen Frieden, solange ihr nicht so empfindet und handelt wie er, der seine Sonne auch über Böse scheinen läßt (205).

Die geistlichen Behörden in Jerusalem:
In welcher Vollmacht tust du das?
Oder wer hat dir diese Vollmacht gegeben, das zu tun?

**Erst frage ich euch nach einem einzigen Beweisgrund.
Antwortet mir, dann werde ich euch sagen,
in welcher Vollmacht ich das tue.
Ging die Tauftätigkeit des Johannes von Gott aus oder von Menschen? – So antwortet mir doch!**

Wir wissen es nicht.

Dann sage auch ich euch nicht, in welcher Vollmacht ich das tue.

Die Vollmachtsfrage der Glaubensbehörde im Anschluß an die sogenannte ‚Tempelreinigung' entspricht der Zeichenforderung in Galiläa (135). Die amtliche Frage klingt wie ein Verhör im Ketzerprozeß (vgl. 194). Sie ist alternativ formuliert und bedeutet: In welcher eigenen bzw. gottunmittelbaren prophetischen Vollmacht tust du das? Oder welcher Mensch (tis), welches Schulhaupt, welche Behörde gab dir die Vollmacht dazu? Wer hat dich ordiniert?
Der Prophet verhält sich der Behörde gegenüber souverän. Er stellt eine Gegenfrage. Von ihrer Beantwortung macht er abhängig, ob er sich auf ihre Prüfung einläßt. Erst nennt mir „einen einzigen rationalen Grund" (hena logon) dafür, daß die Tauftätigkeit des Propheten Johannes von Gott inspiriert ist, oder dafür, daß sie nur Menschenwerk ist. – „Wir wissen es nicht." Diese Antwort wird ehrlich sein. Sie finden kein eindeutiges Argument für oder gegen die prophetische Berufung des Johannes.
Mit diesem Beispiel hat Jesus ihnen gezeigt, daß es nicht möglich ist, mit inquisitorischen Methoden Propheten zu testen

und den Geist Gottes, der weht, wo er will, vom bloßen Menschengeist zu unterscheiden. – An anderen Stellen sagt er was dazu nötig ist: als Wahrnehmungsorgan das unverdorbene Herz (303) und als Maßstab die Wertung der guten oder bösen Früchte (222).

So erkläre auch ich euch nicht, in welcher Vollmacht ich das tue. – Nicht etwa, weil Jesus es nicht will, lehnt er eine Legitimation ab (wie schon in 135 252), sondern weil er es nicht kann. Weil es keine gemeinsame Basis der Verständigung zwischen ihm und diesen Amtsträgern gibt. Was sie verlangen, entweder Beweiswunder oder Konformität mit Gesetz und Tradition, das kann er ihnen nicht geben. Und was er verlangt, Vertrauen, Offenheit des Herzens, das glauben sie ihm ohne vorherige Beweise nicht geben zu können (jedenfalls nicht ‚amtlich'; höchstens ‚privat' als einzelne wie etwa Josef von Arimatäa oder Nikodemus).

Siehe Anmerkung!

Ein Mann „legte einen Weinberg an, zog ringsum einen Zaun, grub eine Kelter und baute einen Wachtturm" (Jes. 5,1 f).
Dann verpachtete er ihn an Bauern und ging außer Landes.
Als es Zeit war, schickte er einen Knecht zu den Bauern, um seinen Anteil am Ertrag des Weinbergs von ihnen zu erhalten.
Die nahmen ihn, prügelten ihn und schickten ihn leer fort.
Darauf schickte er einen anderen Knecht zu ihnen.
Auch den mißhandelten und beschimpften sie.
Als er noch einen schickte, brachten sie ihn um.
Und viele andere mißhandelten sie oder schlugen sie tot.
Da hatte er nur noch einen einzigen:
seinen geliebten Sohn.
Den schickte er als letzten zu ihnen, weil er sich dachte:
Meinen Sohn werden sie doch respektieren.

Israel ist der Weinberg Jahwes. Das wußten die Hörer Jesu und konnten deshalb den Sinn des Gleichnisses sofort verstehen. Immer wieder hat Gott seinem Volk Propheten gesandt und durch sie die Erfüllung seines Willens eingefordert. Aber Israel hörte nicht auf sie, ja mißhandelte oder tötete sie. – Für das Selbstverständnis Jesu ist bedeutsam, wie er damit seinen eigenen geschichtlichen Ort bestimmte.

1. Er sieht sich in der langen Reihe der Propheten Israels. Er beansprucht, als Prophet gehört zu werden, als ein von Gott unmittelbar inspirierter und beauftragter Gottesbote, und nicht als Gesetzesausleger wie andere Rabbis.

2. Er versteht sich als den allerletzten Boten des Weinbergsbesitzers. Das kann nicht heißen, daß Gott diesem Volk künftig keine Rufer und Mahner mehr schickt, da Jesus selbst in seiner Schule solche ausbildete. Es bedeutet vielmehr: Er ist das letzte und endgültige Wort Gottes an Israel. Keiner wird

von Gott her kommen, um Jesus zu überbieten oder zu korrigieren. (Darum ist es auch unmöglich, daß er einen ‚Menschensohn' vom Himmel her erwartete, wie einige Exegeten meinen.)

3. Er ist deshalb der endgültige Bote mit endgültiger Botschaft, weil er der ‚geliebte Sohn' ist, im Unterschied zu den früheren Propheten, die ‚Knechte' waren. – Was heißt das? Zunächst ist zu beachten, daß sowohl ‚Knecht' als auch ‚Sohn' nur Bilder in einem Gleichnis sind. Vom Wort ‚Sohn' auf eine Zeugung aus Gott zu schließen, ist nach den Gesetzen der Gleichnissprache noch nicht erlaubt. Schon gar nicht im Judentum. Wenn ein Jude Gott zum König Israels sprechen läßt: „Mein Sohn bist du, heute habe ich dich gezeugt" (Ps 2,7) oder zum Volk Israel: „Du wirst mir als Gattin angetraut" (Hos 2,21f), dann meint er etwas völlig anderes als das, was heidnische Mythen mit denselben Worten verbinden würden. In diesem Jesuswort ist die spezifische Bedeutung von ‚Sohn' aus der Gegenüberstellung zum ‚Knecht' zu erkennen. Ein Knecht als Bote führt nur den Befehl seines Herrn aus. Ein Sohn, ein geliebter Sohn sogar, vertritt aus eigener Kenntnis und innerem Antrieb die Interessen dessen, der ihn sendet. Weil zwischen dem Vater und einem ‚geliebten Sohn' die volle Übereinstimmung herrscht. In diesem Sinn versteht Jesus nicht nur sich selbst als Sohn Gottes, sondern fordert seine Hörer auf, Söhne Gottes zu werden durch die innere Annahme der Gesinnung Gottes (205). Die Bezeichnung ‚geliebter Sohn' (hyios agapetos) steht zentral in seiner Gotteserfahrung am Anfang (100), in seiner Gottesbegegnung auf dem Berg, an der drei Jünger teilnahmen (148), und in seinem Selbstzeugnis in Jerusalem (175).

Jesu Absicht. – Er hat hier nicht von seiner Sohnschaft gesprochen, um sich selbst darzustellen. Entsprechend dem Schlußsatz des Gleichnisses „Meinen Sohn werden sie doch respektieren" wollte er seine Hörer nur dazu bewegen, doch seine Botschaft anzunehmen, ihn nicht mit leeren Händen fortzuschicken oder ihn zu mißhandeln und zu töten, wie ihre Väter mit den Propheten getan hatten. Weil in ihm das äußerste Engagement Gottes zu ihnen kommt. Das ursprüngliche Gleichnis ist ein eindringliches Werben um Vertrauen.

Siehe Anmerkung!

**Was bedeutet wohl dieses Schriftwort:
„Der Stein, den die Bauleute verworfen haben,
der ist zum Schlußstein geworden.
Durch den Herrn ist das geschehen.
Ein Wunder ist's in unseren Augen."**

Bei Schriftzitaten ist immer zu fragen ob sie nicht von christlichen Schriftgelehrten später eingefügt wurden. Aber die Tatsache, daß dieser Psalmvers (Ps 118,22f) genau in die Situation paßt, spricht für seine Verwendung durch Jesus. Menschen, die auf dem Tempelplatz um Jesus herumstanden, haben dort selbst diesen Psalm gesungen und immer wieder gehört, wie die herankommenden Prozessionen ihn wechselweise rezitierten. Er ist ein Einzugslied der Jerusalempilger. Vgl. 170! – Das Bild dieses Psalmverses haben die Angeredeten direkt vor Augen. Jedes der prächtigen Tempeltore hat seinen Schlußstein, der den Rundbogen oben zusammenhält und krönt. „Hinschauend" sprach er, heißt es bei Lukas. – Das ‚Ich', das da singt „Geschlagen hat mich Jahwe, ja geschlagen, doch er gab mich dem Tod nicht preis" und das zuerst von Menschen verworfen, aber am Ende von Gott erhöht wird, ist das Volk. Wenn Jesus nun gerade dieses Psalmwort heraushebt, wissen alle, daß er es speziell auf sich bezieht, um seine gegenwärtige Situation zu deuten. – Wahrscheinlich hat er diesen Vers auch deshalb gewählt, weil die Schriftgelehrten als die Erbauer des Gottesvolkes galten (Billerbeck).
Ob Jesus hier seine Anhänger oder die noch unentschiedenen Volksmassen oder seine Gegner, wie Markus es darstellt, anredete, ist ungewiß und unwichtig. Jedenfalls wollte er mit dem Bildwort zum Ausdruck bringen: Ihr seht, daß die maßgeblichen Theologen in Israel mich ablehnen, wie die Maurer einen unbrauchbaren Stein wegwerfen (141). Ihr hört sie sagen, ich tauge ganz und gar nicht für die Auferbauung Israels (231). Aber laßt euch nicht irre machen! Sie werden den Hinausgewor-

fenen wieder zurückholen und als den anerkennen, der Israel zusammenhält und vollendet wie der Schlußstein den Torbogen. Gott selbst wird dafür sorgen. Es wird euch vorkommen wie ein Wunder.
In Jesus schlägt nicht nur das Herz Gottes, das durch keine Zurückweisung müde wird. Seine Zukunftsschau zeigt: Er hat auch den langen Atem Gottes.

Siehe Anmerkung!

Dürfen wir dem Kaiser Steuern zahlen?
Sollen wir sie zahlen oder nicht?

Was des Kaisers ist, das gebt dem Kaiser!
Was Gottes ist, gebt Gott!

Die zwei Fragen. – 1. Jahwe selbst ist der Herrscher Israels, seitdem er sein Volk aus Ägypten befreit und am Sinai den Bund mit ihm geschlossen hat. Die in Israel Macht ausübten, charismatische Führer, Propheten, Priester und Könige, taten es oder sollten es tun als Gesalbte Gottes; in seinem Auftrag; ihm verantwortlich. Wenn wir aber dem römischen Kaiser Steuern zahlen, erkennen wir einen Heiden als Herrn über Israel an. Dürfen wir das? Obwohl die Cäsaren sich als Götter verehren lassen? Verstoßen wir da nicht gegen das Grundgebot: Höre, Israel, der Herr, unser Gott, ist der einzige Herr? – 2. Wie sollen wir, abgesehen von dem theologischen Problem, uns praktisch verhalten? Vielleicht ist es ‚an sich' verboten, und wir sollen trotzdem zahlen, um Schlimmeres zu verhüten? Vielleicht ist es ‚an sich' erlaubt, und wir sollen trotzdem nicht zahlen, weil die Steuern zu ungerecht sind? –
Diese Fragen, die besonders die Zeloten beschäftigten, sind sehr ernst, und Jesus hat sie ernst genommen (siehe Anm.). Tritt die politische Herrschaft des Kaisers in Konkurrenz zur Herrschaft Gottes? Das ist auch für Jesus der springende Punkt. Seine Entscheidung lautet eindeutug: Nein. Daß man Gott geben müsse, was Gottes ist, war den Fragestellern als Juden ohnehin selbstverständlich. Das Neue an der Antwort Jesu war: Gebt auch oder gebt dennoch dem heidnischen Kaiser, was des Kaisers ist. Ihr dürft es mit gutem Gewissen tun, weil ihr Gott dadurch nichts wegnehmt. Und ihr sollt es tun, statt mit den Zeloten gegen Rom zu rebellieren. – Das ist eine Grundsatzerklärung; für Jesu Zeitgenossen eine harte. Man beachte aber, daß sie nicht konkret gefüllt ist. ‚Was' Gottes ist,

brauchte Jesus hier nicht auszuführen. Er sagte es in allen Predigten. Und ‚was' des Kaisers ist, wieviel an Steuern, Zöllen, Dienstleistungen etc. ihm zusteht, das im einzelnen festzulegen, ist nicht Sache des Predigers und Propheten. Es ist Sache der politischen Vernunft, die aber nach Jesus sich an dem orientieren muß, was Gottes ist. Das heißt an einer solchen Liebe zu den Mitmenschen, die eher Böses erleidet, als anderen Böses zu tun. Siehe Bergpredigt! Ein Beispiel: Ungerechte Steuern zu zahlen, ist erlaubt und kann je nach der Situation zur Vermeidung größerer Übel sogar geboten sein. Aber ungerechte Steuern festzusetzen oder als gehorsamer Staatsbeamter ungerechte Steuern einzutreiben, das ist in sich gottwidrig und darum immer verboten.

Mit der Anweisung an Juden, ohne religiöse Bedenken einem heidnischen Kaiser Steuern zu zahlen, hat Jesus die in der Antike noch ungewohnte Unterscheidung (nicht etwa Isolierung) von Politik und Religion gelehrt. Dahinter steht ein Gott, der sich nicht mehr wie die Nationalgötter kultisch oder sakralrechtlich auf ein Volk und Territorium eingrenzen läßt. Der sich mit dem jüdisch-sakralen Königtum Davids oder eines ‚Davidsohnes' ebenso wenig identifiziert wie mit dem heidnisch-sakralen Imperium Romanum. Der aber auch nicht ‚neben' dem politisch-weltlichen Bereich ein abgegrenztes, paradiesisches Gottesreich errichten will, sondern ‚inmitten' dieser konkreten Welt mit ihren politischen Gegebenheiten und Notwendigkeiten allmählich zur Herrschaft kommen will; und zwar durch Menschen hindurch, die das intendieren, ‚was Gottes ist'. Dieser Gott Jesu bleibt sehr wohl der ‚Gott Israels', aber nicht exklusiv. Er will als Tempel ein ‚für alle Völker offenes Haus' haben (171).

Siehe Anmerkung!

Daß Er die Toten wieder aufweckt,
habt ihr darüber nicht im Buch des Mose bei der Geschichte vom Dornbusch gelesen, wie Gott zu ihm sprach:
ICH-BIN-DA,
der „Gott für Abraham"
und der „Gott für Isaak"
und der „Gott für Jakob".
Er ist doch kein Gott für Tote, sondern für Lebende.
. . . . .
Ihm leben alle.

Ist mit dem Tod alles aus? Niemand kann dieser Frage ausweichen. – Fast in allen Religionen glaubte man an ein Fortleben nach dem Tod. Merkwürdigerweise nicht im alten Israel. Wahrscheinlich war es die Abwehr des ausgeprägten Totenkults der Ägypter, die alle Jenseitsspekulationen als Quellen des Aberglaubens zurückwies. Jahwe ist nur für die Lebenden da und hat mit den kultisch unreinen Leichen nichts mehr zu schaffen. Das kommt in Jes 38,18; Ps 6,6; 30,10; 115,17 und besonders schmerzlich in Ps 88 zum Ausdruck: „Jahwe, mein Gott... Ich werde zu denen gezählt, die zur Grube fahren, deren du nimmer gedenkst, die keinen Anteil mehr haben an deiner Sorge. Nach dir breite ich meine Hände aus (daß du mir hilfst, solange ich noch lebe). An den Verstorbenen tust du doch keine Wunder. Die Schatten stehen doch nicht auf, dein Lob zu verkünden!" – Genau das ist die sorgenvolle Frage des frommen Juden, die zur Zeit Jesu die Theologen bewegte und sie in zwei Lager spaltete. Mit der Apokalyptik war nämlich die Vorstellung von einer wunderhaften Totenerweckung am Jüngsten Tag in das Spätjudentum eingedrungen. Die Theologen der Pharisäergemeinschaft haben sie aufgenommen, während die Sadduzäer, konservativ und nüchtern, solche ‚modernen Phantastereien' ablehnten. (Möglicherweise erzählte man sich in ihren Reihen auch den Witz von jener Frau, die nacheinander

sieben Männer hatte. Wem soll sie bei der Totenerweckung gehören?)
Jesu Stellungnahme. – Die jüdischen Apokalyptiker seiner Zeit ‚wissen' so vieles über Himmel und Hölle, weil sie sich auf ihre Träume, Entrückungen, Visionen, geheimen Engelsbotschaften, versiegelten Bücher oder ihre Himmelsreisen (Henoch!) berufen können. Doch woher kann ein ehrlicher Mensch wie Jesus etwas Gültiges behaupten über das, was jenseits der Todesgrenze geschieht? Er selbst hat keine Jenseitsspekulationen angestellt, sondern nur eine Grundaussage über das Verhalten Gottes zum Menschen gemacht. Und das darf er, denn Gott kennt er. Mit seinem ‚reinen Herzen' (303) hat er wahrgenommen, daß Gott dem Menschen absolut gut ist. Von daher kann er unmittelbar und ohne zusätzliche Geheiminformationen aus dem Jenseits folgern: Ihm leben alle. Es ist einfach unmöglich, daß ein liebender Gott die Menschen im Tod aus seiner Liebe entläßt! Daß er ihrer „nimmer gedenkt" und sie „keinen Anteil mehr haben an seiner Sorge", wie der Psalmdichter befürchtete. Der alttestamentliche Glaube, Jahwe sei nur ein Gott der Lebenden, ist schon richtig. Aber nicht, weil er sich um Tote nicht mehr kümmert, sondern weil es für ihn keine Toten gibt, keine ausgelöschten Personen. – Dieser Gott, dem auch die Toten leben, offenbarte sich nach Jesus schon im Anfang der Glaubensgeschichte Israels, indem er dem Mose seinen Namen nannte. Jahwe bedeutet „Ich bin für euch da, ich bin euch gegenwärtig". Dem Mose sagt er: „ICH-BIN-DA, der Gott für Abraham, der Gott für Isaak, der Gott für Jakob". Weil er aber kein Gott für Leichen sein kann, mußten die damals schon verstorbenen Erzväter vor seinem Angesicht leben. Daraus folgt: Weil Gott nicht aufhört, die Menschen zu lieben, weckt er sie nach dem Tod wieder auf, damit sie ihm leben.
Jesus offenbart im Unterschied zu den Apokalyptikern keine Einzelheiten (man vergleiche nur die als Jesuswort ausgegebene Schilderung des Paulus in 1 Thess 4,15–17!). Das Jenseits ist nicht das Hauptthema seiner Verkündigung, wie es die Über-

setzung ‚Himmelreich' statt Gottesherrschaft dem Bibelleser suggeriert. Er sagt in seinen gelegentlichen Äußerungen (143 147 164 178 233 343 422) nur das Wesentliche, was aus der Liebe Gottes zum Menschen unmittelbar folgt: Er weckt die Toten auf, daß sie ihm leben. Das ‚mit dem Herzen zu wissen' genügt, um vertrauend zu leben und zu sterben.

Siehe Anmerkung!

Ein Schriftgelehrter: Welches ist das erste Gebot von allen?

Das erste ist:
„Höre, Israel,
der Herr, unser Gott, ist der einzige Herr.
Du wirst doch den Herrn, deinen Gott, lieben
aus ganzem Herzen und ganzer Seele,
in deinem ganzen Denken
und mit deiner ganzen Kraft!"
Das zweite ist:
„Du wirst doch deinen Nächsten lieben wie dich selbst!"
Ein größeres Gebot als diese gibt es nicht.

Gut so, Meister! Richtig hast du gesagt:
ER ist der einzige, und es gibt keinen außer ihm.
Und ebenso:
Ihn lieben aus ganzem Herzen, ganzem Verstand und ganzer Kraft und den Nächsten lieben wie sich selbst,
das ist mehr als alle Brandopfer und sonstigen Opfer.

Du bist der Gottesherrschaft nahe.

Der Sinn der Frage

Religiöse Sondergruppen grenzen sich von anderen gewöhnlich durch die Betonung einer bestimmten ethischen Forderung ab. Was gilt in deiner Schule als das Erste und Wichtigste? Ähnlich wurde Jesus auch an anderer Stelle gefragt (164).

Die vierfache Antwort Jesu

1. „Höre, Israel", nimm zur Kenntnis und akzeptiere es innerlich, daß Gott dein einziger Herr ist! Doch das war nur das unbestrittene Glaubensfundament für jeden gläubigen Israeli-

ten. Spezifisch für Jesus war, wie radikal er sich in seinen Predigten für das alleinige Herrsein Gottes einsetzte: Nichts und niemand außer Gott soll euer Handeln bestimmen. Nicht die Gier nach dem Mammon (215). Nicht die Rücksicht auf die Sippe (236). Nicht die Angst vor Tyrannen (418). Nicht der Respekt vor den Gesetzesauslegern auf der ‚Kathedra des Mose' (260) oder vor irgendwelchen Vaterautoritäten (340). Nicht einmal der Respekt vor Mose (160). Und hier muß unzweideutig hinzugesagt werden: Jesus wollte auch sich selbst nicht zum Herrn über Israel machen. Er verstand sich nur als Bote, gesandt von dem, der „allein der Gute ist" (163).

2. Gott lieben. Dieses uralte Hauptgebot im jüdisch-christlichen Bereich regt uns nur deshalb nicht mehr auf, weil wir es als fromme Selbstverständlichkeit zu hören gewohnt sind. Genau betrachtet, wird damit etwas Übermenschliches verlangt. Gott als den alleinigen Herrn voll ‚respektieren', wenn er uns erschaffen hat, das ist noch folgerichtig. Aber ihn ‚herzlich lieben' (und genau das meint schon das Alte Testament) ist etwas ganz anderes. Liebe kann man nicht befehlen. (Doch wer liebt, darf Gegenliebe erwarten. Darum die ursprüngliche Formulierung: Du wirst doch...) Kann der konkrete, sinnengebundene Mensch überhaupt einen Gott lieben, den er nicht sieht? Der in seinen Werken hell und dunkel zugleich erscheint? Der die Lilien des Feldes nicht nur prachtvoll kleidet, sondern auch wieder jämmerlich verdorren läßt? Der den Menschen nicht nur väterlich umsorgt, sondern ihn auch brutalen Menschenhänden überläßt; den Naturkatastrophen; den Krankheitskeimen; seinen Zweifeln am Sinn des Daseins? Kann man, ohne nur schöne Theorien daherzureden, einem Ijob befehlen, er solle diesen stummen, rätselhaften, fernen Gott von Herzen gern haben? Seine Übermacht anerkennen, ja. Aber ihn lieben? – Wir werden anders fragen müssen. Welche *Erfahrung* machte wohl jener Mensch, der als erster in Israel, Jahrhunderte vor Jesus, zu behaupten wagte, Gott sei so, daß man ihn gern haben muß? Wahrscheinlich war es schon Mose. Denn dieser

erste Prophet Israels, der selbst ein Herz hatte für seine versklavten Stammesgenossen in Ägypten, hat es erlebt und nicht nur erdacht, daß Gott ‚herabsteigt' und als der ‚ICH-BIN-DA' Sklaven befreit, weil er „ihr Elend sieht" und „ihr Schreien hört" (Ex 3,7f). Weil er „ein Herz hat". – Ebendies wiederholt Jesus, nicht weil es geschrieben steht, sondern weil er es noch intensiver erfahren hat (100). Und er verkündet es noch deutlicher: Nicht wie ein reicher Almosenspender steigt Gott herab. Vielmehr sucht er den Menschen so, wie eine arme Frau auf den Knien in ihrer Stube herumrutschend ihren verlorenen Groschen sucht, weil sie ihn dringend braucht. Gott (genauer: der Gott Jesu) ist wirklich liebenswürdig. Wegen seiner Schwäche für den Menschen.

3. Nur nach dem ersten Gebot wurde Jesus gefragt. Aber er nannte sofort das zweite hinzu: den Nächsten lieben wie sich selbst. Auch das war nicht neu. – Diese Rangordnung mag dem humanistischen Empfinden und Denken moderner Menschen als veraltet erscheinen. Ist nicht die Nächstenliebe (das soziale Engagement) die erste und einzige ethische Maxime? Ist es nicht menschlicher, den sichtbaren Nächsten um seiner selbst willen zu lieben, statt um eines unsichtbaren fernen Gottes willen? – Jesus verdächtigt die spontane ‚direkte' Liebe zwischen Mensch und Mensch keineswegs. Er sieht nicht nur in der barmherzigen Liebe des Samariters (408), sondern auch in der Geschlechterliebe (160) den Willen Gottes verwirklicht. Aber er sieht auch deutlich, daß diese in sich guten Triebkräfte den Menschen nur bis an seine alten menschlichen Grenzen bringen; nicht über die Grenzen der Sympathie und Gerechtigkeit hinaus in die Freiheit des göttlichen Gratis. Völlig umsonst lieben kann wahrscheinlich nur, wer vernarrt ist in einen Gott, der völlig umsonst liebt. Auch aus diesem Grund steht die Gottesliebe vor der Menschenliebe wie die Lokomotive vor den übrigen Wagen. Diese Denkweise mag antiquiert erscheinen. Wer die Spur Jesu sucht, sollte sich nicht durch philosophische oder theologische Moden davon abbringen lassen.

4. „Ein größeres Gebot als diese gibt es nicht.“ Mattäus verdeutlicht: „An diesen zwei Geboten hängen das ganze Gesetz und die Propheten.“ Das ist keine Identifizierung, sondern die notwendige Verkoppelung. Daraus ergab sich für das an Gesetz und Tradition gebundene Judentum eine ungeheuerliche Konsequenz, die natürlich auch für das Christentum gilt: Alle Einzelgebote, seien sie noch so ehrwürdig, sind nur gültig, soweit sie der Gottes- und Nächstenliebe entsprechen; nicht nur theoretisch, sondern praktisch in der konkreten Situation.

Jesus zwischen Judentum und Christentum

Der jüdische Theologe nennt Jesus Meister und stimmt ihm voll zu. Zwei Momente aus dieser ‚Kurzfassung‘ seiner Lehre beeindrucken ihn besonders. Er wiederholt sie. Erstens seine kompromißlose Theozentrik: Gott selbst und Gott allein ist Herr. Die Radikalität dieses Bekenntnisses entkräftet auch den Verdacht, Jesus erstrebe irgendeine Art von Herrschaft für sich. Zweitens die Konzentration seiner Ethik auf die Gottes- und Nächstenliebe. Er folgert daraus besonders die Relativierung des Kultopfers, das gerade hier im Tempel zum sinnenfälligsten Ausdruck jüdischer Frömmigkeit geworden war. Das ist ein verstehendes und mutiges Ja zum Programm Jesu (vgl. 171).

Jesus bestätigt ihm: Du bist nicht weit weg von der Gottesherrschaft. Du bist auf dem richtigen Weg dahin. Du brauchst nur weiterzugehen. Von der Gottesherrschaft, dem Spezifikum der Botschaft Jesu, war bisher noch nicht ausdrücklich die Rede. Erst am Ende, nachdem sich gezeigt hatte, daß ein jüdischer Theologe sehr wohl die Maximen Jesu als die eigenen akzeptieren kann, deutet er an: Die Gottesherrschaft, die er verkündet, ist im Grunde nichts anderes als die Konkretisierung des ursprünglichen, von geschichtlich gewordenen Traditionen und Institutionen noch nicht überwucherten Jahweglaubens. Konzentration auf Gott als den einzigen Herrn ohne

Rücksicht auf andere Herren und Realisierung der Gottes- und Nächstenliebe ohne Wenn und Aber – das führt geradewegs zur Gottesherrschaft hier und heute.
Für die Frühgeschichte des Christentums ist bezeichnend, wie dieser wichtige Dialog zwischen Jesus und dem Judentum von Markus bis Mattäus und Lukas abgeändert worden ist.
1. Aus dem interessiert fragenden und von Jesus respektierten Schriftgelehrten, wie er noch bei Markus gezeichnet ist, wurde wieder der böse Pharisäer, der Jesus nur versuchen will. Demgemäß ist sowohl seine ‚verständige Antwort' als auch Jesu Bestätigung, daß er der Gottesherrschaft nahe ist, weggelassen.
2. Das Bekenntnis Jesu zum Gott Israels als dem einzigen Herrn, das bei Markus dem Gebot der Gottes- und Nächstenliebe vorangestellt ist und vom Schriftgelehrten ausdrücklich bejaht wird, ist bei Mattäus und Lukas weggelassen! – Das sind nur zwei Beispiele für die beiden Tendenzen, die sich durch alle Evangelienschriften ziehen: die Juden als Gegner Jesu möglichst schlecht und Jesus als den Christus (Messiaskönig) möglichst groß zu machen. Am Ende steht dann: Jesus ist Gott / Die Juden aber haben den Teufel zum Vater (Joh 1,1 / 8,44).
Ein fundamentales Einvernehmen zwischen Juden und Christen wird notwendig sein, wenn das authentische Anliegen Jesu, Herrschaft der Liebe Gottes – konkretisiert in Israel – und in der Menschheit, vorankommen soll. Toleranz und Freundlichkeiten führen da nicht weit genug. Ein ehrlich auszutragender Bruderstreit wird nötig sein. Dabei geht es zunächst um die sachliche Aufdeckung geschichtlicher Schuld, letztlich aber um viel mehr, um den Gott Jesu. – Dies ist zwar ein Gespräch unter Christen. Doch Juden mögen ruhig mithören.
1. Der christliche Antijudaismus, der in der Abänderung von Jesusworten seinen ersten Ausdruck findet, ist natürlich aus der Kampfsituation der jungen Kirche psychologisch verständlich. Alles in der Geschichte ist ‚verständlich'. Aber das darf uns doch nicht hindern, das Geschehene auch ethisch zu werten.

a) Tatsachen zugunsten der eigenen Ideologie zu verdrehen, ist nicht Irrtum, sondern Lüge. Zur Zeit des Sokrates ebenso wie heute. Jene Christen haben zur Ehre Gottes gelogen, die anfingen zu predigen, ‚die' Juden oder ‚die' Pharisäer hätten Jesus böswillig verfolgt und umgebracht, während bei einiger Objektivität zu erkennen war, daß nur bestimmte Verantwortliche in Israel glaubten, Jesus ablehnen zu müssen, und ihn beseitigen wollten.

b) Im Verlauf des Überlieferungsprozesses mag die Generation der Nicht-mehr-Augenzeugen durch ehrfürchtiges Nachsagen in Irrtum geraten sein über die angebliche Schuld Israels. Aber daß sie überdies Gedanken der Rache gegen Israel Jesus in den Mund legten, das war sehr böse. Sie konnten nämlich aus ihrem Überlieferungsgut leicht erkennen, daß Jesus die gegenseitige Vergebung nicht nur ‚auch' gepredigt, sondern zur Einlaßbedingung in die Gottesherrschaft erklärt hat.

c) Die gewaltsame Judenbekehrung verstieß gegen Menschenrecht und Menschenwürde. Es mag sein, daß im Mittelalter das Gespür für Menschenrecht und Menschenwürde noch unentwickelt oder verkümmert war. Aber zumindest die verantwortlichen Geistlichen konnten aus dem Evangelium, das sie studierten und meditierten und predigten, erkennen, daß die Botschaft Jesu ein Liebesangebot Gottes ist, das man keinem Menschen aufzwingen darf. – Natürlich hat diese Aufdeckung geschichtlicher Schuld nur den Sinn, dem heutigen Christen zu helfen, sich geistig aus der Verwurzelung in dieser Geschichte zu lösen. Für unser Empfinden und Verhalten gegenüber Israel sollen nicht länger unsere Väter maßgebend sein, sondern der Meister selbst!

2. Zur geschichtlichen Schuld des Antijudaismus kommt die kirchliche Christologie (dogmatische Festlegung, wer Jesus sei), die als stärkste Mauer zwischen Juden und Christen steht.

a) Jesus sei der Messiaskönig, glauben die Christen, leugnen die Juden (Christos ist nur das griechische Wort für Messias). Der Gegensatz entpuppt sich als Streit um eine Idee. Die Messiasvorstellung ist kein ursprünglicher Bestandteil des Jahweglaubens. Sie erwuchs aus der orientalischen Königstheologie, wonach jeder Regent den Schutzgott der Nation repräsentiert. Gewiß hat Jahwe seinem Volk Propheten, Richter (charismatische Führer) und Könige gegeben, die Messiasse waren, das heißt: die ‚gesalbt' waren mit dem Geist Gottes und dabei doch fehlerhafte Menschen blieben. Aber ‚der' Messiaskönig, der als Herrscher über Israel (Davidsohn!) in vollendeter und wunderhafter Weise Jahwe repräsentiert, ist tatsächlich noch nicht gekommen. Jesus hat sich nicht als Messiaskönig verstanden. Zur Ernüchterung messiasgläubiger Juden sei gleich hinzugefügt: ‚Der' Messias wird auch nicht mehr kommen. Nach der Lehre Jesu ist es Jahwe selbst, der kommt. Der ICH-BIN-DA steht vor der Tür und will hereinkommen. Immer. Nicht durch Mirakel, sondern durch den Geist der Liebe. Jesus behauptet, in seiner eigenen Gotteserfahrung und Gottesbotschaft sei Jahwe Israel am intensivsten nahegekommen. Wir Christen glauben ihm. Die Juden sollten es unbefangen nachprüfen.

b) Jesus sei Gott, glauben viele Christen und das müssen die Juden bestreiten. (Das Bildwort ‚Sohn Gottes' im alttestamentlich-jüdischen Sinn meint etwas ganz anderes als ‚Gott selbst' und bleibe hier außer Betracht. Denn nach Jesus soll jeder Mensch ‚Sohn Gottes' werden durch Nachahmung der Gesinnung Gottes.) Es geht um das christologische und trinitarische Grunddogma der Kirche: Jesus, obwohl wahrer Mensch, ist wahrer Gott; ist aus Gott geboren seit Ewigkeit; ist eines Wesens mit Gott Vater; ist als Gott zu verehren wie Gott Vater. Da bleibt für kirchlich gebundene Theologen kein Ausweg in akzeptablere Formulierungen, etwa: Gott sei ‚in Jesus' gegenwärtig und wirksam. Denn das könnte man auch von Mose sagen. Das Zentraldogma, Jesus sei Gott, ist so wenig wie das ‚Randdogma' von der leiblichen Aufnahme Mariens in den Himmel durch freundliche Umdeutung oder praktische Nichtbeachtung nachträglich zu entschärfen. Man muß untersuchen, ob es wahr oder falsch ist. Und zwar im offenen Streit

mit den Juden, denen wir Jesus durch dieses Dogma bis heute weggenommen haben.
Zuvor aber sei an eine Binsenwahrheit erinnert, die beide Parteien in ihren Aussagen über Gott bescheiden machen sollte. Welcher jüdische oder christliche Theologe ‚kennt' denn Gott, daß er ‚behaupten' dürfte: Dies ist bei Gott möglich, jenes (etwa die Menschenwerdung Gottes im Sinn des Dogmas) ist unmöglich? Fazit: Die radikale Offenheit gegenüber dem großen ‚Unbekannten' und folglich die prinzipielle, aber kritische Offenheit für die Gotteserfahrung anderer Menschen in anderen religiösen Traditionen ist unabdingbare Voraussetzung auch für einen jüdisch-christlichen Dialog, der über Apologetik oder Höflichkeit hinausgehen soll.
Daß Jesus Gott ‚ist', kann also streng genommen kein Jude verneinen und kein Christ behaupten, weil keiner Gott kennt. Ganz anders steht es mit der Frage: Hat Jesus *kundgetan*, daß er sich für Gott hält? Das ‚kundtun' wäre ein historisches Faktum, das mit Augen und Ohren wahrgenommen und weiterberichtet werden konnte. Ob er es wirklich gesagt hat, das wäre mit der Objektivität und Sorgfalt eines Historikers aus den Quellen zu ermitteln; ob man ihm glaubt, was er sagt, bleibt eine Frage des Vertrauens. – Die Quellen bezeugen aber (das kann jeder Theologe und Laie nachlesen): 1. Jesus hat zwar darauf bestanden, daß er von Gott gesandt und inspiriert ist, aber hat niemals direkt oder indirekt geäußert, er sei Gott. 2. Hätte er es wenigstens im stillen gewußt, dann hätte er nicht jede übermäßige Verehrung derart zurückweisen und sich als einen Gott gehorchenden Nur-Menschen darstellen dürfen, wie es die Evangelien glaubhaft bezeugen. Denn er hätte dadurch seine Umgebung getäuscht.
Wenn aber Jesus selbst weder laut gesagt noch im geheimen gewußt hat, daß er Gott sei, woher wissen es dann spätere Generationen? Durch den Heiligen Geist? Durch welche Personen, in welchen Institutionen hat er gesprochen? Wer darf sich nicht auf den Heiligen Geist berufen? Der Verweis auf den Heiligen

Geist ist unkontrollierbar und reicht deshalb nicht aus, alle Menschen, die sich an Jesus orientieren wollen, auf eine dogmatische Aussage über ihn zu verpflichten, die offensichtlich nicht von ihm stammt. Mit der Verpflichtung, das Gottsein Jesu zu glauben und zu bekennen, hat aber die Kirche eine hohe Mauer um Jesus errichtet, die kein Jude mehr übersteigen kann, ohne seinen einfachen Ein-Gott-Glauben, den Jesus selbst ohne Wenn und Aber noch bekannt hat, preiszugeben zugunsten eines komplizierten Drei-Personen-Ein-Gott-Glaubens, den christliche Theologen im Lauf der Jahrhunderte präzisiert haben. Das darf heutige Menschen, denen die Sache Jesu am Herzen liegt, doch nicht gleichgültig lassen. – Was uns weiterbringt, ist die Nüchternheit Jesu: „Er schärfte ihnen ein, sie sollten zu keinem über ihn reden.“ (139) – „Was ruft ihr mir zu: Herr, Herr! und tut nicht, was ich sage?“ (224)

Nicht länger ‚definieren, wer er sei‘, und anderen unsere Definitionen als Gottes unfehlbare Aussagen aufbürden; statt dessen ‚tun, was er sagt‘ – das ist unsere Aufgabe. Aber Aufgabe der Juden, die ihre eigene Geschichte ihnen stellt, ist es, unbefangener zu prüfen, ob die Unruhe, die ihr Prophet Jesus damals in Israel entfacht hat, nicht doch von Jahwe ausgegangen ist.

Wie können die Schriftgelehrten sagen:
„Der Messias ist Sohn Davids"?
David selbst sagt doch, vom Gottesgeist erleuchtet:
„Der HERR sprach zu meinem Herrn:
Setze dich zu meiner Rechten,
bis ich deine Feinde unter deine Füße lege!"
David selbst nennt ihn Herr.
Also ist er nicht sein Sohn.

‚Messias' ist der mit Heiligem Geist ‚gesalbte', mit der Kraft Gottes ausgerüstete Mensch, den das Volk als von Gott gesandten, letzten großen Retter erwartete. In diesem umfassenden Sinn konnte sich Jesus durchaus als Messias verstehen. „Der Geist des Herrn kam über mich. Er hat mich gesalbt, den Armen eine Freudenbotschaft zu verkünden" (401). Darum durfte er das Petrusbekenntnis „Du bist der Messias" auch nicht rundweg verneinen (139). – Aber die meisten in Israel, vor allem die Zeloten, verbanden mit ‚Messias' die Vorstellung eines zum *König* gesalbten Retters nach dem Modell ‚David', der Israel groß machte. Die theologische Spekulation der Schriftgelehrten, der kommende Messias müsse ein ‚Sohn Davids' sein, betrifft weniger seine leibliche Abstammung als vielmehr die Erwartung, er werde wie sein geistiger Vater David als ein vom Gottesgeist erfaßter Kriegsheld Israel aus der Hand seiner Feinde befreien, glanzvoll regieren und die Völker beherrschen. Solche Ideen spukten auch in den Köpfen der Schüler Jesu (167) und all derer, die ihn zum Davidssohn hochjubeln wollten (170). Darum konnte er das Messiasbekenntnis des Petrus nicht bestätigen (139).
In Jerusalem zerstörte Jesus diese Illusion von einem davidgemäßen Messias durch ein Bibelargument. Wenn David als von Gott inspirierter Psalmendichter den Messias seinen Herrn nennt (Ps 110,1) dann ist er nicht sein Sohn. (Die rhetorische Frage im Schlußsatz kommt einer Verneinung gleich.) Sohn-

schaft bedeutet hier offensichtlich geistige Abhängigkeit. Die blutsmäßige Abstammung verhindert doch nicht, daß ein Sohn durch die Thronbesteigung auch Herr seines leiblichen Vaters wird. „Nicht Sohn, sondern Herr Davids“ besagt in diesem Zusammenhang: Der wirkliche Messias (als den sich Jesus sehr wohl im Gegensatz zu den zeitgenössischen Messiaserwartungen verstehen konnte) steht über David (253) und braucht sich nicht an ihm zu orientieren.

Das ist enttäuschend, nicht nur für die damaligen Zeloten, sondern für alle, die in Zeiten der Not nach dem starken Mann rufen. Die von Gott lieber einen Führer/Duce haben möchten, der die Dinge für sie in Ordnung bringt, als nur einen Prediger, der ihnen sagt und zeigt, wie sie selbst ihre Verhältnisse ordnen sollen. Ein Beispiel: Meister, sag doch meinem Bruder, er solle das Erbe mit mir teilen! Greif ein mit deiner Macht und tu etwas gegen das Unrecht! Jesus lehnt ab. Dazu bin ich nicht eingesetzt (411). Aber als Prophet hat er diesen verfeindeten Brüdern und allen in ähnlicher Lage deutlich gezeigt, wie sie ohne Erbrichter selbst ihre Probleme lösen können: Aus dem Vertrauen zu dem sorgenden Vater ist eine innere Freiheit vom Besitz möglich, die vom ängstlichen Festhalten wegführt zum brüderlichen Teilen. – Der Hauptgrund, weshalb für Jesus der Messias kein Herrscher ist: Es darf unter Juden überhaupt keinen Herrscher geben außer einem: Gott selbst (152 163 179). Also auch keinen messianischen Herrscher als Stellvertreter Gottes. Denn die Stellvertretung der Gottheit durch einen menschlichen König, wie sie im kaiserlichen Rom und zuvor in allen orientalischen Reichen einschließlich Israel (König = Jahwes Sohn) praktiziert wurde, führte keineswegs zur Beugung des Königs unter Gott, sondern im Gegenteil zu seiner mystischen Erhöhung, also zum religiös verbrämten Despotismus. Nicht ‚in Stellvertretung Gottes‘ soll auf Erden Herrschaft ausgeübt werden, sondern wer eine Gemeinschaft leitet, soll es ‚aus dem Geist Gottes‘ tun als ihr Diener (168). Darum ist im Denken Jesu kein Platz für einen messianischen Herrscher.

Hütet euch vor Theologen, die gern im Talar umhergehen, die auf dem Markt ehrerbietig gegrüßt sein wollen, die in den Synagogen nach den vordersten Stühlen und bei Gastmählern nach den Ehrenplätzen streben!

Jesus warnt seine Schüler nicht allgemein vor Theologen (grammateis), sondern vor den ehrgeizigen unter ihnen. Warum? Gibt es denn keine schlimmeren Laster? Und überdies: der Ehrgeiz etwa eines Schusters verschlechtert doch nicht seine Leistung. Eine Warnung ‚Kauft von eitlen Schustern keine Schuhe!‘ wäre also nicht sinnvoll. Aber in der Theologie, meint Jesus offenbar, verdirbt der Ehrgeiz das Handwerk.
Aufgabe des Schriftgelehrten war es, aus den biblischen Schriften das, was der Geist Gottes durch die menschlichen Zeugen hindurch kundtun will, sorgfältig herauszulesen und dem Volk verständlich weiterzugeben, kurz: die Wahrheit zu suchen und zu sagen. Das ist nur möglich in der inneren Unabhängigkeit von den Zeitgenossen. – a) Wer „auf dem Markt gegrüßt sein will“, wer wie ein Schauspieler den Beifall der Massen braucht, ist abhängig. Er wird als Theologie klug das herausfinden und verkünden, was die Massen interessiert und ihren jeweiligen Erwartungen entspricht. – b) Wer „in der Synagoge nach den vordersten Stühlen strebt“, wer da nach Titeln und Posten schielt, ist abhängig. Er darf die heiligen Schriften nur so interpretieren, daß die Synagoge ihn als rechtgläubig anerkennt und ehrt. – c) Wer „bei den Gastmählern nach den Ehrenplätzen strebt“, ist abhängig. Er kann nur predigen, was den Großen und Reichen nicht weh tut. Denn diese sind seine Gastgeber. – Also hütet euch vor ehrgeizigen Theologen! Sie sind derart unfrei, daß sie euch nicht einmal die einfachsten Wahrheiten über Gott sagen können. Beispiel: Ist es erlaubt, am Sabbat Gutes zu tun? An sich eine Frage für vorschulpflichtige Kinder. „Sie aber schwiegen“ (111).

Siehe Anmerkung!

Er setzte sich der Schatzkammer des Tempels gegenüber und beobachtete, wie das Volk Kupfergeld hineinwarf . . .

Diese arme Witwe da gab mehr als alle in den Tempelschatz,
ihren ganzen Lebensunterhalt.
. . . . .
Die das Hab und Gut der Witwen aufzehren
und zum Schein noch großartig beten,
diese wird ER schärfer verurteilen.

Wieder beobachtet Jesus, was im Tempelbereich vor sich geht, und lehrt seine Schüler, zu beobachten, kritisch hindurchzuschauen. Jetzt hat er die Schatzkammer vor sich, die finanzielle Basis des ganzen Tempelbetriebs. Woher kommen diese Gelder? Wohin fließen sie? – Er zeigt auf eine Witwe, die einen Kupferpfennig in den Opferstock wirft. Es sind die armen Leute, die gläubig dem Tempel ihr Letztes geben, relativ mehr als die Reichen. – Aber wozu dienen die so angesammelten Schätze? Zur Sättigung der Hungrigen, das wäre von dem Gott Jesu her zu erwarten. Doch Jesus spricht in diesem Zusammenhang eine Warnung aus über jene, „die die Häuser der Witwen verzehren und (dafür) zum Schein großartig beten". Hier sind die Tempelpriester gemeint, denn nur für diesen Stand sind die beiden hier miteinander verknüpften Momente typisch: Einerseits leben sie vom Tempelschatz und somit vom Opfer der Armen; anderseits ist der öffentliche Kult, das großartige Beten, das nicht immer aus dem Herzen kommt, ihr tägliches Berufspensum und gewissermaßen ihre Gegenleistung. – Aber das war doch immer so, daß der Priester von den Opfern lebt. Und das fromme Volk will es nicht anders. Doch unbeirrt sieht Jesus die Dinge so, wie sie Gott sieht: Gott (pass. div.) wird diese Menschen schärfer verurteilen. Das heißt: schärfer noch, als er solche verurteilt, die zwar auch die Häuser der

Witwen verzehren, aber nicht dafür großartig beten. Das ist der Vorzug der gewöhnlichen Räuber, der Zoll- und Steuererpresser im Land: Sie lassen bei ihrem Geschäft wenigstens Gott aus dem Spiel und verhöhnen so nicht noch Jahwe, den ‚Vater der Witwen und Waisen'.

Siehe Anmerkung!

Als er den Tempel verließ, sagte einer seiner Jünger zu ihm: Meister, schau doch, was für Steine, was für Bauten!

Du schaust auf diese großartigen Bauten?
Da bleibt kein Stein auf dem anderen,
der nicht niedergerissen wird.

Wieder geht es um das richtige Hinschauen. Ein Jünger ließ sich zu stark beeindrucken von der imposanten Erscheinung des Tempels. Es war kein Touristengespräch, in dem man einander auf Sehenswürdigkeiten aufmerksam macht. In der gespannten Atmosphäre des geistigen ‚Kampfes um Jerusalem' besagt dieser Hinweis: Der Tempel ist so mächtig. Ob du etwas gegen ihn ausrichten wirst? – Jesus: Schau nicht wie gebannt auf diesen gewaltigen Bau! Schau hindurch! Der Tempel ist im Plan Gottes schon zerstört. (Vergangenheitsform wie in 172. Das Passiv verweist auf Gottes Wirken.)
Sicher ging es Jesus nicht um die Gebäude, sondern um das religiöse System ‚Tempel', das sie repräsentieren und dem sie dienen. Wenn ‚das Weiße Haus' oder ‚der Kreml' oder ‚der Vatikan' durch Kriegseinwirkungen als Gebäudekomplexe zerstört würden, könnte das den entsprechenden Institutionen doch nichts anhaben. Schon von dieser Überlegung her ist es nicht erlaubt, das Jesuswort als wunderhafte Voraussage der Tempelzerstörung im Jahr 70 zu deuten, wie es nach dem Ereignis durch die Evangelisten geschah. Anderseits ist an der Echtheit des Wortes nicht zu zweifeln. Dafür sprechen die drei verzerrten Wiedergaben im Mund der Gegner Jesu (Mk 14,58; 15,29; Apg 6,14).
Kult- und Tempelkritik übten schon die alten Propheten. Aber Jesu Nein zum Tempel ist grundsätzlicher, weil von seiner spezifischen Gotteserfahrung bestimmt: Sein Gott will nicht Opfer, sondern Erbarmen (318). Noch vor der Opfergabe will er die Versöhnung mit dem Bruder (310). Er duldet keinen

Handel mit Opfertieren, weil das Haus Gottes ein Haus des Bittens und kein Kaufhaus ist (171). Er rüttelt an der wirtschaftlichen Basis des Systems, indem er prinzipiell die Tempelsteuer verweigert (331), die Korban-Praxis als gottwidrig erklärt (132) und der Tempelpriesterschaft, die von den Opfern der Armen lebt, die schärfere Verurteilung durch Gott androht (182).

Doch ‚Tempelzerstörung' ist nur die eine Seite des Werkes Jesu. Auf sie mußte er Jünger hinweisen, die beeindruckt vom grandiosen Tempelgebäude auch die Tempelinstitution für unzerstörbar hielten. Seine Grundintention ist auch hier positiv wie bei einem, der Ketten sprengt oder Gefängnismauern niederreißt, um Menschen zu befreien. Er will binnen kurzem („in drei Tagen": Mk 14,58; 15,29) einen besseren Tempel errichten: das offene Vaterhaus Gottes (oikia; 171). Es gibt nämlich zwei grundverschiedene Arten, die auseinanderstrebenden Glieder einer Familie zusammenzuhalten: Entweder man baut eine hohe ‚Mauer' um sie herum oder man stellt in ihre Mitte einen ‚Magneten', der sie anzieht. Für Jesus, das bekundet er immer wieder, ist das Herz Gottes der große Magnet.

Zur Darstellung des Göttlichen

Der Gott Jesu ist ‚sehr gut', darum soll er ‚sehr schön' dargestellt werden. Mit allen Künsten. In Bildern und Bauten, in Liedern und Tänzen. Kein Puritanismus! Aber ein hinreißendes Kunstwerk, auf dem Sion oder in Pergamon, am Indus oder am Rhein, kann Gott auch falsch darstellen. Dann ist es zu verneinen. Man muß es nicht zerstören. Es genügt, dem Kunstwerk die ‚Wahrheit' zu bestreiten und es (auch wenn es von heute ist!) zum Museumsstück zu erklären. – Hat Jesus selbst (außer durch sein Verhalten) Göttliches dargestellt? 1. Er hat zwar keinen Tempel gebaut, aber er hat gesagt, welcher Geist dem Tempel Gestalt geben soll, damit er ‚wahr' sei: Vaterhaus; offen für alle, auch für Heiden und Sünder; Ort der Zwiesprache mit Gott. 2. Er hat auch für seine Jüngergemeinde keine Sondersynagoge gebaut. Aber er hat deutlich gemacht, daß er zur Darstellung des Neuen Bundes einen menschenfreundlichen Raum braucht: ein festliches, mit Liegepolstern ausgestattetes Obergemach (Mk 14,15), um darin den Weinbecher kreisen zu lassen, und kein Trauerhaus. 3. Der Handwerker aus Nazaret war wohl kein Künstler wie Phidias, aber ein begnadeter Dichter. Als solcher hat er Gott ‚gemalt' in vielen Bildern und Gleichnissen. Die ‚Wahrheit' seiner Bilder: Immer zeigen sie Gott wie einen guten Menschen.

Wenn sie euch abführen, um euch dem Gericht auszuliefern,
macht euch nicht vorher Sorgen, was ihr sagen sollt!
Was ER euch in jener Stunde eingibt, das sprecht aus!
Denn nicht ihr sollt die Redenden sein,
sondern der Geist eures Vaters!

Jesu Botschaft von dem guten Gott ist zwar für die Menschen beglückend, aber für verhärtete Denksysteme und Institutionen gefährlich. Darum wurde er verfolgt und mußte mit der Verfolgung seiner Boten rechnen. Hier will er sie zurüsten für die angstfreie Verteidigung der Gottesbotschaft vor der Inquisition.

Zunächst überrascht es, daß sie sich nicht besonders vorbereiten sollen, wo doch die Annahme oder Ablehnung der Botschaft auf dem Spiel steht. Gott selbst (pass. div.) wird ihnen zur rechten Zeit das rechte Wort geben. An wunderhafte plötzliche Erleuchtungen ist dabei nicht zu denken, weil es nach Jesus Sünde wäre, Gott zu Wundern zwingen zu wollen. Wenn ich mich nicht auf die Gerichtsverhandlung vorbereite, muß Gott mir den Heiligen Geist als Advokaten schicken. Das entspräche jener anderen Versuchung: Wenn ich mich von der Tempelzinne stürze, muß Gott mir seine Engel als Retter schicken. ‚Nicht voraus-sorgen' meint vielmehr: Wenn ihr mit ruhigem Vertrauen zu Gott, eurem Vater, vor die Richter tretet, wird die Gesinnung Gottes, die ihr zuvor schon in euch aufgenommen habt, auch in der Stunde der Erregung ruhig aus euch sprechen. Wenn ihr Gott aber nicht vertraut und meint, ihr müßtet mit euren eigenen klugen Argumenten euch hindurchschlängeln, dann verdirbt eure Schlauheit die Einfalt der Botschaft Gottes.

Ein Beispiel. Anklagepunkt: Ihr haltet euch nicht an die Fastenordnung. Ängstliche Selbstverteidigung wird nach Art raffinierter Kanonisten Lücken in den Fastenvorschriften suchen und auch finden. Aber durch solch geschickte Windungen würdet ihr nur bestätigen, daß für ein an Gott orientiertes Gewissen hier noch Pflöcke stehen, die man nicht ausreißen, sondern höchstens geschickt umgehen darf. Statt dessen laßt doch Gott selbst aus eurem Herzen sprechen, sagt frei heraus, was ihr von ihm her als Gewißheit in euch habt: Gott ist gut, und Gott ist da. Das ist wie Hochzeit. Da können wir nicht fasten. Punktum! – Und wenn die ‚Klugen und Weisen' euch wegen eurer primitiven Theologie verwerfen (als nepioi, Unmündige, Dummköpfe, Kindsköpfe; 245), kümmert euch nicht darum (202)! Wenn nur „der Geist eures Vaters" aus euch redet!

Am Feigenbaum lernt zu vergleichen:
Wenn seine Zweige schon weich werden und Blätter treiben,
erkennt ihr, daß der Sommer nahe ist.
Genauso: Wenn ihr seht, daß Dinge geschehen,
erkennt auch, daß ER nahe ist, vor eurer Tür!
Amen, ich sage euch:
Diese Generation geht nicht vorüber,
bevor diese Dinge nicht alle geschehen.

Auch dieses Wort ist aus seiner jetzigen Einbindung in die jesusfremde Markus-Apokalypse (13,3–37) herauszulösen. Begründung: Für Jesus sind Schreckensereignisse nicht Anzeichen dafür, daß Gott oder Gottes Herrschaft nahe ist.

Im ersten Teil des Spruches fordert Jesus seine Hörer auf, die Zeichen der Zeit richtig zu deuten. Ein andermal appelliert er ganz ähnlich an ihren Bauernverstand: Ihr seid doch vernünftig genug, um einfache Wetterprognosen zu stellen. Gewölk im Westen, das bringt Regen heran. Richtig. Aber warum könnt ihr nicht ebenso erkennen, was diese außerordentliche ‚Zeit' (der von Gott gewährte und mit dem Werk Jesu angefüllte ‚kairos') bringt? (256) Es ist die Entfaltung der Gottesherrschaft, die in Jesus keimhaft schon da ist.

Hier gebraucht er ein anderes Bild: Den Zusammenhang zwischen dem Blätter treibenden Feigenbaum und dem nahen Sommer erkennt ihr. So erkennt auch den Zusammenhang zwischen den Ereignissen, die ihr gesehen habt, und dem herankommenden „X"! Man beachte, daß in beiden Bildern der Zusammenhang ein innerer und natürlicher ist: ‚Im' Wolkengeschehen kommt der Regen; ‚im' Feigenbaumgeschehen kommt der Sommer! – Doch zwei Fragen läßt der Text scheinbar offen: a) Was sind ‚diese geschehenden Dinge'? In einer ähnlichen Mahnung, bei der es ebenfalls um die einzigartige Chance der Gegenwart geht, sagt Jesus: „Glücklich die Augen, die sehen, was ihr seht!“ Weil die Propheten und Könige früherer Zeiten es nicht sehen konnten (253). Zweifellos ist in den drei Aussprüchen (253 256 185) das gemeint, was Gott in diesem kairos durch Jesus geschehen läßt (pass. div.): die Ankündigung der Gottesbotschaft durch Jesu Predigt und ihre Darstellung durch seine heilschaffenden Taten. b) ‚Wessen‘ Kommen damit eingeleitet wird, ist nunmehr leicht zu erkennen. Lukas spricht es aus: das Kommen der Gottesherrschaft. Nach Markus gebraucht Jesus das Bild: ‚auf der Tür(schwelle)‘. Da kam also ‚jemand‘ (nicht nur ‚etwas‘) heran und steht jetzt auf der Türschwelle, um einzutreten. Das sollt ihr erkennen! Es ist Gott. Ihm braucht ihr nur eure Tür zu öffnen, und die Gottesherrschaft ist für euch da. Nicht in einer unbestimmten Zukunft, sondern heute. Den gleichen Gedanken äußert Jesus ein andermal so: Die Ankunft der Gottesherrschaft ist nicht durch komplizierte Vorausberechnungen zu ermitteln. Sie ist in eurer Reichweite, in eurer Verfügung (entos hymon; 424).

Im zweiten Teil beteuert Jesus mit einem Amenwort, daß ‚diese Dinge‘ noch in seiner Generation ‚alle geschehen‘. ‚Diese Dinge‘ sind wie im vorausgehenden Satz das, was jetzt durch ihn geschieht. Alles, was noch aussteht, wird in dieser Generation geschehen. Das bedeutet: Ich werde mein Werk zu Ende tun und nichts wird mich davon abhalten. Ähnliches läßt er dem Herodes ausrichten, der ihn durch Angstmachen von seinem Weg abbringen wollte. Ich tue noch dies und das, was ich für nötig halte, und erst „am dritten Tage werde ich fertig sein“ (418). – Wahrscheinlich hat Jesus dieses Wort in jener Phase gesprochen, als er einen wichtigen Teil seines Werkes, nämlich den Kampf um Jerusalem, noch vor sich hatte.

Himmel und Erde mögen vergehen, meine Worte werden nicht vergehen.

„Himmel und Erde mögen vergehen, aber die Tora wird nicht vergehen." Das war sinngemäß der Ausgangspunkt der Schriftgelehrten. Vgl. 243! Offenkundig stellt Jesus hier seine Botschaft über das Gesetz des Mose. Ein ungeheuerlicher Anspruch. Und er besteht darauf, wo immer er nicht nur die gängigen Schulmeinungen und mündlichen Überlieferungen, sondern die ‚heilige' Schrift bewußt korrigiert (160 u.a.), und wenn er erklärt: Den Alten ist gesagt worden, ich aber sage euch.

Mußte denn Jesus durch derart mißverständliche und gefährliche Äußerungen die Leute provozieren? Jedenfalls mußte er seinen Anhängern, aber auch seinen Kritikern und Richtern, offenlegen, auf welchem Fundament er steht. Sicher sind nicht seine eigenen religiösen Gedanken dieses Fundament; trotz des harten Anspruchs ‚meine Worte'. Denn für ihn ist Gott selbst und Gott allein der Herr (179), das Maß des Guten (164) und die Vaterautorität (340). Und er beurteilt auch die frömmsten Menschengedanken unbeirrbar danach, ob sie mit Gottes Gedanken übereinstimmen (144 405). Folglich sind seine Worte nur deshalb solider als des Mose Worte in der Tora, weil sie die Gedanken Gottes ungebrochen wiedergeben. Er sagt von sich (245), nicht die Überlieferung der Alten, sondern Gott selbst habe ihm ‚alles überliefert'. Nur wenn man dieses Bekenntnis voransetzt, wird der zitierte Anspruch verständlich.

Jesus stellt den jüdischen Menschen vor eine harte Alternative. Es gibt nämlich keinen zwingenden Beweis dafür, daß Jahwe sich in Jesus reiner als in Mose, ja end-gültig offenbart. Keinen theologisch-logischen Beweis und keinen Wunderbeweis. Aber es gibt einen Weg: ein wenig Vorschuß an Vertrauen zu diesem kindhaften Menschen Jesus. Erst einmal wohlwollend auf ihn selbst hören. Dann kann es geschehen, daß allmählich ein Verstehen heranwächst, das bis zu dem ‚Wissen des Herzens' reift: Der ICH-BIN-DA (Jahwe), der sich durch Mose und die anderen Propheten ständig näherte, soweit sie sich ihm öffneten, ist durch Jesus, das ‚Kind' das ihm ganz vertraute, ganz angekommen. Dann allerdings ist Jesu Freudenbotschaft so end-gültig wie Gottes eigenes Wort und wird ‚nicht vergehen'.

Als er im Hause Simons des ‚Aussätzigen' zu Tisch lag, kam eine Frau herein und salbte sein Haupt mit teurem Nardenöl.

Wozu diese Verschwendung?
Man hätte dieses Riechöl für mehr als 300 Denare verkaufen und das Geld den Armen geben können.

Laßt sie! Warum tut ihr der Frau weh?
Sie hat doch ein gutes Werk getan: an mir.
Was ihr eben möglich war, das hat sie getan.

Das Mahl des Hausherrn mit den Gästen war Männersache. Frauen hatten da nichts zu suchen. Die Hausfrau mußte nur die Speisen auftragen, wenn kein Diener da war. Daß eine Frau überhaupt hier hereinzukommen wagte und an den zu Tisch liegenden Rabbi Jeschua herantrat, setzt voraus, daß seine Unbefangenheit gegenüber Frauen schon bekannt war. Weil er sie offen zeigte, ohne Angst um seinen ‚guten Ruf' bei den sittenstrengen Pharisäern (403). Was die Anwesenden empörte, war auch nicht das Verhalten der Frau gegenüber Jesus, sondern nur ihre dumme Verschwendung. Ihr Stand und ihr Beruf werden nicht genannt und sind höchstens aus der Tatsache zu vermuten, daß sie ein ungewöhnlich teures Parfüm bei sich trug.
Die Tat der Frau. – Sie hat keine Angst mehr. Vor aller Augen bekundet sie ihre Liebe zu Jesus. Und das ist der Grad ihrer Liebe: Nicht vieles, sondern alles gibt sie für ihn: ihr kostbarstes Parfüm, dazu das Alabastergefäß, das sie zerbricht. Endgültig! Mit dieser unbekümmert-radikalen Entscheidung des Herzens paßt sie so recht zu Jesus. Denn er hat genauso ‚unvorsichtig' Gott und die Menschen geliebt.
Die Reaktion einiger Tischgenossen. – 1. Sie überlegen. Mit 300 Denaren (das sind 300 Taglöhne) könnte man vielen Armen helfen. Das ist nicht nur vernünftig gedacht. Es ent-

spricht auch einer Grundforderung Jesu, alles für die Armen zu geben. 2. Mit ihrem sachlich-richtigen Argument prügeln diese ‚klugen' Männer eine ‚dumme' Frau: Wozu diese Verschwendung?

Die Entscheidung Jesu. – 1. „Warum tut ihr dieser Frau weh?" Er nimmt sie ebenso furchtlos in Schutz, wie sie zuvor sich furchtlos zu ihm bekannte. 2. Und dies ist sein Gegenargument: Ihr verlangt gute Werke. Aber sie hat doch ihr ‚gutes Werk' getan, an mir nämlich. Freilich auf ihre Art und Weise. Was ihr eben möglich war, das hat sie getan. Das bedeutet: Andere Leute in anderer Lage sollen Gutes tun, wie sie es können und wie es sachlich vernünftiger sein mag, etwa im sozialen Engagement. Aber deshalb dürft ihr nicht diese Frau beschimpfen, weil sie ‚nur' das gute Werk tat, zu dem sie imstande war. „Laßt sie!"

Hier wird deutlich, wie weit Jesus vom Fanatismus entfernt war. Wäre er wie so manche Revolutionäre von einer Idee, und sei es ‚Liebe zur Menschheit', besessen, dann würde er sein Herz durch den rechnenden Verstand reglementieren; auch die spontanen Regungen der anderen. Dann würde er die Torheit und Verschwendung einer verliebten Frau nicht dulden. Aber dieser ganz von Gott durchherrschte und eben darum so natürlich empfindende Mensch Jesus ist nicht Ideen zugetan, sondern den konkreten Menschen, die ihm begegnen.

Siehe Anmerkung!

Er nahm ein Brot, sprach das Dankgebet,
brach es und gab es ihnen.

Das bin ich:
für euch gegeben.

Vergessen wir einmal, was später aus dem Wort gemacht wurde! Begeben wir uns mit den galiläischen Bauern und Fischern in jene Tischrunde des Meisters, um es wie zum erstenmal zu hören. Er redet zwar gern in Bildern und setzt zeichenhafte Gesten; aber immer so, daß einfache Leute ihn verstehen können. Wenn er (vielleicht bei einem anderen Essen) sagte „Ihr seid das Salz", wußte jeder, was gemeint war. Keiner kam auf den Gedanken, in diesem Augenblick könnte mit den Körnchen im Salznapf etwas Geheimnisvolles geschehen sein. – Hier nun teilt er Brot aus und sagt: Das bin ich.
Was bedeutet denn Brot für einen gläubigen Juden? Gott gibt es Tag für Tag. Für die Menschen. Daß sie es aufzehren und davon leben. Brot ist nicht für sich da, sondern für andere. Das ist entscheidend! Insofern könnte man von einer Mutter, die ihr Neugeborenes stillt, überhaupt von einer Frau, die nicht für sich lebt, sondern ihre ganze mütterliche Kraft dafür einsetzt, daß ihre Familie leben kann, zutreffend sagen: Sie ist für diese Menschen wie das tägliche Brot (das man verzehrt und nicht beachtet, solange man es hat). Und gläubig könnte man hinzufügen: Gott hat ihnen eine solche Mutter gegeben.
Als die Jünger wieder ihre allzumenschlichen Rangkämpfe untereinander ausfochten, sagte er ihnen (nach Lukas beim selben Mahl): „Ich aber bin euer Tischdiener" (168), und nach Joh 13,2ff wäscht er ihnen die Füße, um ihnen einzuprägen, daß sie ebenso einander dienen sollten, statt einander beherrschen zu wollen. Mit dem Brotgestus und Brotwort geht er noch einen Schritt weiter. Er gibt ihnen Brot zum Essen und erklärt: Das bin ich. Brot bin ich, von Gott gegeben (pass. div.),

für euch. Ist das nicht deutlich genug? Auch die hier nicht ausgesprochene Erwartung Jesu ist leicht zu ergänzen: So sollt auch ihr füreinander wie Brot sein, sollt ganz füreinander dasein.

Gewiß steckt darin das ‚große Geheimnis' Jesu. Aber es liegt viel tiefer als auf der Ebene wunderhafter Verwandlung. Was wäre auch mit dem Doppelwunder (1. Substanzverwandlung; 2. völlige Unsichtbarmachung der Verwandlung) für die Beteiligten gewonnen? Das Geheimnis ist ernsthafter, erschütternder. Es ist das Mysterium der sich selbst verschenkenden Liebe, die von Gott ausgehend durch Menschenherzen hindurch die Welt auf Gottesherrschaft hin tatsächlich ‚verwandeln' kann. Nicht ruckartig, sondern allmählich wie Sauerteig. Der Gott, der von Anfang an sich nannte ICH-BIN-DA-FÜR-EUCH (Jahwe), hat sich zu Ende geoffenbart durch Jesus, der von sich sagt: Ich bin Brot – von Gott gegeben – für euch.

Siehe Anmerkung!

In der Nacht, in der er ausgeliefert wurde, nach dem Mahl nahm er den Becher, sprach das Dankgebet und gab ihn ihnen.

Trinkt alle daraus!

Und alle tranken daraus.

Dieser Becher ist der Neue Bund.
Tut das immer, wenn ihr miteinander trinkt,
um mich in Erinnerung zu bringen!

Auf das Festmahl folgt die fröhliche Weinrunde, die der Gastgeber eröffnet. Er spricht den Segen über seinen Becher und trinkt den Tischgenossen zu, worauf alle aus ihren eigenen Bechern trinken.
Diesmal ging es anders zu. Jesus ahnte oder wußte, daß er ausgeliefert würde; von einem aus seiner Tischrunde. „Aber siehe, die Hand dessen, der mich ausliefert, ist mit mir auf dem Tisch!" Das machte dieses Abendessen zum Abschiedsmahl. Er mußte damit rechnen, daß dieses armselige Grüppchen, das seine Botschaft weitertragen sollte, bald wieder auseinanderfallen würde. Denn in dieser Gemeinschaft gab es nicht nur Verrat, sondern auch ehrgeiziges Machtstreben (Lk 22,24) und überhebliche Selbsteinschätzung (Mk 14,29–31). Darum wollte er sie über seinen Tod hinaus an sich binden und sie untereinander zusammenbinden zu einem ‚Bund'. Das tat er durch 1.) einen eigenartigen Bechergestus, 2.) dessen Deutung und 3.) einen entsprechenden Auftrag.
1. Das Ungewöhnliche an dem Bechergestus war, daß alle Tischgenossen aus einem einzigen Becher trinken sollten. – Wenn man auch in Hygiene nicht so zimperlich war wie heute, so etwas tut man nicht und tat man damals normalerweise nicht. Es ist schon eine starke Zumutung, mit einem, den ich nicht mag, aus demselben Becher zu trinken. Als wären wir

Blutsbrüder! Und überdies kann ich nicht freiweg trinken, wenn ich Rücksicht nehmen muß, daß alle nach mir bis zum Letzten noch etwas bekommen. Aber der Meister scheute sich nie, seinen Schülern zuzumuten, daß sie über ihren Schatten springen. Bei jenem Gemeinschaftsmahl in der Einöde verlangt er, sie sollten ihre eigenen letzten fünf Brote herausgeben. Und jetzt verlangt er, daß sie, die gegeneinander um die ersten Plätze stritten, miteinander aus einem Becher trinken; daß Petrus, der sich für den treuesten hält, mit Judas, der des Verrats verdächtigt ist, gewissermaßen Bruderschaft trinkt. – Das Gefühl sagt: Nein! Jesus sagt: Tut es! Trinkt alle daraus! (Mt 26,27).

2. Der innerlich erregenden, zeichenhaften Handlung gibt Jesus präzis und knapp die Deutung: „Denn dieser Becher ist der Neue Bund". Wenn die Betroffenen in jener konkreten Situation das Wort verstehen sollten, kann ‚dieser Becher' nur bedeuten: ebendieses brüderliche Miteinander-Trinken aus dem einen Becher Jesu bzw. die so zustandegekommene Gemeinschaft. Von einer Gemeinschaft kann man sagen, sie sei ein Bund, aber nicht von einer Flüssigkeit. – Der ‚Neue Bund' aber ist die schon vom Propheten Jeremia erwartete neuartige Gemeinschaft Israels mit Jahwe, die nicht mehr wie der Sinaibund auf gesetzlich fixierten gegenseitigen Leistungen basiert. Er gründet vielmehr wie eine Freundschaft oder Ehe in der Übereinstimmung der Herzen. „Siehe, es kommen Tage, da werde ich mit dem Haus Israel einen neuen Bund schließen. Nicht wie der Bund, den ich mit ihren Vätern geschlossen habe, damals, als ich sie bei der Hand nahm und aus dem Land Ägypten herausführte. Diesen Bund haben sie gebrochen, obwohl ich ihr Herr war. Sondern das ist der Bund, den ich mit dem Haus Israel nach jenen Tagen schließen werde: Ich werde mein Gesetz in ihr Inneres legen und ihnen ins Herz hineinschreiben. Ich werde ihr Gott sein, und sie werden mein Volk sein. Dann brauchen sie sich nicht mehr gegenseitig zu belehren und einer zum anderen zu sagen: ‚Erkennet Jahwe!' Sondern sie alle

werden mich erkennen, klein und groß, spricht Jahwe" (Jer 31,34–34). Und so ergänzt Jesus: Dieser unser Becherbund ist bereits der Neue Bund Gottes mit seinem Volk. Darin kommt Gott zur Herrschaft in der längst angekündigten, neuen Weise.

3. Die Brücke über den Tod Jesu hinweg in die Zukunft. – „Sooft ihr trinkt": immer, wenn ihr miteinander Wein trinkt in festlich-fröhlicher Tischrunde. – „Tut dies": dann macht es so, wie ich es soeben gezeigt habe, und trinkt aus einem einzigen Becher, wie Menschen, die miteinander eins sind. Seid Brüder und Schwestern! – „Zu meinem Gedächtnis": um mich und meine Botschaft in lebendiger Erinnerung zu halten, wenn ich nicht mehr unter euch weile. Dazu sollt ihr nicht nur weitersagen, was ich euch gesagt habe, sondern weitertun, was ich an euch getan! Auf die kürzeste Formel gebracht: Ihr sollt einander lieben!

Dies war die letzte Verfügung Jesu angesichts seiner bevorstehenden Auslieferung. Es war sein Testament im Vollsinn des Wortes. So groß, daß es keiner Vergrößerung durch irgendwelche Wunder bedarf. In seiner Zeichenhaftigkeit für die einfachen Menschen jener Tischrunde so klar, daß es durch spätere theologische Konstruktionen (siehe Anm.) eher zu- als aufgedeckt werden konnte.

Wein trinken zu seinem Gedächtnis.

Obwohl der Wein normalerweise zu einem jüdischen Festmahl gehörte, war es durchaus nicht selbstverständlich, daß Jesus die Erinnerung an ihn gerade mit einem Weinbecher verknüpfte. Es gab nämlich innerhalb jenes Abschiedsmahls genug andere Ansatzpunkte, die auf den ersten Blick theologisch sinnvoller und frömmer erscheinen mochten. Er konnte auch anordnen: Zu meinem Gedächtnis verzehrt das Paschalamm miteinander! oder: Eßt die Tunke mit Bitterkräutern (die als Erinnerung an die Leiden Israels in Ägypten zum

Paschamahl gehörte) aus der einen Schüssel! oder: Wascht einander die Füße, wie ich an euch getan! (vgl. Joh 13,1–15, wo die zeichenhafte Fußwaschung samt Auftrag offensichtlich das eucharistische Vermächtnis ersetzt!) Und am frömmsten hätte geklungen: Zu meinem Gedächtnis sollt ihr bei euren Zusammenkünften euch aller berauschenden Getränke enthalten! – Aber er sah im Miteinander-Trinken die geeignetste Zeichenhandlung, um sein Werk, die Verkündigung und die Darstellung der Gottesherrschaft, lebendig zu erhalten. Obwohl doch der Wein eher Luxus als lebensnotwendig ist. Obwohl doch das Miteinander-Trinken gefährlich ist, weil es leicht ausartet. Den drohenden Tod vor Augen wählte er die brüderlich-fröhliche Weinrunde zu seinem Vermächtnis. Weil die Freude, nicht die auf das rein Geistige reduzierte, sondern die ganzheitliche, menschliche Freude das Echtheitssiegel *seiner* Gottesbotschaft vom Anfang bis zum Ende war und für die Zukunft bleiben sollte: die Freude über die Gegenwart des liebenswürdigen Gottes (107). Schade, daß auch von der brüderlich-fröhlichen Weinrunde Jesu im christlichen Gottesdienst nichts und in der traditionellen christlichen Lebenshaltung viel zuwenig übriggeblieben ist.

Siehe Anmerkung!

(Nach dem Becherwort)

Aber seht, die Hand dessen, der mich ausliefert,
ist mit mir auf dem Tisch!
Ein einfacher Mensch wie ich geht zwar dahin,
wie es ihm bestimmt ist,
aber wehe dem Menschen,
durch den er ausgeliefert wird!

. . . . .

(Im Garten Getsemani)

Judas, mit dem Freundeskuß
lieferst du einen Menschen ans Messer?

Nach dem Abendmahlbericht des Lukas, der auch in diesem Punkt ursprungsnäher ist, trank Judas noch aus dem Becher Jesu. „Aber seht..." Jesuanisch ist ein Freundeskreis erst dann, wenn er diese Belastungsprobe besteht; wenn er sogar einem potentiellen Verräter weiter die Gemeinschaft anbietet, um ihn noch zu retten, statt ihn auszuschließen, um sich selbst zu schützen.

Was bedeutet ‚ausliefern'? – Es gibt drei Kampfesweisen:
1. Man kann den Gegner angreifen und umbringen. Aber das erfordert Kraft, und als Mörder macht man sich die Hände schmutzig. 2. Klüger ist es, den Gegner nur auszuliefern, daß andere ihn umbringen. Ausliefern kann man einen Menschen dem Verdacht; dem Gespött; der Volkswut; der Inquisition; dem weltlichen Richter, der ihn dann auch nur dem Henker abliefert. Und wer besonders fromm ist, liefert seinen Feind dem Strafgericht Gottes aus. All das ist mit Jesus geschehen.
3. Wer nicht rein erscheinen möchte, sondern rein ist wie Jesus, wird offen kämpfen; aber nicht um den Gegner niederzutreten, sondern um seine Verkehrtheit zu heilen. Er kann den Feind

nicht an irgendeinen Schlächter abschieben. Er muß ihn mit dem Herzen festhalten. Das ist die Art Gottes (205).
Warum Judas zum Gegner Jesu wurde, läßt sich nur vermuten. Vielleicht war der ‚Isch-Kariot' (= Sichel-Mann?) innerlich Zelot geblieben. Aber das waren andere Jünger auch. Vielleicht war er zu ehrgeizig. Aber das waren andere Jünger auch. Es ist nicht nötig, ihn zu einem erbärmlichen Dieb zu verkleinern, wie es eine frühchristliche Polemik mit Hilfe der ‚30 Silberlinge' aus Sach 11,12 tat (vgl. Mt 26,15 + Joh 12,6). Aber es ist auch nicht möglich, ihn zu einem tragischen Überzeugungstäter, zu einem verkannten Heiligen hochzustilisieren, wie es heute mitunter geschieht. Denn entscheidend ist seine Kampfesweise. Andere haben dem Meister ‚ihre Meinung gesagt', gelegentlich sehr kühn, und er hat sie kräftig gepackt und zurechtgerückt (144! 154 166 167 405). Aber nach dem Gewitter war wieder reine Luft. Nur von Judas liest man nie, er habe Jesus offen widersprochen oder auch nur eine dumme Forderung an ihn gestellt. Hätte es eine derartige Erinnerung gegeben, dann wäre sie in die Evangelienüberlieferung aufgenommen worden, um zu zeigen, daß der spätere Verräter schon immer der Böse war. – Jesus hat niemand genötigt, bei ihm zu bleiben. Er hat im Gegenteil seine Anhänger zur Entscheidung für oder gegen ihn aufgefordert, indem er den hohen Preis der Nachfolge vorweg nannte (420). Nur wer sich selbst verleugnet, darf ihm als Schüler folgen (145). Nur wer das Kreuzesrisiko annimmt, darf ihm nach Jerusalem folgen (146). Judas hätte bei wachsender innerer Entfremdung seinen Widerspruch heraus-sagen und notfalls weggehen müssen. Aber er blieb. Als Fremdkörper inmitten einer Bruderschaft! Bis zuletzt blieb er ‚Tischgenosse' und ‚Freund' (philema, Kuß, heißt eigentlich Freundschaftsbezeugung). Das ist wohl die übelste Art des Auslieferns und für den Betroffenen die bitterste. Als Kaiphas sein Opfer dem Pilatus übergab, spielte er wenigstens nicht den Freund Jesu, sondern nur den braven Untertan Roms. (Erst in der mittelalterlichen Kirche geschah es wieder, daß die Inquisition ihr

Opfer dem weltlichen Arm mit der verlogenen Bitte auslieferte, barmherzig mit ihm zu verfahren. Aber jeder Richter wußte, daß daß er selbst als Ketzer gelten würde, wenn er diese fromme Freundlichkeit ernst nähme.

Wie reagiert Jesus auf den Verrat? – 1. Er kämpft um den Verräter. Er läßt ihn wissen, daß er ihn durchschaut: „Siehe, die Hand...!“ Er macht ihm die Bosheit seines Verhaltens bewußt: „Wehe jenem Menschen...!“ „Judas, mit einem Kuß...?“ 2. Er läßt sich aber vom Verräter nicht zum Gegenschlag verleiten. Er schließt ihn nicht aus seiner Gemeinschaft aus. Er erträgt ihn, noch bei dem Abschiedsmahl im Freundeskreis. Liebe kann gar nicht exkommunizieren. Er will ihn auch innerhalb der Gemeinschaft nicht dadurch, daß er seinen Namen nennt, dem Haß der anderen ausliefern. Er will ihm die Rückkehr nicht verbauen. 3. Er läßt sich vom Verräter nicht zur Flucht verleiten. Durch alle Intrigen hindurch, mögen sie von dem ‚Fuchs‘ Herodes (418) oder von dem verräterischen Freund Judas gesponnen werden, geht er seinen geraden Weg, der ihm von Gott ‚bestimmt‘ ist.

Die Jesusworte 168 und 428 sind chronologisch hier einzuordnen.

Ich bin todtraurig.
Bleibt da und wacht mit mir!
. . . . .
ABBA!
Wenn es möglich ist, soll dieser Kelch an mir vorübergehen!
Aber nicht, wie ich will, sondern wie du willst . . .
. . . . .
Seid wachsam und betet,
damit ihr nicht in Versuchung kommt!

Die Niedergeschlagenheit Jesu

Der griechische Text sagt mit einer Redewendung aus Ps 41,6 wörtlich: Ganz traurig ist meine Seele bis zum Tod. – Was einen Menschen wie Jesus, der sich so mit Leib und Leben für die Gottesherrschaft einsetzt, am tiefsten erschüttert, ist wahrscheinlich die plötzliche Erkenntnis, daß sein Werk durch Menschen zerstört wird. Das ist schlimmer, als für eine siegreiche Sache zu sterben. Am Ende seiner Jerusalemer Tätigkeit weiß er, daß der erhoffte Durchbruch nicht gelungen ist, daß er weder die Amtsträger noch die Volksmassen zur Umkehr bewegen konnte. Nach den Erfahrungen beim letzten abendlichen Mahl (190 428) weiß er auch, daß nicht einmal seine Schüler begreifen, was er eigentlich will. Und jetzt, im nächtlichen Versteck am Ölberg, weiß er, daß der Verräter naht, ein Schüler, ein Freund, der ihn ausliefern will. Was kann einen Menschen wohl noch trauriger machen? – Die Angst vor dem Sterben unter brutalen Menschenhänden kam sicher noch hinzu. Er hatte ja schon in Galiläa zugegeben, daß ihm bange ist vor dem ‚Tauchbad', das ihm droht (413). Aber einen grausamen und dennoch ergebnislosen Tod vor sich zu haben, ist doppelt bitter. – Wie sehr das alles ihn niederschmetterte, kommt durch keine Passionschilderung besser zum Ausdruck als durch die glaubhaft überlieferte Tatsache: Er hat wie ein Ertrinkender nach einem Halt getastet bei Menschen, von denen er doch wußte, daß sie viel schwächer waren als er. „Bleibt da und wacht mit mir!"

Die Wiederaufrichtung Jesu

Es war die Hinwendung zum Abba, die auf dem Berge Tabor sein Antlitz zum Leuchten brachte wie die Sonne. Es ist auch die Hinwendung zum Abba, die ihn am Ölberg aus der Tiefe der Enttäuschung und Todesangst wieder aufrichtet, daß er seinen Weg als der geliebte Sohn zu Ende gehen kann. Es braucht nicht zu verwundern, daß sein Gespräch mit dem Abba gehört und überliefert werden konnte. Wenn er einige Vertraute bat, bei ihm zu bleiben und mit ihm zu wachen, dann hat er auch in seinem Beten keine Schranke gegen sie errichtet. Warum auch? Sie brauchten die Stärkung doch ebenso. – a) Er betete bescheiden: Das Leiden möge doch an mir vorübergehen! Keine Leidenssehnsucht, keine Kreuzesmystik. Wie er gegen die Leiden der Kranken anging, statt sie zu glorifizieren, so hat er für sich selbst das Leiden abgewehrt. b) Er betete nüchtern: wenn es möglich ist. Vielleicht ist es unumgänglich. Er will Gott nicht zu Rettungswundern herausfordern. Hier so wenig wie bei den ‚Versuchungen in der Wüste'. Er ist frei von der Illusion, einem von Gott Geliebten könne nicht das Schlimmste widerfahren (144 u.a.). c) Er kommt im Gebet zu der klaren und festen Entscheidung: wie du es willst. Zu ergänzen ist: so werde ich handeln. Nicht einfach: so soll es geschehen. Denn was faktisch ihm Böses ‚geschieht' durch Judas, Kaiphas oder Pilatus, das ‚will' Gott nicht. Gott verlangt nur von Jesus, daß er richtig handelt, auch wenn es ihn Leiden kostet.

Es gab nämlich für Jesus bis zum Augenblick der Verhaftung und Auslieferung noch eine Chance, sein Leben zu retten: Flucht aus Jerusalem und dann notfalls Flucht ins Heidenland, wo ihn die jüdische Inquisition nicht mehr packen kann. Und es gab für eine Flucht aus der Todesgefahr auch genügend kluge und fromme Ausreden. Aber Jesus wußte und erkannte es im Gebet von neuem: Gott will, daß er hier und jetzt dem Volk Israel die Gottesherrschaft endgültig anbietet; hier in seiner geistlichen und politischen Metropole und nicht irgendwo von einem sicheren Versteck aus; jetzt und nicht irgendwann bei günstigerer Gelegenheit. Er wußte auch und erkannte im Gebet von neuem: Wer sein Leben für Gottes Sache einsetzt und verliert, wird es gewinnen (147). Darum: Nicht wie mein angstverwirrtes Herz es möchte, sondern so wie du willst, Abba, werde ich handeln, was auch kommen mag.

3. Die Weisung Jesu

Was der Meister selbst erfahren hat, das gibt er seinen Schülern weiter: Seid wachsam und betet! Nicht das Ankämpfen gegen das gesunde Schlafbedürfnis ist hier gemeint, wie es durch die Ausschmückung der Szene (Mk 14,37–41 par) scheint. Worauf es Jesus ankommt, ist immer und überall die kritische Wachsamkeit gegenüber gottwidrigen, aber fromm getarnten Gedanken und Regungen; auch im eigenen Herzen. Betet, breitet euer heimliches Denken und Wollen vor Gott aus und laßt es von ihm beurteilen, damit ihr nicht in die Gefahr kommt, gegen Gott zu handeln, ohne daß ihr es merkt. Daß ihr nicht wie träumend oder geistig vernebelt vom Weg Gottes abirrt!

Genug jetzt! Die Stunde ist gekommen.
Seht doch: Ausgeliefert wird der Mensch und so auch ich in die Hände gottloser Menschen.

Gehn wir voran!
Seht: Der mich ausliefert, ist gekommen.

Das war es, was die Jünger nie wahrhaben wollten: daß Jesus, der von Gott geliebte, gottlosen Menschen ausgeliefert werden könnte, so daß sie mit ihm machen können, was sie wollen. Immer wieder versucht er, ihnen mit dem unbedingten Vertrauen zum Vater zugleich diese nüchterne Einsicht zu vermitteln: Der Mensch ist wirklich den Menschen ausgeliefert, und ich bin keine Ausnahme (142 144 149 190). Aber jetzt ist die Stunde der Wahrheit gekommen. Jetzt seht ihr es mit eigenen Augen.
Im Grunde will keiner es wahrhaben, daß ein schuldloser Mensch hilflos ausgeliefert ist. Weil keiner die Güte Gottes und das Nichteingreifen Gottes zusammendenken kann. Wenn Gott einen Menschen seinen Feinden überläßt, dann muß er es verdient haben. Wie jene Galiläer, die bei ihrem Tempelopfer von den Römern niedergemetzelt wurden. Nur weil sie Sünder waren, konnte ihnen das geschehen (415). Aus demselben Aberglauben sagten die Vertreter des Sanhedrin bei der Hinrichtung Jesu: Wenn Gott ihn liebt, soll er ihn jetzt retten (196). Darum mußte auch die kantige Ijob-Geschichte am Ende ‚abgerundet' werden: Jahwe vergilt seinem Knecht schon auf Erden doppelt, was der an Satan Ausgelieferte schuldlos gelitten hat (Ijob 42,10–17). Darum wird auch im Danielbuch die bedingungslose Jahwetreue der ‚drei Jünglinge', die Nebukadnezars Standbild auch dann nicht anbeten wollten, wenn Gott sie nicht aus seiner Hand rettet (Dan 3,16–18!), überstrahlt und leider aus dem Bewußtsein des Lesers wieder verdrängt durch das großartige Rettungswunder. Aber es ist nicht erst die jüdische,

sondern schon die allgemein-menschliche Religiosität, die angesichts der unbegreiflichen Ausgeliefertheit schuldloser Menschen das handfeste Rettungswunder fordert. In den griechischen Tragödien ist es der ‚Deus ex machina': Die Theatermaschinerie bringt zur Lösung auswegloser Probleme plötzlich einen Gott auf die Bühne. Denn die Rechnung *muß* aufgehen. Im Rahmen unserer Logik. So meint der theologisierende Mensch.

Jesus hat die Frage, warum der gute Gott das Böse geschehen läßt (die Theodizeefrage), nicht theoretisch gelöst, sondern tapfer durchgestanden. Er war offen gegenüber beiden Seiten der Wirklichkeit: Realistisch sah er die harte Kruste dieser Welt und vertrauend schaute er hindurch auf Gott, den innersten personalen Grund ebendieser Welt. Darum konnte er frei ja sagen zu seiner unausweichlichen Passion. Agomen! Gehn wir voran! Dem Herankommenden entgegen, statt zu fliehen! Seine Schüler sollen sich nicht nur von den Notwendigkeiten schieben lassen. Wenn die Stunde der ‚Auslieferung' da ist, sollen sie aktiv leiden und aktiv s t e r b e n ; an ihrem Kreuz oder an ihrem Krebs.

Das Jesuswort 344 ist chronologisch hier einzureihen.

Jesus zu den Oberpriestern:

Als ob ich ein Terrorist wäre,
seid ihr mit Dolchen und Knüppeln ausgezogen,
um mich zu fassen.
Als Lehrender stand ich euch im Tempel gegenüber,
Tag für Tag.
Da habt ihr mich nicht überwältigt.

Das Wort ist nicht an die Tempelpolizei gerichtet. Es ist zu den verantwortlichen Hierarchen gesprochen, wahrscheinlich zu Beginn der Gerichtsverhandlung. Jesus wirft ihnen zweierlei vor:

1. Ich bin kein ‚Räuber', das heißt hier: kein zelotischer Terrorist, und trotzdem behandelt ihr mich wie einen solchen. Ihr kämpft gegen mich mit ungleichen Waffen. Ihr geht gegen einen Wehrlosen mit Knüppeln vor.

2. Geistig habt ihr mich nicht besiegt. (In der Halle Salomos konnte jeder öffentlich reden, ähnlich wie im Londoner Hydepark. Hier hat Jesus während seines Jerusalemer Aufenthalts täglich gepredigt und diskutiert.) ‚Im Tempel lehrend', auf eurem Territorium und in dem Bereich, für den ihr als Priester und Theologen zuständig seid, habe ich euch herausgefordert. Da habt ihr mich nicht überwunden. Daß ihr jetzt Knüppel braucht, zeigt, daß ihr mich geistig nicht überwinden könnt.

Macheira ist hier (und in 344 428) mit ‚Dolch' zu übersetzen. Juden durften keine Schwerter tragen. Daß römische Soldaten unter jüdischem Kommando standen, scheidet aus. Wäre aber die Verhaftung auf Veranlassung des Statthalters erfolgt, dann hätte er Jesus sofort vor sein Gericht gestellt. Er brauchte nicht erst das Urteil einer jüdischen Behörde abzuwarten.

Jesu Verhalten vor dem Gerichtstribunal

Wir hörten ihn sagen: Ich werde diesen Tempel niederreißen und in drei Tagen einen anderen errichten.

Antwortest du nichts auf die Anklagen,
die diese gegen dich erheben?

Wenn ich euch etwas sage, glaubt ihr mir nicht.
Und wenn ich mit euch diskutieren will,
geht ihr nicht darauf ein.

Ich beschwöre dich beim lebendigen Gott, daß du uns sagst: Bist du der Messias, der Sohn des Hochgelobten?

Dies ist deine Rede. – Aber das sage ich euch:
Ab jetzt wird der (hilflose) Mensch da
zur Rechten der KRAFT sitzen.

Also bist du der Sohn Gottes?

Ja, das bin ich.

Jetzt habt ihr die Gotteslästerung gehört. –
Er ist des Todes schuldig.

Erste Anklage: Tempelzerstörung

Den Tempel niederreißen wollen, ob wörtlich oder symbolisch gemeint, das wäre ein publikumswirksamer Anklagepunkt. Der religiöse Fanatismus der Massen würde gerade jetzt bei diesem Pilgerandrang, sich gegen den Tempelzerstörer wenden und der Inquisition recht geben. Man vergleiche damit die Stephanus-Anklage und -Verteidigung in Apg 6,13f und 44–60!

Hinzu kommt, daß alle, die im Synedrium Sitz und Stimme haben, selbst mehr oder weniger vom Tempel leben (vgl. 182). – Jesus geht nicht in diese Falle. Um zu klären, welche Art von Tempelzerstörung und Tempelneubau er meint, wäre ein Gespräch notwendig. Und das ist mit diesen Partnern nicht möglich. Wenn ich euch aus mir heraus etwas sage, nehmt ihr es nicht an. Wenn ich mit euch zusammen die Wahrheit enthüllen möchte, indem ich euch nach der üblichen Schulmethode Fragen stelle, antwortet ihr nicht. Ich kann weder so noch so mit euch sprechen, weil ihr euch mir verschlossen habt. In diesen Zusammenhang gehört auch das Wort: Als ich im Tempel lehrte, habt ihr mich nicht überwunden (193). Jesus lehnt diese Richter als befangen ab. Er weiß, daß er von ihnen bereits verworfen ist (141 176) und seine Verurteilung im voraus feststeht.

Zweite Anklage: Messiasanspruch

Es überrascht, daß die Glaubensrichter nicht Jesu offenkundige Toraverletzungen aufgriffen. Was er allein gegen das Sabbatgebot ostentativ lehrte (110) und ohne eine Dringlichkeitsentschuldigung praktizierte (111), hätte nach mosaischem Gesetz genügt, ihn zum Ketzertod zu verurteilen (Ex 35,1–3). Aber es hätte nicht genügt, dafür die Zustimmung des Volkes und schon gar nicht die des Römers zu gewinnen.
Ob Jesus sich aber als Messias ausgibt, dafür wird sich auch der religiös gleichgültige Römer interessieren müssen. Das Wort ‚Messias', in den Straßen Jerusalems gerufen und beim Prozeß Jesu als Frage hingestellt, hat eindeutig politischen, genauer noch: antirömischen Akzent. Und doch hat sich auch die religiöse Hoffnung Israels in diesem Wort verdichtet. Objektiv ist die Frage des Oberrichters eine zweideutige (politischer Messias? / prophetischer Messias?) und überdies eine zweifache (Messias?/Gottessohn?). Darauf sollte der Angeklagte mit einem einzigen Ja oder Nein antworten. – Jesus geht auch nicht

in diese Falle. Er läßt die Frage des Hohenpriesters auf sich beruhen und stellt souverän seine eigenständige Aussage hin. Dies sagst du aus deiner Gedankenwelt heraus, aber das sage ich euch... Und nun folgt kein Messiasbekenntnis, sondern sein Bekenntnis zu Gott.

DIE KRAFT oder ‚meine Stärke' (EL, ELOHIM, ELI = mein Starker), so und ähnlich wurde in den alten Gebeten Israels Gott angerufen. Besonders von Menschen, die sich in ihrer ausweglosen Lage nur noch auf den Schutz Jahwes verlassen konnten. – Gott, der meine Stärke ist, läßt mich zu seiner Rechten sitzen; dicht neben sich, wie einen intimen Freund. Seinen rechten Arm legt er schützend um mich, den armen Menschen da (Menschensohn). Früher hatte er seinen Schülern versichert, Gott werde einen ausgelieferten Menschen wie ihn, auch wenn sie ihn töten, binnen kurzem wiederaufrichten (143). – Aber warum so betont „ab jetzt"? Wohl ist sich Jesus seit seiner Gotteserfahrung in der Wüste (100) der ganzen Liebe und Fürsorge Gottes sicher. Aber erst jetzt, da er gefesselt vor seinen Richtern steht, ist er wirklich ausgeliefert. Mit der Gefangenennahme am Ölberg war ‚die Stunde' gekommen (192), die Zäsur zwischen Bewegungsfreiheit und Ausgeliefertsein und somit ‚die' Probe auf Jesu Gottvertrauen. Weil ich euch ab jetzt ganz hilflos ausgeliefert bin, darum sitze ich ab jetzt zur Rechten der KRAFT, von Gott geliebt und beschützt. Dieses Bekenntnis ist zugleich eine letzte Mahnung, sich nicht an ihm zu vergreifen.

Aber seine Richter hören nur den provozierenden Anspruch heraus, ‚der Sohn Gottes' zu sein. Und Jesus sagt unverhohlen: Da habt ihr recht. Das bin ich. – Natürlich versteht der Jude Kaiphas ebenso wie der Jude Jesus diese Bezeichnung nicht hellenistisch. ‚Sohn Gottes' meint hier keinen von Jahwe geheimnisvoll gezeugten Menschgott oder Halbgott nach Art der heidnischen Mythen, sondern nur einen Menschen, den Jahwe besonders erwählt und liebt und schützt. So konnte das Volk Israel oder sein gesalbter König oder der einzelne getreue

Israelit ‚Sohn Gottes' genannt werden. Für die Richter, denen es formell nur um die Messiasfrage ging, war ‚Sohn Gottes' vor allem ein messianischer Titel. Dagegen Jesus, der immer von Gott als dem Abba sprach, präzisiert diesen Begriff auf seine Weise, wenn er forderte: Ihr sollt die Gesinnung Gottes eures Vaters annehmen, damit ihr „Söhne Gottes werdet" (205). In diesem Sinn bekannte sich Jesus als Sohn Gottes.
Aber damit behauptet er zugleich, daß Gott ihn sendet und seine gesetzwidrigen Lehren und Verhaltensweisen deckt. Das ist es eigentlich, was ihm den Vorwurf der Gotteslästerung einbringt (vgl. 104!). Dieser Ketzer bereut nichts und widerruft nichts, sondern hat die Kühnheit, seine Irrtümer noch Gott anzulasten. Wir sollten jenen Mitgliedern des Hohen Rates glauben, daß es ihnen wirklich um Gott ging; freilich um den Gott *ihrer* Vorstellungen. Daß sie zur Liquidierung des Ketzers den verhaßten Römer einschalten mußten und diesen nur durch eine politische Anklage, Jesus mache sich zum Messiaskönig, dazu bewegen konnten, war dann eine Frage des taktischen Vorgehens. Der wirkliche Grund seiner Verurteilung war offensichtlich seine angebliche Frechheit, mit der er seine Ketzereien als die Wahrheit Gottes ausgab (vgl. 186). Er hielt bis zuletzt an ‚seinem Gott' fest, und sie an ‚ihrem Gott'. Nur unter Einbeziehung dieser Ausgangspunkte könnte der Prozeß Jesus revidiert werden.

Siehe Anmerkung!

Jesu Verhalten vor dem römischen Statthalter

Sie verklagten ihn folgendermaßen: Wir haben festgestellt,
daß er unser Volk aufwiegelt
und verbietet, dem Kaiser Steuern zu zahlen,
und behauptet, er sei der Messiaskönig.
Pilatus: Bist du der König der Juden?

Das ist deine Rede.

Auf die Anklage der Oberpriester und Ältesten aber antwortete er nicht, so daß der Statthalter sich sehr verwunderte.

‚Das sagst du' ist hier ebenso wie vor dem jüdischen Gericht kein Ja, sondern bedeutet: Das ist deine Aussage nach deinem Verständnis, aber nicht die meine. Hätte Jesus ja gesagt, dann hätte er Pilatus geradezu getäuscht, denn dieser konnte ‚Messias-König' und ‚König der Juden' nur politisch verstehen. Was an diesem zweiten Prozeß auffällt, ist die Tatsache, daß Jesus sich nicht verteidigt hat. „So daß der Statthalter sich sehr wunderte." Er konnte, ohne mit dem Römer über den zweideutigen Messiasbegriff theologisch zu diskutieren, wenigstens die gegen ihn erhobenen rein politischen Vorwürfe zu entkräften suchen. Mußte er nicht auch diesem heidnischen Beamten helfen, ein gerechtes Urteil zu fällen? Auch heute noch ist das Schweigen Jesu vor Pilatus, auf das die Verurteilung und Kreuzigung folgte, ‚verwunderlich' und läßt uns nach den Gründen fragen.
Vielleicht hat er sich verteidigt, aber ein Bericht darüber ging nicht in die christliche Überlieferung ein, weil es dafür keine jesusfreundlichen Augenzeugen gab. Daß er das Martyrium erstrebte und deshalb den Römer durch sein Schweigen gewissermaßen nötigte, ihn zu kreuzigen, scheidet als Motiv aus (vgl. 191). Vielleicht durchschaute Jesus, daß seine Hinrichtung

auch bei Pilatus schon vor dem Prozeß feststand, rein taktisch ausgehandelt vom Synedrium. Unter solchen Voraussetzungen sich noch ernsthaft verteidigen, das hieße ein falsches Spiel zu einer echten Gerichtsverhandlung machen. Durch ostentatives Schweigen dagegen urteilt der Angeklagte über seinen Richter: Dein Gericht ist kein Gericht.

Vielleicht war es dem Juden Jesus innerlich unmöglich, sich zu verteidigen, indem er ‚sein Volk' anklagte vor ‚den Heiden'. Denn bei diesem Staatsakt geht es nicht mehr um Individuen und ihre persönlichen Interessen oder Fehltritte. Hier steht das Synedrium für Israel und Pilatus für Rom, die heidnische Unterdrückermacht. – Und wenn sich Jesus mit Erfolg verteidigt hätte, was dann? Von einem heidnischen, politisch orientierten Gericht aus einer jüdischen, religiös fundierten Verfolgung gerettet, kehrt Jesus gewissermaßen unter dem Schutzmantel Roms zurück und verkündet weiterhin seinem Volk die Botschaft Gottes? Das ist wiederum unmöglich. So wie Jesus den Geheilten aus dem heidnischen Gerasenerland nicht als Schüler und somit als künftigen Boten an Israel annehmen konnte (123). Wenn ein Germane oder Gallier in ähnlicher Situation vor einem römischen Richter geschwiegen hätte, könnte man solches Verhalten als trotzige Treue zum eigenen Volk bewundern. Aber daß ein so starkes Nationalgefühl ‚aus Gott' kommt, ist damit nicht erwiesen. Für Jesus dagegen ist Israel nicht chauvinistisch ‚mein Volk', sondern ‚Gottes Volk'. Weil es nach Jesus einen Auftrag an die Heiden hat (die Gottesherrschaft vorzuleben), soll es nicht vor Heiden verklagt werden. – Daß Pilatus Jesus selbst für politisch ungefährlich hielt, ist sehr wahrscheinlich. Daß er ihn trotzdem peinigen und dann kreuzigen ließ, liegt vielleicht weniger an seiner Angst, Kaiphas könnte ihn beim Kaiser (als zu lax gegen die Juden!) denunzieren. Möglicherweise zeigt das ‚Ecce homo!' im johanneischen Passionsbericht auf die richtige Spur. Wenn er der Volksmasse mit ihren messianisch-phantastischen Erwartungen, von der ihm die eigentliche Gefahr droht, den soeben gegeißelten Jesus zum Anschauen hinstellt, dann besagt „Seht, ein Mensch!“ im Munde dieses aufgeklärten Heiden, für den es keine hintergründige Wahrheit gibt, auf makabre Weise das gleiche wie die Selbstbezeichnung ‚Menschensohn‘ im Munde des bescheidenen, aber Gott vertrauenden Jesus: Da seht ihr’s, ihr Abergläubischen, euer ‚Messias‘ ist kein Wunderwesen, sondern ein armseliger Mensch, der mir völlig ausgeliefert ist.

Das Jesuswort 430 ist chronologisch hier einzureihen.

Jesu Verhalten bei seiner Hinrichtung

Sie gaben ihm mit Myrrhe gemischten Wein, aber er nahm ihn nicht.

. . . . .

Anderen hat er geholfen. Sich selbst kann er nicht helfen.

. . . . .

Hilf dir selbst, wenn du der Sohn Gottes bist!

Er soll doch jetzt vom Kreuz herabsteigen,
damit wir es sehen und glauben!

Er hat auf Gott vertraut.
Der soll ihn jetzt retten, wenn er ihn liebt.
Denn er hat gesagt: Ich bin Gottes Sohn.

ELI, ELI . . .

Die Henker gaben oft ihren Opfern vor der Kreuzigung einen Betäubungstrunk. Weniger aus Barmherzigkeit, sondern um durch die Lähmung der Abwehrkräfte sich die Arbeit leichter zu machen. Jesus wies diesen Trunk zurück. Nicht etwa, um möglichst viel zu leiden, sondern weil er jetzt nicht in die Betäubung flüchten durfte. Denn die Vollendung seines Auftrags, die mit ihm gekommene Gottesherrschaft zu bezeugen, hatte er noch vor sich. Die Art, wie ein Ketzer sich bei seiner Hinrichtung verhält, gehört nämlich noch zum Ketzerprozeß, ist dessen Höhepunkt. 1. Wenn der Verurteilte durch ein Wunder dem Tod entkommt, dann hat Gott für ihn gesprochen. 2. Wenn er mit der Formel „Mein Tod sei Sühne für alle meine Sünden!“ stirbt, dann hat er seine Irrtümer widerrufen, das Urteil der Inquisition bestätigt und noch die Vergebung Gottes erlangt. 3. Wenn er mit einem Fluch auf seine Richter und Henker stirbt, dann erweist er sich endgültig als hartnäckiger und von Gott verworfener falscher Prophet.

„Anderen hat er geholfen. Sich selbst kann er nicht helfen." – Es ist unwahrscheinlich, daß dieses Wort von Gegnern Jesu stammt. Sie hätten ihm nicht seine Krankenheilungen als gute Werke bestätigt. Aber bei der Kreuzigung waren auch Sympathisanten zugegen, Frauen und Bekannte, die mit ihm von Galiläa nach Jerusalem hinaufgezogen waren (Mk 15,40f). Sie hatten es erlebt, wie er anderen half. Seine jetzige Hilflosigkeit, die den Feinden als klares Gottesurteil gegen Jesus erschien, wurde für seine Freunde eine harte Probe ihres Vertrauens zu Jesus und zu seinem Gott. – Dem Kreis derer, die um ihn bangten, dürfte auch das Erinnerungsstück angehören: Ob der Nothelfer Elija in letzter Minute doch noch kommt, ihn zu retten? (Mk 15,35f/Mt 27,47–49).

... damit wir es sehen und glauben. Die Priester und Theologen, die im Auftrag des Hohen Rats bei der Hinrichtung Jesu als Zeugen zugegen waren, haben vielleicht diese ihre Worte selbst nicht ganz ernst genommen. Aber das ändert nichts an ihrem offiziellen Charakter. Nach dem Ritual der Ketzerprozesse soll Gott selbst das letzte Wort haben. Wenn er den verurteilten Irrlehrer wunderbar vom Tod rettet, zeigt er durch ein Gottesurteil, ‚daß er ihn liebt'. Dann (und nur dann) wird die Inquisition ihr Urteil widerrufen. Hier ist der Schlußpunkt der früheren Forderungen nach Wunderbeweisen (135 174).
Das Sicherheitsbedürfnis der Wächter über den rechten Glauben des Volkes ist durchaus verständlich. Aber es führt leicht zur Anmaßung gegenüber Gott. Jahwe, der durch kein Bild und durch keine magische Praktik zu greifende, absolut unverfügbare Gott, wird durch eine menschliche Institution in die Zange genommen: Unser Urteil in göttlichen Dingen ist richtig; andernfalls mußt du, Gott, das Gegenteil durch Wunder beweisen. – Aber wir Christen sind keineswegs erhaben über diese Fehlhaltung der damaligen jüdischen Glaubensbehörde. Unsere maßgeblichen Theologen von Paulus und den Verfassern der vier Evangelien bis zu den heutigen fordern im Grunde

denselben, nur etwas modifizierten Wunderbeweis für die Echtheit der Botschaft Jesu wie jüdische Theologen. Nicht *daß* Gott Jesus auferweckte (dies stand schon für Jesus fest. 143 178 147), sondern *wie* er ihn auferwecken mußte, machen sie zur Bedingung: durch ein physikalisches Wunder, das mit den Händen zu ‚tasten' ist. Paulus: „Ist aber Christus nicht auferweckt worden (und hier meint er zweifellos keine unsichtbare, sondern die wunderhafte, durch Kephas, die Zwölf und die Fünfhundert bezeugte körperliche Auferweckung), so ist damit auch unsere Predigt nichtig, und nichtig ist euer Glaube... dann seid ihr noch in euren Sünden" (1 Kor 15,14.17). Vom Meister selbst lernen wir etwas anderes. Auch wenn mit seinem Leichnam nichts Außergewöhnliches geschehen ist (was als historische Faktenfrage hier völlig offen bleiben soll), können wir ihm vertrauen, daß er der ganz mit Gott übereinstimmende ‚geliebte Sohn' ist, daß seine Botschaft wirklich aus dem Herzen Gottes kommt, daß Gott ihn selbstverständlich aus dem Tod wiederaufgerichtet hat.

Das Sterbegebet Jesu. – Wenn ein Christ auf dem Sterbelager die Worte „Vater unser im Himmel!" hervorstößt, dann will er das Vaterunser beten. Kein Historiker und kein Dichter, der später das Leben dieses Christen beschreibt, wird behaupten, er habe mit diesen Worten nur zum Ausdruck bringen wollen, Gott existiere im Himmel. Genauso sind die Worte Jesu „Mein Gott, mein Gott, warum hast du mich verlassen" lediglich der Anfang eines Gebets und dürfen darum nicht isoliert ausgedeutet werden. – Die Umstehenden hörten ihn laut rufen: ELI, ELI. (Sonst nichts; siehe Anm.!) Zu Deutsch: „Mein starker Gott, mein starker Gott!" Das bedeutet, er wollte den Psalm 22 beten, natürlich den ganzen. Der Grundtenor dieses Psalms ist keineswegs die Gottverlassenheit oder gar die Verzweiflung, sondern das Gegenteil. Dies ist sein Inhalt: Wie kannst du mich nur verlassen (Vers 2f), du bist doch als der Retter in Israel bekannt (4–6). Siehe mein Elend! Sie stellen mein Vertrauen zu

dir auf die Probe (7–9). Aber du bist mein Schutz, dir bin ich zu eigen vom Mutterschoß an (10f). Sei mir nahe in meiner Ausgeliefertheit an Büffel, Löwen, Hunde, und rette mich, Jahwe, du meine Hilfe! (12–22) Der zweite Teil (23–32) ist Dank für die Rettung. Diese steht also für den Beter schon fest, wenn er den Psalm zu rezitieren beginnt! Der Dank ist durchwegs ein missionarischer. Ich will dafür eintreten, daß alle zu dem rettenden Gott umkehren und die Gottesherrschaft annehmen. Meine Seele wird leben für ihn, mein Geschlecht wird ihm dienen. Sie werden erzählen vom Herrn: „ER hat es vollbracht!"
Es ist bemerkenswert, daß der vierte Evangelist dieses Wort in der Form „Es ist vollbracht" statt des „Eli, Eli" als Jesu Sterbegebet überliefert. Auch Lukas hat den mißverständlich gewordenen Eingangsvers „Mein Gott, mein Gott, warum hast du mich verlassen?" nicht von seiner Markus-Vorlage übernehmen wollen. Er hat ihn durch ein anderes Psalmzitat ersetzt (Ps 31,6), das sowohl den Inhalt des ganzen Psalms 22 als auch die Gesinnung Jesu zum Ausdruck bringt: „Abba, in deine Hände gebe ich mein Leben." – Jesus wußte sich weder in der Stunde der Todesangst am Ölberg noch im Augenblick seines Sterbens wirklich von Gott verlassen. Er hat auch die letzte Zerreißprobe bestanden. Wie er gelebt hat, so starb er: vertrauend auf Gott, den Abba.

Siehe Anmerkung!

Das Jesuswort 431 ist chronologisch hier einzureihen.

Anmerkungen

101 Die Zusammenfassung Mk 1,15 stammt so nicht von Jesus, trifft aber seine Intention und verwendet seine Redeweise. – pisteuo bedeutet im Mund Jesu immer: Vertrauen haben (zu Gott), sich (ihm) anvertrauen. Die Übersetzung ‚glauben' ist mißverständlich, weil dies auch bedeuten kann: eine Aussage nur für wahr halten, ohne daß sie mich viel angeht; oder: etwas vermuten, was man nicht sicher weiß; oder gar: sich selbst eine Gewißheit suggerieren, wo nur eine Vermutung oder Wunschvorstellung vorlag. – Mattäus übernimmt von Markus nur „Kehrt um, denn das Himmelreich ist nahegekommen!" und legt dieselben Worte Johannes dem Täufer in den Mund. So erweckt er den Eindruck, Jesus habe dessen Bußpredigt fortgeführt. Dies trifft nicht zu.

103 Mt/Lk lassen ‚zornig' sowie ‚anfahren und fortjagen' weg. Einige Mk-Handschriften ersetzen ‚zornig' durch ‚mitleidig'. Diesen folgen die meisten deutschen Bibelübersetzungen. Aber die schwierigere Lesart ist auch hier die ursprünglichere.
An dieser Stelle ist ein typischer Vorgang im Überlieferungsprozeß zu beobachten: 1. Markus übernimmt noch gewissenhaft das ihm vorgegebene einzelne Überlieferungsgut, 2. obwohl es schon nicht mehr in seinen theologischen Gesamtrahmen paßt, denn für Markus ist der Kniefall vor „Jesus, dem Messias, dem Sohn Gottes" (Mk 1,1) und die Verbreitung seiner Wundertaten berechtigt, so daß der Zorn Jesu und sein Vermeiden der Städte unmotiviert erscheint. 3. Die Späteren harmonisieren diesen Widerspruch zur neuen missionarischen Zielsetzung, indem sie Teile des Überlieferungsgutes weglassen (wie hier Mt/Lk) oder ‚korrigieren' (wie hier die Mk-Abschreiber).

104 Mattäus folgt hier einer ursprungsnäheren Überlieferungsvariante als Markus. Das Dachabdecken und der Einwand, nur Gott könne Sünden vergeben, sind nämlich Zuwachs. – Letzteres ist daraus ersichtlich, daß das überlieferte Wort Jesu gar nicht besagt, er selbst beanspruche solche Vollmacht, sondern nur: Deine Sünden werden vergeben; natürlich von Gott (pass. div.). Aber Markus wollte durch die Einfügung dieses Vorwurfs seine christologische These vorbereiten, Jesus habe als der (apokalyptische) ‚Menschensohn' und himmlische Richter bereits auf Erden die Macht zur Sündenvergebung und er beweise es durch das anschließende Wunder. Daß das Wort von der Vollmacht des Menschensohns sekundär ist, zeigt schon seine grammatikalisch unebene Einfügung in den ursprünglichen Erzähltext: „Damit *ihr* wißt…, sprach er zum *Gelähmten*…". Was aber die Jesus unterstellte Beweisabsicht anbelangt: Er lehnte den Wunderbeweis grundsätzlich ab (135 174 252). – Mattäus führt den Gedanken von der Vollmacht des ‚Menschensohnes' noch ekklesiologisch weiter: „Die Menge pries Gott, der den ‚Menschen' solche Macht gegeben hat." Damit wird der nächste Schritt im Mattäus-Evangelium vorbereitet: Sogar Petrus oder die christliche Gemeinde soll in der Vollmacht Gottes auf Erden ‚binden und lösen' können (Mt 16,19; 18,17f).

106 Nach Lukas ist es nicht Jesus, der Sünder einlädt, sondern er wird von einem bereits bekehrten Zöllner (Levi/Mattäus) eingeladen, und er will die Sünder ‚zur Bekehrung rufen' (was auch die Gesetzeslehrer wollen). Hier ist das programmatische Wort und Verhalten Jesu völlig entschärft. – Nach Mt 16,17 soll ein Sünder, der auch auf die Gemeinde nicht hört, „als Heide und Zöllner gelten", also exkommuniziert sein, wie es im Bereich der Synagoge üblich ist. – Aber dieser christliche Rückfall in vorjesuanisches Denken ist schon bei Paulus sichtbar. Obwohl er das Hohe Lied der Liebe singt (1 Kor 13), gebraucht er die Verfluchung seiner theologischen Gegner (Gal 1,8f; 1 Kor 16,22), die Auslieferung an Satan durch das Gemeindegericht (1 Kor 5,4f; 1 Tim 1,20), den Ausschluß aus der Gemeinschaft bei ausdrücklicher Berufung auf das alte Gesetz Dtn 13,6 (1 Kor 5,11–13), sogar das Rachegericht Gottes im Dienst menschlicher Vergeltung (2 Tim 4,14; Röm 12,19f).

107 Mattäus folgt wohl einer ursprungsnäheren Überlieferung als Markus, denn ‚Pharisäerschüler' gab es nicht. – Das ‚in welchem' (en ho) bezieht sich auf den Hochzeitssaal, kann aber auch mit ‚Zeit" ergänzt werden (in welcher Zeit; solange), wie durch Markus geschehen. Doch mit diesem Zeitbezug wird nur folgende Einschränkung vorbereitet: „Es werden aber Tage kommen, da der Bräutigam ihnen entrissen sein wird; und dann werden sie fasten, an jenem Tag." Dieser Nachsatz ist jesusfremd: 1. Jetzt ist nicht mehr Gott der Bräutigam, sondern Jesus. Nachösterliche Reflexion. 2. Jesus hätte die von ihm angekündigte Freudenzeit (101 201 401) selbst eingegrenzt auf die paar Monate bis zu seinem Tod. Unmöglich, denn der Grund der Freude ist *Gottes* gnädige Gegenwart, und die soll selbstverständlich fortdauern. 3. Er sollte nicht nur seinen gewaltsamen Tod so früh und so sicher vorausgesagt, sondern auch ein kultisches Trauerfasten zum Gedächtnis seines Todes angeordnet haben? Und dies sollte er nicht seinen, sondern den Johannesschülern zu ihrer Beruhigung mitgeteilt haben? In Wirklichkeit hat er später im Blick auf seinen nahen Tod das Gegenteil verfügt: Man solle zu seinem Gedächtnis miteinander Wein trinken (189). – Wie kam es zu dieser Umfunktionierung des wichtigen Jesuswortes? Die frühe christliche Gemeinde hat sich der Fastenpraxis ihrer jüdischen Umgebung nicht entziehen wollen oder sich ihr bald wieder angepaßt. Christlich oder antijüdisch gestaltete sie dabei nur ihr Kalendarium: Freitagsfasten in Erinnerung an den Karfreitag, statt des jüdischen

Montags- und Donnerstagsfastens. Das überlieferte Jesuswort vom Nichtfasten wollte man aus Pietät nicht eliminieren. Aber man glaubte, es im Sinne Jesu so weiterbilden zu dürfen, daß es dem ‚pastoralen Bedürfnis' der Gemeinde nicht widerspricht, es sogar stützt. – Vgl. Anm. 103!

110 Nach Markus (und Mattäus/Lukas) hätte Jesus die Jünger zunächst mit dem Hinweis verteidigt, auch David habe von den ihm verbotenen Schaubroten gegessen, als ihn hungerte. Dieses Argument berührt nicht einmal den Sabbat. – Mattäus fügt hinzu, auch die Priester im Tempel blieben bei ihren kultischen Verrichtungen am Sabbat schuldlos, und hier sei mehr als der Tempel. Eine offenkundig nachösterliche Reflexion über die Würde Christi. – Ein drittes Motiv bei Mattäus: Man solle aus Barmherzigkeit seine Jünger nicht verurteilen. – Zweierlei fällt bei dieser Anhäufung von Argumenten auf: 1. Formal werden durchwegs Schriftstellen herangezogen, wie es sich für einen Disput zwischen christlichen und jüdischen Schriftgelehrten gehört. 2. Inhaltlich wird das Sabbatgebot als solches nicht angetastet. Es werden nur Entschuldigungen gesucht, damit die armen Sünder straffrei bleiben! – Dagegen sind nach dem Jesuswort vom ‚Sabbat für den Menschen' (das Mattäus und Lukas weglassen!) nicht etwa die Hungrigen schuldig, die am Ruhetag Ähren abrupfen und zerreiben, sondern jene Gesetzeslehrer, die gegen Gottes Willen aus dem Sabbat eine schwere Last (260) machen. – Bei Markus, Mattäus und Lukas gipfelt das Streitgespräch in dem Wort, der Menschensohn sei Herr über den Sabbat. Diese Aussage paßt weder zum Sinn noch zum Redestil Jesu. Seine unbedingte Ehrfurcht vor Gott (163) verbietet ihm, sich selbst oder den Menschen als ‚Herrn' über eine gottgegebene Ordnung zu bezeichnen. Dieser Nachtrag kommt aus dem frühchristlichen Interesse, Jesus als den (apokalyptisch verstandenen) ‚Menschensohn' und ‚Kyrios' (Herrn) zu deuten. – Vgl. Anm. 103!

112 Jedes Gleichnis hat zwei Hälften. Wie A, so B. Bild und Deutung. Aber von vielen Gleichnissen Jesu wurde nur die einprägsamere Bildhäfte weiterüberliefert. So auch hier. Markus deutet den ‚Starken' als Satan, der von dem noch stärkeren Exorzisten Jesus gefesselt und seiner Habe beraubt wird. So kann er diese Gleichnishälfte benutzen als ein Argument gegen den Vorwurf der Schriftgelehrten, Jesus treibe durch den Teufel die Dämonen aus. Mattäus und Lukas folgen ihm darin. – Es ist aber unwahrscheinlich, daß Jesus Satan als ‚den Starken' darstellt; als einen Hausherrn, der Menschen wie rechtmäßiges Eigentum besitzt; daß er sich selbst mit dem Bild eines Räubers zeichnet, der fremdes Eigentum wegnimmt; daß er seine eigene Kraft derart herausstellt. Dagegen entspricht die Vorstellung von einem gewaltigen Kampf des himmlischen Christus mit seinen Engeln gegen Satan, der mit dessen ‚Fesselung' endet, durchaus der frühchristlichen Apokalyptik.

113 Markus hat zwischen den Aufbruch der Angehörigen (Vers 21) und ihre Ankunft (V. 31) das Auftreten der Schriftgelehrten (V. 21 ff) eingefügt. Deren Angriff auf Jesus dürfte aber der Schutzmaßnahme seiner Familie vorausgegangen sein und sie erst ausgelöst haben. Denn nicht der große Zulauf, wie es nach V. 20 + 21 erscheint, konnte ihr Motiv sein, ihn für geisteskrank zu erklären und heimzuholen, sondern nur das Urteil der Inquisitionsbehörde, er paktiere mit dem Teufel. – Mattäus und Lukas verschweigen die Meinung der Angehörigen, Jesus sei von Sinnen, und ihre Absicht, ihn festzunehmen. – Lukas übergeht auch das harte Wort Jesu, das die Trennung von seiner Familie zum Ausdruck bringt. Er verharmlost die ganze Szene zu einer freundlichen Visite der Mutter mit den Brüdern bei Jesus, die nur durch den Massenandrang etwas behindert wurde. – Das zweite Jesuswort „Wer den Willen Gottes tut..." ist nicht an dieselbe Situation gebunden, sondern von allgemeiner Gültigkeit. Daß Markus es nachträglich der Situation angepaßt hat, indem er „und Mutter" hinzufügte, ist aus der somit unlogisch gewordenen Reihenfolge ‚Bruder-Schwester-Mutter' zu ersehen. – Es ist typisch für die Mattäus-Redaktion und ihre christologische Tendenz, daß Mattäus das Wort ‚Gott' in den ihm vorliegenden Jesusworten zumeist ersetzt durch ‚mein Vater im Himmel'.

114 Lukas hat bei seiner Sammeltätigkeit (Lk 1,3) wohl eine ursprungsnähere Fassung des Gleichnisses vorgefunden als Markus. – Markus fügt in 4,13–20 eine Auslegung hinzu, mit der er seine Gemeinde ermahnen will, das Wort Gottes recht zu hören. Dementsprechend blickte er nur auf die unterschiedliche Beschaffenheit des Bodens, die er einzeln allegorisch ausdeutet. Um etwa für den Satan, der den Hörern das Wort aus dem Herzen nimmt, im Gleichnis einen Anhalt zu haben, ersetzt er beim Weg das Zertretenwerden durch die samenpickenden Vögel (die dann Lukas noch hinzunimmt, wodurch eine stilwidrige Verdoppelung entsteht). – Zum angeblichen Verhüllungszweck der Gleichnisse s. 115!

115 Als Beispiel für textgemäßes Lesen und Übersetzen diene Mk 4,12. Da wird zwar Jesaja ungefähr zitiert. Aber ausschlaggebend für den Leser des Evangeliums ist nicht, was Jesaja sagen wollte, sondern was Markus sagen will, wenn er diese Worte Jesus in den Mund legt. „hina me... mepote..." heißt normalerweise „damit nicht... damit ja nicht etwa...". Zwar kann je nach dem Kontext hina auch eine unbeabsichtigte Folge (so kommt es, daß) und mepote eine zweifelnd-überlegende Aussage (ob vielleicht doch nicht) einleiten. Manche Exegeten übersetzen dementsprechend, und der Widerspruch zwischen Markus und Jesus entfällt, die von Markus behauptete Verstockungsabsicht Jesu ist aus dem Evangelientext verschwunden. Aber Markus selbst zeigt doch deutlich genug, welche Absicht er Jesu unterstellt, wenn er von ihm erzählt, er habe seine rätselhaften

Gleichnisse nicht allen Hörern, sondern „seinen Jüngern, wenn sie mit ihm allein waren" aufgeschlossen (V. 34). Also will Markus auch in V. 12 die Absicht Jesu darstellen und nicht eine unbeabsichtigte Folgeerscheinung seines Verhaltens. Das entspricht genau der Auffassung des Markus, Jesus habe in jenem Feigenbaum Israel zu ewiger Unfruchtbarkeit verflucht (172). – Man dient der Sache Jesu aber besser, wenn man den Irrtum eines Evangelisten endlich Irrtum nennt, als wenn man mit allen möglichen Künsten weiter versucht, die divergierenden Intentionen Jesu und des Evangelisten zu harmonisieren.

120 Bei Markus liest man weiter: „Sobald aber die Frucht es erlaubt, sofort schickt er die Sichel aus, denn die Ernte ist da." Daß es sich hier um einen Zusatz handelt, ist formal erkennbar an dem markinischen ‚sofort' und an der Heranziehung eines Schriftzitats (Joel 4,13). Zum Inhalt: Das ursprüngliche Gleichnis hat eindeutig das selbsttätige, stille Heranreifen der Saat und somit der Gottesherrschaft als (anti-apokalyptisches) Aussageziel und ist in sich abgeschlossen (... volles Korn). Die Beifügung gibt dem Gleichnis eine entgegengesetzte, apokalyptische Tendenz. Sie richtet den Blick des Lesers nunmehr auf die Sichelengel des Endgerichts, also doch auf ein spektakuläres Eingreifen Gottes oder des Christus als des wiederkommenden Richters. Die Gleichnisse vom Unkraut (324) und vom Schleppnetz (327) erhielten ebenso von Lukas apokalyptische Zusätze. – Mattäus und Lukas übergehen dieses Gleichnis ihrer Markus-Vorlage. Vielleicht aus pastoralen Bedenken, um ihre Gemeinden nicht zum sorglosen ‚Schlafen' zu verleiten.

121 Markus fährt fort: „Und es treibt große Zweige (Mt/Lk: wird zu einem Baum), so daß die Vögel des Himmels unter seinem Schatten (Mt/Lk: in seinen Zweigen) wohnen können." Wahrscheinlich ein Zusatz. Er betont die Größe, trägt ein neues Moment (Völkermission) ein, das die Sinnspitze des Gleichnisses überlagert, und benutzt dazu biblische Anspielungen (Ez 17,23; 31,6; Dan 4,9.18), die er zu einem unstimmigen Bild verarbeitet. In der jährlich neu gesäten Senfstaude nisten nämlich keine Vögel wie in einem Baum.

122 Schon bei Markus ist der überlieferte Stoff zu einer hellenistischen Wundergeschichte verarbeitet und hat von V. 37 bis 41 die Gestalt einer rhythmisch geformten Ballade. Die christologische Tendenz ist unverkennbar. Nach hellenistischer Vorstellung können Götter, vergöttlichte Kaiser und andere ‚göttliche Männer' Stürme beschwören. Das geschieht offensichtlich in V. 39; jedoch nicht durch eine Bitte an Gott (das wäre noch jüdisch gedacht), sondern durch einen Befehl des Wundertäters an die tobenden Elemente. Das Erschrecken der Augenzeugen und der Chorschluß „Wer ist der, dem Wind und Wellen gehorchen?“ sollen der nachösterlichen Gemeinde ebenfalls andeuten, wer Jesus ist. Auch die novellistische Ausschmückung des Elements ‚Ruhe Jesu‘, die auf den ersten Blick harmlos erscheint, tendiert in dieselbe Richtung. Wer bei solchem Sturm, während das Boot sich schon mit Wasser füllt, im Heck auf einem Kissen schläft und erst geweckt werden muß, erweist sich als ein über-menschliches Wesen, das von menschlichen Ängsten und Nöten gar nicht angegriffen werden kann. Er ist in die Menschenwelt nur herabgestiegen, um durch Heilwunder seine göttliche Macht zu ‚beweisen‘. Statt des anstößigen Vorwurfs der Jünger „Meister, kümmert es dich nicht...“ legt Mattäus ihnen den Ruf „Kyrie, rette uns!“ in den Mund. ‚Kyrios‘ (Herr), der retten kann, war für Jesus noch Gott selbst und Gott allein. Für den christlichen Prediger ist es Jesus geworden!

124 Wie aus der Krankenheilung eine Totenerweckung wurde. Nur ein Textvergleich. Mk: „Mein Töchterchen liegt im Sterben.“ dagegen Mt: „Meine Tochter ist soeben gestorben.“ – Mk: „Da verlachten sie ihn.“ Dagegen Lk: „Da verlachten sie ihn, da sie wußten, daß sie gestorben war.“ – Mk: „Und sogleich stand das Mädchen auf.“ Dagegen Lk: „Da kehrte ihr Lebensgeist zurück, und sie stand sofort auf.“ Im Lk-Sondergut (7,11–17; Jüngling von Naim) wird diese Linie weitergeführt. In Joh 11 (Lazaruserweckung) erreicht sie ihren Höhepunkt und zeigt ganz unverholen ihre christologische Tendenz: „Diese Krankheit ist nicht zum Tode, sondern um der Herrlichkeit Gottes willen, damit der Sohn Gottes durch sie verherrlicht werde... Vater, ich danke dir, daß du mich erhört hast. Ich wußte ja, daß du mich allezeit erhörst. Aber wegen des ringsum stehenden Volkes habe ich es gesagt, damit sie glauben, daß du mich gesandt hast“ (11,4.41). Dann folgt die Wiederblebung des bereits stinkenden Leichnams durch das Machtwort Jesu als Beweis für seine Gottessohnschaft. – Wie weit entfernt ist eine solche Christologie von der Intention des historischen Jesus! Er selbst hat Beweiswunder strikt abgelehnt (135 174 252).

125 In der Darstellung des Markus stößt sich nur das Staunen der Nazarener über die Weisheit Jesu etwas mit dem Kontext. Sonst läßt nichts auf christologische Tendenz schließen. Im Gegenteil: Als Zivilberuf Jesu wäre ‚Hirt‘ oder ‚Knecht‘ symbolträchtiger als ‚Handwerker‘. – Mattäus und Lukas korrigieren den Markus-Text, wo er dem Ansehen der Person Jesu und seiner Familie schaden könnte. Mt: „der Sohn des Handwerkers“ statt „der Handwerker“; „seine Mutter heißt Maria“ statt „der Sohn der Maria“. Lk: „der Sohn Josefs“ (ebenso Joh 6,42); er läßt auch die Mißachtung des Propheten „in seiner Verwandtschaft und in seiner Familie“ weg, denn die Familie Jesu genoß später großes Ansehen in den christlichen Gemeinden.

126 therapeuo heißt zunächst ‚behandeln', in den synoptischen Jesusgeschichten durchwegs ‚heilen', wobei das Wunderhafte mitklingt. – Die damalige ärztliche Kunst bestand normalerweise sowohl in charismatischer als auch in medizinisch-praktischer Behandlung oder war eine Verbindung beider Formen. Das dürfte nach Mk 8,22–25 auch auf Jesus zutreffen. Ebenso auf seine Schüler, die nach Mk 6,12 „Dämonen austrieben und Kranke mit Öl salbten". – Daß Jesus nicht im Wunderwirken, sondern im Helfen die Auswirkung der Gottesherrschaft sah (freilich in einem Helfen aus der Kraft des Gottvertrauens und der Liebe), geht auch daraus hervor, daß er das Aufsehenerregende seiner Heilungstätigkeit mehr und mehr verbarg (103). Um nun den Auftrag ‚therapeuete!' weder auf charismatisch-wunderhaftes ‚Heilen' noch auf profan-medizinisches ‚Behandeln' einzuengen, erscheint die Übersetzung „Helft den Kranken!" angebracht.
Die vorösterlichen Sendungsworte insgesamt geben uns hinsichtlich ihrer Historizität einige Fragen auf. Daß die Sendungsworte, die uns in zwei Überlieferungssträngen vorliegen (Sendung der Zwölf nach Mk/Mt/Lk und der Zweiundsiebzig nach Lk) zumindest weiter verarbeitet wurden, ist an den Differenzen und Einfügungen leicht zu erkennen. Aber konnte Jesus seine Schüler, die ihn bis in seine letzten Tage noch nicht verstanden (428), überhaupt schon zu eigenständiger Predigttätigkeit aussenden? Oder sollte er ihnen detaillierte Anweisungen gegeben haben für eine Arbeit, die erst in unbestimmter, ferner Zukunft zu tun ist? Oder sind ihm alle Sendungsworte von den frühchristlichen Propheten und Missionaren in den Mund gelegt? – Die Lösung dürfte in der Intention und Situation Jesu zu suchen sein: 1. Nach seiner Absicht sollte die Gottesherrschaft möglichst bald in ganz Israel verkündet werden. Zu diesem Zweck schuf er sich einen Schülerkreis. 2. Schon in Galiläa mußte er damit rechnen, daß er selbst wie Johannes plötzlich mundtot gemacht würde durch Gefangenschaft oder Hinrichtung (418). Darum mußte er seine Schüler auf eine selbständige Fortsetzung seines Werkes vorbereiten. Dazu gehören die Anweisungen, wie sie missionieren sollen (126–128), und die vielen Mahnungen, sich nicht zu fürchten (Verfolgungslogien), und wohl auch kleine ‚praktische Übungen' im öffentlichen Auftreten als Boten Jesu. Er schickte sie (als Quartiermacher?) in die Orte, die er aufsuchen wollte (Lk 10,1; 9,52), und ließ sie charismatische Heilungstätigkeit ausüben (Mk 9,18; Lk 10,17). – Ergebnis: Die vorösterlichen Sendungsworte, in denen noch von der Gottesherrschaft und vom Heilungsauftrag die Rede ist, dürften im wesentlichen auf Jesus zurückgehen.

128 Missionsanweisungen waren für die junge Missionskirche besonders aktuell. Darum ist es interessant zu beobachten, wie die Überlieferer der Jesusworte, die sehr wahrscheinlich selbst Missionare waren, diese Anweisungen weitergebildet haben. – Markus: Nur den Wanderstab und die Sandalen an den Füßen sollen sie mitnehmen, nicht zwei Röcke. Das heißt: nur das jetzt Nötige. Keine ängstliche Vorsorge für eine ungewisse Zukunft. Wenn sie einmal neue Sandalen brauchen oder einen zweiten Rock als Schlafsack zum Übernachten, wird Gott dafür sorgen. Dagegen Mattäus und Lukas: Keinen Wanderstab und keine Sandalen. Barfuß und ohne Stock zu reisen ist aber keine Erleichterung mehr, sondern Erschwernis, ist Askese! – Markus: „Wo ihr in ein Haus einkehrt, dort bleibt..." Das heißt: Laßt euch unbekümmert vom Zufall (von Gott) führen, statt ängstlich alles selbst vorausplanen zu wollen! Dagegen Mattäus: „Wenn ihr eine Stadt oder ein Dorf betretet, so erkundet erst, wer darin dessen wert ist, und dort bleibt...". Das scheint viel vernünftiger. Jesus ist wieder korrigiert! – Mattäus und Lukas fügen das Sprichwort ein: „Denn der Arbeiter ist seines Lohnes wert". Das ist zweifellos korrekt. Vielleicht war es auch nötig, mit diesem Sprichwort die Gemeinden an ihre Verpflichtung zum Unterhalt der Wanderprediger zu erinnern, indem man es Jesus in den Mund legte. Aber Jesu Anweisung zielt in die entgegengesetzte Richtung. Sie sollen freiweg schenken und sich beschenken lassen, aber keinerlei Anspruch auf Lohn erheben. – Markus: Wo die Boten Jesu nicht angenommen werden, sollen sie weitergehen und den Staub von ihren Füßen schütteln „ihnen zum Zeugnis". Mit dem Zeichen des Staubabschüttelns sollen sie den Einwohnern vor Augen führen, daß jetzt die große Chance der Gottesherrschaft von ihnen weggeht. Dieser letzte Akt soll für sie die ernsteste Warnung sein. Dagegen Lukas: „... zum Zeugnis gegen sie". Nunmehr werden die abgewiesenen Apostel als Ankläger im Gericht Gottes gesehen, die Zeugnis ablegen ‚gegen' diese Stadt (ähnlich wie die Niniviten gegen dieses Geschlecht). Jetzt wird ihr Staubabschütteln nach erfolgloser Mission zu einem Voraus-Zeichen und garantiert die künftige Verurteilung im Gericht. Demgemäß fügt Lukas in der zweiten Aussendungsrede ein: „Ich sage euch: Sodoma wird es an jenem Tage erträglicher ergehen als jener Stadt." Hier ist ein feiner, aber wichtiger Unterschied zu beachten. Jesus macht zwar keinen Hehl daraus, daß der Mensch das Angebot Gottes immer wieder und schließlich definitiv ablehnen kann. Aber es ist unmöglich, daß der Gott Jesu sein Heilsangebot *von sich aus* endgültig zurückzieht und daß Menschen, die sich einmal der Botschaft Gottes verschließen, überhaupt keine Chance mehr haben. Warum unmöglich? Weil der Gott Jesu sogar vom Menschen verlangt, daß er ‚siebenmal-siebzigmal' seinem Bruder vergibt, wenn er umkehrt.

130 Anzeichen theologisch gezielter Verarbeitung einer ursprünglich wunderlosen Erzählung. – 1. Überbietung eines alttestamentlichen Vorbilds: Der Prophet Elischa sättigte mit 20 Broten 100 Mann; Jesus mit 5 Broten 5000 Mann. (2 Kön 4,42–44) „Sie aßen und ließen übrig, wie Jahwe verheißen hatte." Entsprechend ist bei Mk 6 und 8 die große Menge der Reste genau angegeben. Wo theologischer Eifer eine überlieferte Erzählung weiterzubilden beginnt, ist auch daran zu erkennen, daß er die Sachlogik dabei vernachlässigt. Warum sollten die zuvor Hungernden das übriggebliebene Brot wegwerfen, so daß es eingesammelt werden mußte; in Körben, die in der Einöde plötzlich vorhanden waren? Das sind theologisch belanglose Kleinigkeiten, die aber dem kritischen Leser verraten, daß hier nicht die Erinnerung, sondern die Phantasie im Dienst der Theologie am Werk war. – 2. Bezug zu Eucharistie und Gemeinde: Die Angleichung an die eucharistische Terminologie wird sichtbar, wenn man den griechischen Text von Mk 6,41 + 8,6 neben Mk 14,22f stellt. Die Aufteilung in Gruppen zu 100 und 50 entspricht der nach Ex 18,25 konzipierten Großversammlung des neuen Gottesvolkes. 12 Körbe, weil die 12 Apostel einsammeln; nach anderer Tradition: 7 Körbe, weil die sieben Diakone den Tischdienst verrichten.

134 Jesus soll gesagt haben: „Es ist nicht recht, das Brot der Kinder zu nehmen und es den Hündlein vorzuwerfen.“ Das ist unmöglich. Nicht etwa, weil es unserem subjektiven Empfinden widerspricht. Die objektiven Gründe sind folgende: 1. Wer gegen die Vorstellung seiner Zeitgenossen lehrt, daß Gott seine Sonne über Böse wie Gute scheinen läßt, daß Menschen erst durch die Nachahmung Gottes bis zur Feindesliebe ‚Söhne Gottes‘ werden und nicht schon durch Abrahamsabstammung, der kann nicht zugleich mit seinen Zeitgenossen die Juden für Kinder Gottes und die Nichtjuden für Hunde, also Nichtkinder halten. Erst recht kann er eine solche Diskriminierung nicht einer armen Frau ins Gesicht schleudern, die nur für ihr Kind um Hilfe bettelt. 2. Das Bild vom ‚Brot wegnehmen‘ paßt nicht zur Situation. Durch die Hilfe, die Jesus einem Heiden gewährt, würde Israel nichts weggenommen; eher noch würde Israel und der Gott Israels an Ansehen gewinnen. Sollte aber mit diesem Bild nicht die drohende Verknappung des Brotes, sondern der hohe Wert des Brotes, das für Hunde zu schade ist, gemeint sein, dann hätte Jesus zum Ausdruck gebracht: In den Augen Gottes sind die Heiden nicht wert, daß er sich ihrer erbarmt. Aber der wirkliche Jesus sagt und praktiziert das Gegenteil (123!). 3. Jesus kann nicht sagen „Es ist nicht recht...“ und gleich darauf tun, was er als unrichtig verworfen hat, ohne daß inzwischen eine neue Situation oder ein neuer Gesichtspunkt aufgetaucht ist, der eine Ausnahme rechtfertigt. Aber zwischen dem ‚Nein‘ Jesu und seinem ‚Ja‘ ist nichts anderes geschehen, als daß die Heidin ihre (von vornherein ungebührliche?) Bitte verstärkt hat. – Wie konnten Markus und Mattäus ein derart böses Wort Jesus in den Mund legen? Man ging wohl von dem ursprünglich allein überlieferten Wort der Heidin aus, worin sie die bekannte Geringschätzung der Heiden durch die Juden zunächst auch Jesus unterstellt. Aber man verstand es nicht mehr als Ausdruck ihrer Demut, sondern nahm es wörtlich ernst, bildete daraus ein inhaltlich entsprechendes Jesuswort und setzte dieses voran, so daß das Wort der Heidin nunmehr als dessen Bestätigung erscheint.

136 Die Einfügung des Wortes vom Sauerteig in die Episode von den fehlenden Broten ist sekundär und geht auf die Assoziation Brot/Sauerteig zurück. – Bei Markus ist die Warnung vor dem Sauerteig der Pharisäer mit jener vor dem Sauerteig des Herodes, der von ganz anderer Art ist (137!), zu einem Logion zusammengezogen. – Mattäus ergänzt: Sauerteig der Pharisäer und Sadduzäer. – Lukas, der das Wort an anderer Stelle bringt, fügt die Erklärung an, der Sauerteig der Pharisäer sei nichts als Heuchelei. Diese Gleichsetzung von Pharisäismus und böswilliger Heuchelei dürfte auf frühchristliche Polemik zurückgehen. Ihr krassester Ausbruch ist die generelle Unterstellung: „Alle ihre Werke tun sie, um sich den Menschen zur Schau zu stellen" (Mt 23,5). Aber die Gefahr der Heuchelei, des Theaterspielens, der Differenz zwischen Sein und Schein, ist nicht gruppenspezifisch, sondern bedroht überall das religiöse Leben. Jesus sieht diese Gefahr in den eigenen Reihen (223), und ebenso bekämpften die Pharisäer selbst die Heuchelei als „gefärbten Pharisäismus" (Talmud b. Sota 22b). Im Jerusalemer Talmud, Nerachot IX,14b, steht die humorvoll-selbstkritische Mahnung: „Sieben Pharisäer gibt es: den Schulter-Pharisäer, der vor aller Welt seine Frömmigkeit zur Schau trägt; den Nachlese-Pharisäer, der immer noch ein Gebot erfüllen zu müssen meint; den Ausgleich-Pharisäer, der gute und böse Handlungen verrechnet, indem er Sünden begeht und danach Gebote hält; den Sparsamkeits-Pharisäer, der damit prahlt, sich alles abzusparen, um gute Werke zu verrichten; den Schuld-Pharisäer, der die Leute auffordert, ihm seine Sünden zu nennen. Aber dann gibt es den Pharisäer, der wie Ijob das Gute in der Furcht vor Gott tut."

139 Das Schweigen Jesu zur Messiasfrage, bei Markus noch eindeutig bezeugt und durch ein absolutes Schweigegebot bekräftigt, ist bei Lukas relativiert. ‚Dies' sollen sie nicht offen sagen; und der Leser kann leicht ergänzen: obwohl es zutrifft. – Bei Mattäus ist Jesu Schweigen ins Gegenteil gewendet. Er bestätigt ausdrücklich das dem Petrus in den Mund gelegte Bekenntnis der Kirche, Jesus sei der Messias/Christus und der Sohn des lebendigen Gottes, als von Gott selbst eingegeben. Überdies macht Mattäus aus einem hier eingefügten Wort an Petrus (das unter 330 gesondert zu bedenken ist) einen juristischen Akt der Kirchengründung und Vollmachtsübertragung.

140 Markus, Mattäus und Lukas bringen je drei ‚Leidensweissagungen'. Sie enthalten vier wohl historisch echte Einzelelemente, die in 140–143 entfaltet werden sollen. Aber die Zusammenfügung und Weiterbildung dieser

Elemente zu Passionssummarien geschah erst in der nachösterlichen Predigt. Da wird der Ablauf der Passion fortschreitend detaillierter geschildert bis zum Anspeien und Geißeln. In den Evangelien dienen die drei Leidensankündigungen nun dem Nachweis, daß Jesus wunderhaft alles schon vorauswußte und somit der Messias ist. Am Ende erinnert der Osterengel bei Mattäus und Lukas an die erfüllte Voraussage, und die ‚Beweiskette' schließt sich.

143 Die ursprüngliche Formel ‚nach drei Tagen' (= binnen kurzem) ist bei Mattäus und Lukas abgewandelt in die Terminangabe ‚am dritten Tag', die auch in der bekenntnismäßigen Kurzfassung 1 Kor 15,4 wiederkehrt. Der ‚dritte Tag', den Karfreitag mitgerechnet, ist der Ostersonntag; wollte man dagegen ‚nach drei Tagen' wörtlich nehmen, so träfe das Auferstehungs-‚Ereignis' auf den Montagnachmittag oder, bei Berücksichtigung des jüdischen Tagesbeginns mit dem Sonnenuntergang und bei Zählung des kurzen Karfreitagsrestes als ganzen Tag, frühestens auf den Ostersonntagabend nach Sonnenuntergang. – Diese Fixierung des Termins entspricht dem christologischen Interesse, die Auferweckung Jesu als ein wunderhaftes Ausnahmeereignis zu deuten, das die Messianität und Gottessohnschaft Jesu beweisen soll. Dementsprechend wurde die Wiederbelebung des seit drei Tagen begrabenen Leichnams Jesu ganz eindeutig als massives Naturwunder gepredigt. So in Mk 16,6d parr, in Lk 24,39-43, in Mt 27,52f und erst recht in Joh 20,25ff.

145 + 146 Die beiden Nachfolge-Worte wurden wahrscheinlich erst später zusammengefügt. Dafür spricht neben der inhaltlichen Differenz die Tatsache, daß die Spruchеinheit 145 in den Lukas-Handschriften D a l noch isoliert erhalten ist. Für eine sekundäre Eliminierung von 146 aus dem Lukas-Text ist kein Motiv ersichtlich. – Für die predigtmäßige Weiterbildung von Jesusworten ist folgende Beobachtung aufschlußreich: Jene Lukas-Handschriften, die beide Nachfolge-Worte zu einem verknüpfen, fügen dem zweiten auch ‚täglich' hinzu. Nunmehr ist vom täglichen Kreuztragen die Rede. Diese ‚kleine Änderung' ist pastoral durchaus verständlich. Aber sie verwischt nicht nur den Unterschied zwischen dem ‚Kreuz' im Sinne Jesu, also der Bereitschaft, um der Gottesherrschaft willen sich als Rebell hinrichten zu lassen, und dem alltäglichen ‚Leiden'. Sie begünstigt auch die bald aufkommende Mystifizierung und Glorifizierung des Leidens als solchen, die jesusfremd ist. Er hat seine Kreuzigung riskiert, aber nicht intendiert.

147 Diese lukanische Version dürfte die ursprünglichere sein. Hier ist ‚meinet (und des Evangeliums) wegen' noch nicht eingefügt. Die schwierige Ausdrucksweise ‚seine psyche erzeugen' (zoogoneo) ist in der Mk-Tradition geglättet und zu ‚retten/verlieren : verlieren/retten' parallelisiert.

149 In das Gespräch über Elija sind wohl folgende Momente später eingefügt: 1. Die Verknüpfung mit dem Abstieg vom Berg. Stichwortverbindung: Mose und Elija haben nach der markinischen Darstellung mit Jesus gesprochen. 2. Jesu Bestätigung, Elija werde kommen und alles wiederherstellen (gemäß Mal 3,23). Es geht Jesus nicht um die Wiederherstellung eines früheren Idealzustandes, sondern um etwas Neues (108 109), um die Verwirklichung der Gottesherrschaft, als deren eigentlichen und zugleich letzten Boten er nur sich selbst versteht (175 253) und keine noch zu erwartende apokalyptische Gestalt. 3. Es ist auch nicht möglich, daß Jesus sich selbst für den Elija-Menschensohn (vgl. Henoch-Menschensohn!) hielt. Denn daß der hier apokalyptisch zu verstehende Menschensohn „vieles leiden müsse", steht eben nirgends geschrieben (Mk 9,12b). Dies ist eine Kombination echter und unechter Menschensohn-Worte (vgl. 139 Exkurs!). 4. Es ist nicht unmöglich, daß Jesus auf das Schicksal Johannes des Täufers anspielt, wenn er von Elija spricht (Mt 17,13). Aber dies würde den Sinn des Jesuswortes nicht verändern.

150 Bei Mattäus und Lukas ist dem Ausruf eingefügt „und verkehrtes" (Geschlecht) und der Adressat „ihnen" weggelassen. Nunmehr erscheint das Jesuswort als Weheruf über Israel in Anspielung an Dtn 32,5.20. – Bei Markus ist jetzt als Antwort auf die Jüngerfrage zu lesen: „Diese Art (von Dämonen) ist nur auszutreiben durch Gebet." „Und Fasten" ergänzen viele Handschriften. In dieser Form ist es ein auf unterschiedliche Dämonengattungen abgestimmtes Exorzismusrezept, das Jesus fremd ist. Er selbst hat nicht durch angestrengtes ‚Beten und Fasten' geheilt, sondern durch sein Gottvertrauen, das er ausstrahlte.

152 „und der Diener aller" dürfte bei Markus angefügt worden sein. So ist zwar die Kehrseite ‚Dienen macht wirklich groß' verkürzt miteinbezogen; aber die Aussage „er wird der Letzte sein" erscheint nunmehr als Aufforderung: Er soll sich zum Letzten und zum Diener aller machen, wenn er Erster werden will. Demut als taktisches Mittel zum Aufstieg!

153 Markus verbindet damit ein Wort von der Sendung (V. 37b). Ihm folgt nur Lukas, während Mattäus zwei Worte von der Demut (V. 3f) damit verknüpft. – Aber die drei Inhalte ‚Demut', ‚Kind aufnehmen' und ‚Sendung' sind voneinander unabhängig. Nur das Wort vom ‚Kind aufnehmen' gehört zu dem Gestus ‚Kind in die Arme schließen', den Mattäus und Lukas weglassen.

154 Bei jedem Denn-Satz nach einem Jesuswort ist Vorsicht geboten. Er könnte eine nachträgliche Erklärung des Evangelisten einleiten. Markus bringt hier gleich drei Begründungen: 1. Denn wer im Namen Jesu Wunder wirkt, wird kaum schlecht von ihm reden. 2. Denn wer nicht gegen uns ist, der ist für uns. 3. Denn auch der bekommt seinen Lohn, der euch nur einen Becher Wasser deshalb reicht, „weil ihr dem Christus angehört" (eine offenkundig nachösterliche Formulierung). – Genau besehen entsprechen alle drei Begründungen nur dem Interesse der frühchristlichen Mission.

156 Statt dieses Jesuswortes bringt Markus das folgende, das von Mattäus und Lukas leicht abgewandelt mit dem Wort vom Ärgernis verbunden wird: „Wer einem von diesen Kleinen die (an mich) glauben, Ärgernis gibt, dem wäre es besser, wenn ihm ein Mühlstein um den Hals gehängt und er ins Meer geworfen würde." – Sicher konnte Jesus sehr zornig werden. Es genügt, an den Streit mit Petrus (144) zu erinnern. Aber ebenso sicher ist, daß sein Verhalten tiefer noch von dem Willen, alle zu retten, bestimmt war als von dem gelegentlich aufwallenden Zorn. Im Bildwort vom definitiven Ersäufen des Verführers ist aber kein Funke Hoffnung auf seine Umkehr zu verspüren. – Ein weiteres Moment spricht gegen die Echtheit dieses Wortes: Hätte Jesus seinen Anhängern gesagt, dem Verführer sei es besser, ins Meer geworfen zu werden, dann hätten sie die Aufforderung daraus ableiten können, Verführer inquisitorisch aufzuspüren und zu töten. Und wer ist kein Verführer? – Am deutlichsten aber steht Jesu praktisches Verhalten gegen das Wort vom Mühlstein. Sogar Petrus war für ihn ein besonders gefährliches skandalon geworden. Er nannte ihn ‚Satan'. Aber er schickte ihn weder in die Tiefe des Meeres noch in die Tiefe der Hölle, sondern dorthin, wo sein Platz ist: Geh hinter mich!

157 Das Jesuswort erscheint bei Markus bereits weitergepredigt. Das Bild vom Fuß in der Falle ist um die Beispiele Hand und Auge vermehrt. Außerdem ist die Deutung (fehlende Sachhälfte) teilweise schon in die Bildhälfte eingetragen. Während es im Bild streng genommen nur um Weiterleben oder Sterben (Totengrube) gehen kann, ist nun schon von „einäugig ins Reich Gottes eingehen" die Rede und von „in die Hölle geworfen werden, wo ihr Wurm nicht stirbt und das Feuer nicht erlischt". – Mattäus benutzt in 5,29 das Bildmotiv, um die leiblichen Qualen der Hölle zu demonstrieren: „Wenn dich dein rechtes Auge ärgert (nach 5,28 durch den begehrlichen Blick auf eine Frau), dann reiß es aus und wirf es von dir. Denn es ist besser für dich, daß eines von deinen Gliedern verlorengeht, als daß dein ganzer Körper in die Hölle geworfen wird." – Mattäus bringt das Wort zum zweitenmal in seinem Kapitel über die Sorge der Gemeinde um ihre geringen und schwachen Glieder. Dort heißt es im Kontext: „Wehe dem Menschen, durch den das Ärgernis kommt! Wenn dich aber deine Hand oder dein Fuß ärgert, dann hau ihn ab und wirf ihn von dir!..." Hier ist das zum Ärgernis gewordene Gemeindeglied gemeint, das aus der

Gemeinde zu entfernen ist, wie in 18,17 ohne Bild gesagt wird. Solches Abhauen und Wegwerfen ist aber jesuswidrig (324 u.a.).

158 Markus hat den Satz „Jeder wird mit Feuer gesalzen werden" wohl deshalb vorangestellt und mit einem ‚Denn' versehen, weil er ihn mit dem ‚Feuer der Hölle' (V. 48) in Verbindung bringen will und ihn dementsprechend versteht. – Mattäus stellt das Logion in eine Jüngeranweisung und versteht unter dem Salz die Jünger. „Ihr seid das Salz der Erde." Darum fügt er als Mahnung hinzu, dieses ‚Salz' werde mit Recht von den Leuten weggeworfen, wenn es schal wird. Vgl. 306.

160 Markus benutzt auch hier die ‚Jüngerbelehrung zu Hause' als Stilmittel, um seine eigene pastorale Anwendung Jesus in den Mund zu legen. Dabei überträgt er die generelle Weisung ‚Nicht trennen, was Gott verbunden hat!' in die Gesetzessprache. Dadurch wird das Jesuswort verengt. Beispiele: „Wer seine Frau entläßt *und* eine andere heiratet, bricht ihr die Ehe." Dagegen ist nach Jesus schon das Fortjagen der Ehefrau gottwidrig, auch wenn der Mann keine andere heiratet. „Und wenn sie ihren Mann entläßt..." Dieser Fall war in jüdischer Umwelt gar nicht möglich. Markus will damit das ‚Eherecht' für Heidenchristen ergänzen. – Daß Mattäus die Form der Antithese wählt „Mose erlaubte euch... Ich aber sage euch..." ist kein Verlust. Aber er trägt die Klausel „außer wegen Ehebruch" ein (auch in 5,32; nicht so Lukas in 16,18). Dagegen gibt es nach Jesus keine noch so große Verfehlung des Partners, die es erlauben würde, ihn aus der ehelichen Gemeinschaft zu verstoßen und ihm nicht mehr zu vergeben (211! 258!). – Mattäus und Lukas fügen noch hinzu: „Und wer eine Entlassene heiratet, bricht die Ehe." Das trifft nur dann zu, wenn einer die Zerstörung der ersten Ehe mitverursacht hat, um dann die geschiedene Frau heiraten zu können. Aber so apodiktisch formuliert, wie es dasteht, ist dieses ‚frühchristliche Ehegesetz' jesusfremd. Es geht nämlich von der Rechtsfiktion aus, daß der Ehevertrag in sich stünde und ewig stehen bliebe unabhängig davon, ob das Eheleben oder wenigstens die reale Chance dazu noch besteht oder faktisch schon lange zerstört ist. So kommt dieses Gesetz zu dem arbarmungslosen Verbot, sogar einer verstoßenen Frau, die nie mehr zu ihrem ersten Gatten zurückkehren kann, den Schutz und die Geborgenheit einer neuen Ehe zu gewähren. – All diese Beispiele zeigen: Wenn die generelle Weisung Jesu, die in seinem Gottesbild gründet, ‚Nicht trennen, was Gott durch den Eros zu einem Leib verbunden hat', in handfeste Vorschriften umgesetzt wird, verliert sie ihre eigentliche Funktion, den Menschen am Willen Gottes zu orientieren. So hilfreich Ehegesetze auch sein mögen, es wird uns doch nichts Besseres übrigbleiben, als immer wieder von neuem zu fragen: Was will in diesem konkreten ‚Fall' der Gott Jesu, dessen Hauptgebot die Liebe ist?

161 Öfters wurde zu einem isoliert überlieferten Jesuswort die dazugehörige Szene aus späterer Sicht rekonstruiert. Wahrscheinlich wurde auf diese Weise auch aus dem Wort „Laßt die Kinder an mich herankommen, hindert sie nicht!" folgende Rahmengeschichte gebildet: „Sie brachten Kinder zu ihm, damit er sie berühre. Aber die Jünger fuhren sie an... Und er schloß die Kinder in die Arme und segnete sie, indem er ihnen die Hände auflegte." Gegen diese Darstellung spricht folgendes: Im überlieferten Jesuswort ist nicht vom Bringen der Kinder die Rede, sondern von ihrem Kommen. Nicht jene, die ihre Kinder heranschaffen, sondern die Kinder selbst (auta) sollen nicht gehindert werden. Vor allem ist es unwahrscheinlich, daß die Jünger eine Ehrung ihres Meisters abwehrten. Seine Kinder von einem angesehenen Rabbi segnen zu lassen, das wäre keine Belästigung, sondern ein Gestus besonderer Verehrung. – Das Stichwort ‚Kind' veranlaßte Markus, einen weiteren Spruch (162) anzufügen. Aber es besteht kein inhaltlicher Zusammenhang, denn hier ist die Geringheit des Kindes der Vergleichspunkt, dort die kindhafte Art, etwas anzunehmen.

165 Interessant ist die theologische Reflexion, die Markus wieder in Form einer zusätzlichen Jüngerbelehrung anschließt: „Aber wer kann da gerettet werden?... Bei Menschen ist das unmöglich, aber nicht bei Gott. Denn alles ist möglich bei Gott." – Das ‚gerettet werden' statt ‚in die Gottesherrschaft kommen' verrät schon die frühchristliche Predigtsprache im Unterschied zur jesuanischen. Angesichts einer menschlichen Unmöglichkeit wird auf die Allmacht Gottes zurückgegriffen. Ganz unverblümt bringt das apokalyptische Schrifttum (siehe 2. Band!) zum Ausdruck, daß Gott selbst das Heil und Unheil des Menschen bestimmt. Als ob Gott durch seine Allmacht einen raffgierigen Menschen in einen schenkenden verwandeln könnte und dieses Wunder bei dem einen wirkte, beim anderen nicht! Aber nach Jesus ist jedes Menschenherz in sich fähig, die von Gott ihm angebotene Liebe anzunehmen. Deswegen ruft er alle zur Umkehr und nicht nur die ‚Vorherbestimmten'. Das echte Jesuswort ‚Kinder, wie schwer...' stuft die Umkehr der Reichen als besonders schwierig ein, aber nicht als unmöglich.

166 Lukas bietet hier einen weniger überarbeiteten Text als Markus: „um meinet- und des Evangeliums willen"; „wenn auch unter Verfolgungen". – Die Fortführung „und im Äon, der kommen wird, äonisches Leben" dürfte eine nachträgliche Ergänzung sein, analog dem Gespräch mit dem Reichen (164). Daß die Jünger wie alle Gerechten auch jenseitigen Lohn erhalten, stand für sie wie für Jesus ohnehin außer Zweifel. Die Beifügung dieser Selbstverständlichkeit überlagert nur das Besondere der Aussage Jesu.

168 Lukas hat bei seiner ‚Materialsammlung' (vgl. Lk 1,3) eine ursprünglichere Form der beiden Jesusworte entdeckt. In dem drei bis vier Jahrzehnte früher redigierten Markus-Evangelium sind sie bereits zu einem Lehrgedicht verarbeitet. Der umgekehrte Weg, daß Lukas ein vorliegendes Markus‚gedicht' auseinandergenommen und in die ‚Prosa' zurückversetzt hätte, ist äußerst unwahrscheinlich. Wir haben hier ein Beispiel dafür, daß ein später verfaßtes Evangelium durchaus auch ursprünglicheres Überlieferungsgut enthalten kann. – Theologisch bedeutsam ist für uns, was Markus am Ende hinzufügt: Der Menschensohn(!) sei gekommen, „um sein Leben als *Lösegeld* für viele hinzugeben". Dieser Gedanke ist jesusfremd. Daß er in der älteren Lukas-Fassung fehlt, genügt natürlich nicht als Beweis, dient nur als Hinweis, der uns aufmerken läßt. Denn ob Jesus einen bestimmten Gedanken in diesem oder jenem Zusammenhang, in diesem oder jenem Wortlaut geäußert hat, ist belanglos, wenn es nur sein eigener Gedanke ist. Und das eben ist nicht möglich: Der Gott, den Jesus verkündet, läßt Schuld und Strafe völlig umsonst nach, wenn der Mensch nur umkehrt und seinem schuldigen Bruder ebenso umsonst vergibt. Daran ist nicht zu rütteln und zu deuteln, denn dies ist das Besondere der Gottesbotschaft Jesu. Darum kann derselbe Jesus nicht gleichzeitig behaupten, Gott fordere das Leben Jesu als *Lösegeld* (oder sein vergossenes Blut als Sühnopfer, wie es in der ebenfalls unechten Markus-Version des Becherwortes heißt).

169 Gründe für die Herauslösung dieses Jesuswortes aus dem markinischen Abendmahlskontext. – „Hymnen singend gingen sie hinaus zum Ölberg." Das ist höchst unwahrscheinlich während jener Nacht, in der sie Verrat und Verhaftung befürchten mußten. Die Übersetzung der beiden Aoristformen mit „singend gingen sie" ist grammatikalisch korrekt. Freilich kann auch „gesungen habend" übersetzt werden. So verstanden würde die Bemerkung zum Paschamahlkontext passen und bedeuten: nachdem sie den abschließenden Lobgesang gesungen hatten. Nur bleibt dann die Frage offen, warum diese rituelle Selbstverständlichkeit überliefernswert erschien. – Die Herauslösung von VV. 26–31 hinterläßt auch keine Lücke im Geschehensablauf, denn V. 32 berichtet nochmals: „Und sie gingen zu einem Landgut namens Getsemane". – Das Motiv für die Einfügung dieses Jesuswortes in die engere Passionsgeschichte: Egeiro, was bedeutet aufwecken, wiederaufrichten, herausholen aus Not und Gefahr (vgl. Mt 12,11), wurde von der nachösterlichen Überlieferung in bezug auf Jesus durchwegs als Auferstehung gedeutet. So auch dieses Wort, das zusätzlich noch dem Grabesengel in den Mund gelegt wurde (Mk 16,7). Insofern ist es verständlich, daß dieses in der Erinnerung der galiläischen Jünger vorhandene Jesuswort, ursprünglich beim Zug nach Jerusalem am Ölberg gesprochen, von einem späteren Redaktor der Passionsgeschichte mit dem letzten Gang zum Ölberg verbunden wurde. Nunmehr fungiert er als wunderhafte, detaillierte Vorhersage der Auferstehung Jesu, der Ostererscheinungen in Galiläa (Mt, Joh) und der Verleugnung durch Petrus.

174 Ausgesprochene Fragen und Antworten wurden gehört und konnten überliefert werden. Aber woher kennt Markus die unausgesprochenen ‚Gedanken' der Gegner Jesu? „Da überlegten sie bei sich: Wenn wir sagen..., dann wird er sagen... Oder sollen wir sagen...?" Interessant ist diese freie Gedankenrekonstruktion nur insofern, als sie die Vorstellung des Markus über Jesus und seine Gegner erkennen läßt. Immer erscheinen die Pharisäer als böswillig und hinterhältig. Jesus hingegen soll durch geschickte Ausnutzung ihrer Angst vor dem Volk sie überlistet und mundtot gemacht haben. Aber das entspricht nicht der offenen Kampfesweise Jesu und erst recht nicht seiner Grundintention, alle und somit auch seine theologischen Kritiker zu retten statt zu blamieren. Darum ist eher anzunehmen: Er wollte ihnen zur Erkenntnis der Wahrheit verhelfen durch eine Gegenfrage, die sie zum Nachdenken anregen sollte (vgl. 194).

175 Nach Markus geht die Gleichniserzählung so weiter: „Aber jene Bauern sagten zueinander: Das ist der Erbe. Kommt, töten wir ihn! Dann wird die Erbschaft uns gehören. Und sie ergriffen ihn, töteten ihn und warfen ihn aus dem Weinberg hinaus. Was wird der Herr des Weinbergs wohl tun? Er wird kommen und die Bauern umbringen und den Weinberg anderen geben." – Diese Beifügung kommt aus frühchristlicher Reflexion. Als Nachweis genügt schon der Umstand, daß nach dieser Gleichnisfortsetzung die Juden Jesus tatsächlich als ‚Sohn und Erben' erkannt hätten. Schlimmer als diese historische Unkorrektheit sind die theologischen Konsequenzen dieser Beifügung: 1. Jesus sagt seinen Gegnern mit Bestimmtheit voraus, daß sie ihn töten werden. Wozu eigentlich, wenn es unabänderlich ist? Nicht mehr, um sie davon abzuhalten. Also, um sie zu verhärten. 2. Gott rächt sich wie ein orientalischer Despot. „Er wird kommen und sie umbringen." Das heißt: Gott wird Israel vernichten. 3. Dahinter steckt ein ungeheurer Anspruch, der die weitere Geschichte der Kirche bestimmen sollte: ‚Anderen', nämlich uns Christen, sei der Weinberg gegeben, der den Juden weggenommen wurde. Nicht mehr Israel, sondern die Kirche sei nunmehr das Gottesvolk.

176 Lukas fügt hinzu: „Jeder, der auf diesen Stein fällt, wird zerschellen; auf wen er aber fällt, den wird er zermalmen." – Man merkt den Bruch schon daran, daß die Bilder widersprüchlich werden: Auf den Schlußstein hoch oben kann niemand fallen. Fiele er aber auf jemand herunter, dann wäre er nicht mehr Schlußstein. So verworren ist die Bildersprache des Meisters nicht! Vor allem die inhaltlichen Aussagen der beiden Zusätze verraten, daß hier die jesusfremde frühchristliche Apokalyptik sich ausspricht (wie in den anderen Gleichnisergänzungen 114 175 259 342). Der wirkliche Jesus wollte seine Gegner nicht zerschmettern zur Strafe dafür, daß sie ihn nicht als den Gottesboten erkannten. Er wollte retten, nichts als retten.

177 Schon im Markus-Kontext sind die Fragenden wieder als die bösen Pharisäer dargestellt, die Jesus nur eine Falle stellen wollen. Die schlimmen Folgen solcher Polemik: Die Gewissensfrage der Juden wird zu einem schlauen Schachzug, die Gewissensentscheidung Jesu zu einem noch schlaueren Gegenzug. Hören wir einmal unbefangen den konstruierten Dialog! Daß Münzen im Geldbeutel eines Juden das Bild des Kaisers tragen, besagt doch nicht, daß sie Eigentum des Kaisers sind und ihm zurückerstattet werden müssen. Eine solche Argumentation wäre ein Trick mit Worten, der nur darauf abzielt, einen listigen Gegner zu über-listen und zu blamieren. Das ist nicht Jesu Art. Wenn er auf ein Ansinnen nicht eingehen wollte, hat er es klipp und klar gesagt (etwa: Wer hat mich zum Erbteiler über euch eingesetzt? 411).

178 Auch hier sind die Jesusworte (deren letztes nur Lukas überliefert) in ein Streitgespräch eingewoben, das mit der Blamage der böswilligen Gegner Jesu enden muß: „Ihr irrt gewaltig." Es ist aber nicht anzunehmen, daß Jesus auf den Theologenwitz von der Frau mit den sieben Männern, falls er überhaupt vorgebracht wurde, ernsthaft eingeht. Noch weniger, daß er mit einer Spekulation über den physikalischen Zustand der Jenseitigen (Sie sind wie Engel im Himmel) dagegen argumentiert. Interessant zu beobachten, wie die theologische Ratio im Überlieferungsprozeß weiterarbeitet: Nach Lukas gibt Jesus sogar den Vernunftgrund an, weshalb die Jenseitigen nicht mehr heiraten. Sie können nicht mehr sterben, also brauchen sie auch keinen Nachwuchs.

181 Was bei Markus noch die notwendige Warnung vor einer bestimmten Art von Schriftgelehrten ist, wurde bei Mattäus zur Diffamierung der jüdischen Theologenschaft als solcher. Statt „Hütet euch vor Schriftgelehrten, welche..." liest man bei Mattäus nur die apodiktische Aussage: „Sie lieben den ersten Platz..." Vorangestellt ist das ebenso verallgemeinernde, vernichtende Urteil: „Alle ihre Werke tun sie, um von den Menschen gesehen zu werden" (V. 5). Das ist nicht die Stimme Jesu, der auch jüdischen Theologen die Nähe zur Gottesherrschaft bestätigte. Es ist die Stimme des christlichen Antijudaismus, der sich schon von Markus bis Mattäus derart gesteigert hatte.

182 Die beiden Jesusworte von den ‚Pfennigen der Witwe' und den ‚Häusern der Witwen' gehören inhaltlich zusammen. Markus, der auch sonst

Umstellungen in seinem Traditionsgut vornahm (113 169?), hat die Warnung an die Verzehrer der Witwenhäuser wohl deshalb vorangestellt, weil er sie den Streitreden im Tempel anfügen wollte, die damit ihren Abschluß finden. So ist auch für Lukas undeutlich geworden, wer mit den Verzehrern gemeint ist, da die Priester nicht ausdrücklich genannt sind. Darum bezieht er sie mit einem Relativsatz auf die zuvor genannten Schriftgelehrten, „welche die Häuser der Witwen verzehren...". Diese lukanische Umdeutung des Markus-Textes wirkte wieder zurück auf die meisten deutschen Markusübersetzungen. So hielt man allgemein die Schriftgelehrten für die Verzehrer der Witwenhäuser und erklärte es so: Die Schriftgelehrten fungierten auch als Rechtsberater. Dabei konnten sie Witwen übervorteilen und zum Schein lange Gebete sprechen. Natürlich ‚konnte' auch derartiges gelegentlich geschehen. Aber keineswegs ist beides, zumal in dieser Verknüpfung, *typisch* für den Stand der Schriftgelehrten. – Dadurch, daß die Geschichte vom ‚Opfer der Witwe' nunmehr isoliert dasteht, wird der Eindruck erweckt, Jesus wolle durch das Vorbild der Witwe seine Jünger auffordern, ebenfalls ‚alles, was sie haben', dem Tempel zu geben. Das ist unmöglich. Den Armen, ja (164); aber nicht dem Tempel (183!), dem er selbst die Tempelsteuer verweigert (331).

187 Es lohnt sich, einmal die Darstellung des Vorgangs bei Joh 12,1–8 genau mit dem Markus-Text zu vergleichen. Auch der Laie wird bald feststellen, daß Johannes den markinischen Text nicht kennt. Er kann an diesem Beispiel gut beobachten, wie im Überlieferungsprozeß verschiedene Legendenmotive und Predigtintentionen (etwa der böse Judas) zusammenfließen und das jesuanische Element der ursprünglichen Überlieferung fast völlig verdecken. – Doch schon bei Markus wird das entscheidende Jesuswort mit dem üblichen Denn-Satz interpretiert. Der Hinweis auf die künftige Verkündung des Evangeliums in der ganzen Welt in dem angeblichen Amen-Wort (V. 9) zeigt deutlich, daß es sich um eine nachösterliche Hinzufügung handelt. „Sie hat im voraus meinen Leib zum Begräbnis gesalbt." Hier wird, wie andernorts in der Passionsgeschichte (Mk 10,34; 11,2; 14,13–15; 14,30), Jesus ein wunderhaftes, detailliertes Vorauswissen unterstellt. Aber leider führte die Christusverehrung auch zu diesem angeblichen Jesuswort: „Denn Arme habt ihr allezeit bei euch und könnt ihnen Gutes tun, sooft ihr wollt, mich aber habt ihr nicht allezeit." Mit einer solchen Begründung würde Jesus als Empfänger der teuren Spende tatsächlich in Konkurrenz treten zu den Armen. Nach dem echten Jesuswort duldet er die Verschwendung nur mit Rücksicht auf die Frau. Diese nimmt er in Schutz, weil sie es gut gemeint hat. Nach dem unechten Jesuswort erklärt er die Verschwendung auch für objektiv richtig, weil sie *seiner Person* gilt, die einer solchen Gabe würdiger oder zumindest jetzt bedürftiger ist als die Armen.

188 ‚Mein Leib' (soma) bedeutet im Semitischen ebenso wie ‚meine Seele' (psyche) nichts anderes als ‚Ich'. Jesus gebrauchte wohl deshalb den Ausdruck soma, weil er dem konkreten Zeichen ‚Brot' besser entspricht als psyche. ‚Mein Leib' statt ‚ich' zu sagen, ist aber im Deutschen ungebräuchlich. Es führt bei Sprachunkundigen zu Mißverständnissen und bei Theologen zu abwegigen Spekulationen. – Vieles spricht dafür, daß ‚gegeben' ein passivum divinum ist und ‚von Gott gegeben' bedeutet. 1. Daß jemand etwas gibt und gleichzeitig dazusagt „Das ist von mir gegeben", ist überflüssig. 2. Für zum Mahl versammelte Juden ist das Brot ohnehin in erster Linie Gabe Gottes, dem dafür die feierliche ‚Danksagung' (eucharisteo) gebührt. Daß der Gastgeber in einem herausgehobenen Tischwort auch nur erwähnt, dieses durch Danksagung gesegnete Brot sei von ihm, ist undenkbar. 3. ‚Von Gott gegeben' bezieht sich auf das Zeichen (Brot) und den Bezeichneten (Jesus) zugleich, weil Jesus immer wieder betont, daß er von Gott gesandt und beauftragt ist. – Das Brotwort besagt etwas anderes als das Becherwort (189) und kann bei einem anderen Mahl gesprochen sein, während das Becherwort zum Abschiedsmahl gehört.

189 Das testamentarische Becherwort wurde bei den nachösterlichen Gemeinschaftsmählern immer wieder zitiert, mit dem Brotwort verbunden und diesem mehr und mehr angeglichen. Bei Paulus/Lukas einerseits und Markus/Mattäus anderseits liegt es uns in zwei theologischen Varianten mit je einer kurzen und erweiterten Fassung vor.

Paulus: *Dieser Becher | ist der Neue Bund*, in meinem Blut.
Lukas: Dieser Becher ist der Neue Bund, in meinem Blut, das für euch vergossene (statt: dem für euch vergossenen).
Markus: *Dieses | ist mein Blut*, des Bundes, das für viele vergossene.
Mattäus: Dieses ist mein Blut des Bundes, das für viele vergossene, zur Vergebung der Sünden.

Bei Markus und Mattäus wurde das Deutewort zu einer Aussage über den Wein, dieser sei das Blut (haima) Jesu; angeglichen dem dinglich verstandenen Wort über das Brot, jenes sei der Leib (soma) Jesu. Weil aber das Element ‚Bund' nicht zu übergehen war, addierte man beides: „das Blut von mir des Bundes" (to haima mou tes diathekes), eine in der Umgangs- und Schriftsprache unerlaubte, nur in der geheimnisvoll-formelhaften Kultsprache mögliche Wortkombination. Aus dem von Jesus intendierten Neuen Bund wurde so ein Wiederaufleben des Alten Bundes. Denn ‚Bundesblut' gehört zum Sinaibund. Dort hat Mose den Altar und das Volk mit dem Blut geopferter Jungstiere zur Entsühnung besprengt und erklärt: „Das ist das Blut des Bundes, den Jahwe aufgrund all dieser Bedingungen mit euch geschlossen hat" (Ex 24,8). Im Neuen Bund hingegen hat ‚Sühneblut' und ‚Lösegeld' keinen Ort. Der Gott Jesu braucht keine Sühne, weder vom Schuldigen selbst, noch von einem unschuldigen Stellvertreter.

Der Abba läßt jede Schuld umsonst nach, wenn nur der Begnadigte ebenso barmherzig mit seinem ‚Mitknecht' verfährt (335). Das Element ‚schenkende Liebe statt vergeltender Gerechtigkeit' ist ja gerade das durchgehende Charakteristikum der Gottesbotschaft Jesu, das Neue am Neuen Bund. – Im ältesten, schon vor Paulus überlieferten Text des Becherwortes steht zunächst der einfache Satz: „Dieser Becher ist der Neue Bund", aber ihm ist bereits hinzugefügt: „in meinem Blut". Die sekundäre Beifügung ist nicht nur an der grammatikalischen Unebenheit erkennbar. Die Angabe wäre nämlich zu ergänzen: in meinem Blut ‚zustandegekommen' oder „besiegelt" oder „dargestellt". Wichtiger ist der inhaltliche Widerspruch. Stammte auch nur der Gedanke ‚in meinem Blut' von Jesus selbst, so hätte er bei diesem Mahl mit Sicherheit die gewaltsame Vergießung seines Blutes vorausgewußt. Aber er hat noch am Ölberg gehofft, der Leidenskelch möge an ihm vorübergehen. Also kann die Idee, der Neue Bund sei durch Jesu Blut besiegelt, nur von solchen Theologen stammen, die auf die geschehene Kreuzigung Jesu zurückschauen und nach einer Deutung suchen, die ihrer eigenen alttestamentlichen Sühnevorstellung entspricht. – Doch das entscheidende Gegenargument ist: Der Neue Gottesbund oder die Gottesherrschaft kommt nach Jesu Lehre nicht erst durch ein ungewöhnliches Ereignis in der Zukunft zustande, sondern ist in seiner eigenen Gotteserfahrung schon gegenwärtig, ist durch seine Freudenbotschaft allen angeboten und braucht nur durch die Herzensumkehr angenommen zu werden (101 424).

194 In der obigen Textsammlung sind die bei Markus, Mattäus und Lukas überlieferten Schwerpunkte der Synedriumsverhandlung zusammengetragen. – Nur der Text des Jesuswortes vom Sitzen zur Rechten der KRAFT bedarf einer eingehenderen Untersuchung. Bei Lukas lautet er: „Ab jetzt wird der Menschensohn (d.h. ein armer Mensch wie ich) zur Rechten der Kraft (Gottes) sitzen." Das ist einfache Aussage, in jüdischer Redeweise, von den Hörern sofort richtig verstanden als Anspruch, ein von Gott besonders Geliebter und Beschützer zu sein. Da liegt noch kein ‚Schriftbeweis' vor, denn ‚zur Rechten sitzen' ist nur eine Redewendung, die an Ps 109,1 *anklingt* – Dagegen ist die Markus/Mattäus-Version apokalyptisch weitergebildet. 1. „und kommend mit den Wolken des Himmels". Hier ist offenkundig Dan 7,13 zitiert und der von dorther konzipierte ‚himmlische Menschensohn' der spätjüdischen Apokalyptik gemeint. 2. „Ihr werdet ihn sehen, sitzend und kommend". Damit ist Jesus zu dem apokalyptischen Richter geworden, den seine Feinde mit Schrecken sehen werden, wenn er kommt, um an ihnen Vergeltung zu üben. – Es ist anzunehmen, daß diese Erweiterung und Umdeutung des echten Jesuswortes vom ‚Sitzen zur Rechten der KRAFT' das Einfallstor ist für die unechten, apokalyptischen Menschensohnworte in die Jesusüberlieferung.

196 Zu „Abba, vergib ihnen!" – Daß diese Bitte nur in vielen Lukas-Handschriften steht, macht sie im Prinzip nicht weniger glaubhaft als das übrige lukanische Sondergut. Nur die Beifügung ist zweifelhaft: „Denn sie wissen nicht, was sie tun". Ein Denn-Satz! Verbunden mit dem Lukas-Kontext (Sie kreuzigten ihn zwischen zwei Verbrechern) kann er so verstanden werden, als beziehe sich die Vergebungsbitte nur auf die Henker und als sei ihre Unwissenheit die Voraussetzung dafür. Doch nach Jesus vergibt Gott auch wissentliche Schuld, sobald der Sünder umkehrt.
Zu „Eli, Eli". – Markus, der glücklicherweise auch Belanglosigkeiten aufgreift, wenn er sie im Überlieferungsgut vorfindet, berichtet, daß auf diesen Ruf hin einige Umstehende sagten: „Siehe, er ruft den Elija!" Das beweist, daß nur die beiden ersten Psalmworte „Eli, Eli" zu hören waren, nicht aber die Fortsetzung „lema sabachthani?" (Warum hat du mich verlassen?). Sonst wäre es nicht zu dem Mißverständnis gekommen, er rufe ‚Elija'. Erst im weiteren Überlieferungsprozeß wurde „lema sabachthani" hinzugefügt. Mit vollem Recht, zur besseren Kennzeichnung des Psalmes, um den es sich hier handelt. Als Endergebnis steht nun im Evangelium: „Jesus rief mit lauter Stimme: Mein Gott, mein Gott, warum hast du mich verlassen?" Leider haben dann die Exegeten und die Theologen und die Prediger dieses Psalmenfragment statt den Psalm 22 als ganzen ausgedeutet: Jesus habe sich im Sterben völlig von Gott verlassen gefühlt; er sei tatsächlich von Gott verlassen worden; er habe die Höllenqualen der Verdammten durchlitten, stellvertretend für die Sünder. All das überbietend kam noch eine trinitarische Spekulation hinzu: Gott habe am Kreuze Gott verlassen. Aber die schlichte, durchaus erkennbare historische Wirklichkeit ist: Der sterbende Jesus hat jenen Psalm begonnen, der sein unerschüttertes Gottvertrauen zum Ausdruck bringt.

Die Reihenfolge der Jesusworte

Mk	Mt	Lk	Nr.	Stichwort
				Markus (+ Mattäus + Lukas)
1,9ff	3,12ff	3,21ff	100	Jesu Gotteserlebnis (Bd. 2)
1,15	4,17		101	Zeit erfüllt
1,35ff		4,42f	102	Weiterziehen
1,40ff	8,1ff	5,12ff	103	Zum Aussätzigen
2,5ff	9,2ff	5,20ff	104	Zum Gelähmten
2,17a	9,12	5,31	105	Arzt für Kranke
2,17b	9,13b	5,32	106	Sünder einladen
2,18f	9,14f	5,33f	107	Fasten? Hochzeit!
2,21	9,16	5,36	108	Alt/neu. Mantel
2,22	9,17	5,37f	109	Alt/neu. Wein
2,27			110	Sabbat für d. Menschen
3,1ff	12,9ff	6,6ff	111	Sabbat. Gutes tun?
3,27	12,29	11,21f	112	Haus des Starken
3,31ff	12,46ff	8,19ff	113	Meine Mutter?
4,3ff	13,3ff	8,5ff	114	Sämann. Guter Boden
4,9	13,9	8,8	115	Ohren zum Hören
4,21	5,15	8,16		
		11,33	116	Lampe auf d. Leuchter
4,22	10,26	8,17		
		12,2	117	Nichts verhüllt
4,24	7,2	6,38	118	Mit dem Maß
4,25	13,12	8,18		
	25,29	19,26	119	Wer es hat
4,26ff			120	Same sproßt v. selbst
4,31f	13,31f	13,19	121	Senfkorn
4,35ff	8,23ff	8,22ff	122	Seesturm
5,1ff	8,28ff	8,26ff	123	Legion Dämonen
5,21ff	9,18ff	8,40ff	124	Talitha kumi
6,1ff	13,53ff	4,16ff	125	In Nazaret
6,7	10,7f	10,9	126	Heilt und verkündet!
6,8	10,8f	9,3		
		10,4	127	Heilt umsonst!
6,8ff	10,10f	10,4.7f		
		9,3f	128	Nichts auf den Weg
6,31			129	Ruht aus!
6,35ff	14,15ff	9,12ff		
8,1ff	15,32ff		130	Teilung der Brote

Mk	Mt	Lk	Nr.	Stichwort
7,5ff	15,7ff		131	Eure Traditionen!
7,9ff	15,3ff		132	Tradition: Korban
7,14ff	15,10ff		133	Rein? Unrein?
7,24ff	15,21ff		134	Heidin: Hündlein
8,11ff			135	Kein Beweiswunder!
8,15	16,6	12,1	136	Sauerteig d. Pharisäer
8,15			137	Sauerteig d. Herodes
8,14ff	16,5ff		138	Brote vergessen
8,27ff	16,13ff	9,18ff	139	Wer ich sei
8,31	16,21	18,31		
10,32f	20,17f		140	1. Nach Jerusalem
8,31		9,22	141	2. Verworfen
9,31f	17,22	9,44f		
10,33	20,18		142	3. ausgeliefert
8,31	16,21	9,22		
9,31	17,23	18,33		
10,34	20,19		143	4. auferweckt
8,33	16,22f		144	Streit mit Petrus
8,34	16,24	9,23	145	Sich verleugnen
8,34	16,24	9,23	146	Sein Kreuz aufheben
8,35	16,25	17,33		
	10,39	9,24	147	Sich selbst erzeugen
9,1ff	16,28ff	9,27ff	148	Einige sehen / Tabor
9,13	17,12		149	Auch Elija
9,14ff	17,14ff	9,37ff	150	Wenn du „kannst“!
9,30f			151	Schülerbelehrung
9,35			152	Erster werden
9,36f	18,5	9,47f	153	Kind aufnehmen
9,38f		9,49f	154	Fremder Exorzist
9,40		9,50	155	Nicht gegen euch
(9,42)	18,6f	17,1	156	Wehe Verführern!
9,45	18,8		157	Fuß abhacken
9,49f	5,13	14,34f	158	Mit Feuer salzen
9,50c			159	Salz in euch
10,2ff	19,3ff	(16,18)	160	Ehescheidung
10,14	19,14	18,16	161	Kinder zu mir
10,15	18,3	18,17	162	Wie ein Kind
10,17f	19,16f	18,18f	163	Nur Gott gut
10,17ff	19,16ff	18,18ff	164	Eins fehlt dir
10,23.25	19,23f	18,24f	165	Nadelöhr

Mk	Mt	Lk	Nr.	Stichwort
10,28ff	19,27.29	18,28ff	166	100-fach erhalten
10,35ff	20,20ff		167	Zebedäussöhne
10,42ff	20,25ff	22,25ff	168	Dienen!
14,26ff	26,30ff	(19,37f)	169	Nach Galiläa führen
11,8ff	21,8ff	19,36ff	170	Einzug Jerusalem
11,15ff	21,12f	19,45f	171	Tempelreinigungen
11.22.24	21,22		172	Vertrauen Gebet
11,25	6,14		173	Erst vergebt!
11,27ff	21,23ff	20,1ff	174	Vollmachtsfrage
12,1ff	21,33ff	20,9ff	175	Weinbergspächter
12,10f	21,42	20,17	176	Schlußstein
12,14ff	22,17ff	20,22ff	177	Kaisersteuer
12,26f	22,31f	20,37f	178	Gott für Lebende
12,28ff	22,35ff	10,25ff	179	Erstes Gebot
12,35ff	22,41ff	20,41ff	180	Messias Davidssohn?
12,38f	23,6f	20,46	181	In Talaren!
12,40ff		20,47ff	182	Witwengut verzehren
13,1f	24,1f	21,5f	183	Tempel wird zerstört
13,11		21,14f	184	Was Gott eingibt
13,28ff	24,32ff	21,29ff	185	Sommer nahe
13,31	24,35	21,33	186	Meine Worte
14,3ff	26,6ff		187	Salbung Bethanien
14,22	26,26	22,19	188	Brotwort
14,23f	26,27f	22,20	189	Becherwort
14,18ff	26,21ff	22,21f		
	+26,50	+22,48	190	Judas
14,32ff	26,36ff	22,40ff	191	Todesangst
14,41f	26,45f		192	Jetzt ausgeliefert
14,48	26,55	22,52f	193	Mit Knüppeln!
14,55ff	26,59ff	22,67ff	194	Vor dem Hohen Rat
15,2ff	27,11ff	23,2ff	195	Vor dem Römer
15,23ff	27,33ff	23,35ff	196	Am Kreuz

Mattäus / Lukas (Logienquelle)

Mt	Lk	Nr.	Stichwort
5,3ff	6,20f	201	Glück für die Armen!
5,11f	6,22f	202	Verfolgte, lacht!
5,25	12,58f	203	Weg zum Richter
5,39ff	6,29	204	Andere Backe
5,44f	6,27f	205	Feindesliebe
5,46f	6,32ff	206	Gratis!

Mk	Mt	Lk	Nr.	Stichwort
	5,48	6,36	207	Mütterlich wie Gott
	6,9f	11,2	208	1. Deine Herrschaft
	6,10		209	2. Dein Wille
	6,11	11,3	210	3. Unser Brot
	6,12	11,4	211	4. Unsere Schulden
	6,13	11,4	212	5. Versuchung
	6,19ff	12,33f	213	Schatz bei Gott
	6,22f	11,34f	214	Dein Auge Licht
	6,24	16,13	215	Zwei Herren dienen
	6,26ff	12,24ff	216	Raben, Lilien
	6,31ff	12,29ff	217	Dazugegeben
	7,1	6,37	218	Richtet nicht!
	7,3ff	6,41f	219	Splitter Balken
	7,7ff	11,9ff	220	Stein? Schlange?
	7,13f	13,24	221	Enge Tür
	7,16	6,44	222	An Frucht erkennen
	7,21	6,47	223	Herr Herr sagen
	7,24ff	6,47ff	224	Haus auf Sand
	8,5ff	7,1ff	225	Hauptmann Kafarnaum
	8,11f	13,28f	226	Von Ost und West
	8,19f	9,57f	227	Füchse Höhlen
	8,21f	9,59f	228	Laß die Toten...
	9,37f	10,2	229	Ernte groß
	10,12f	10,5f	230	Euer Friede zurück
	10,24f	6,40	231	Meister Schüler Beelzebul
	10,26f	12,3	232	Von den Dächern!
	10,28	12,4f	233	Nur den Leib töten
	10,29ff	12,6f	234	Eure Haare gezählt
	10,33	12,9	235	Wer mich verleugnet
	10,34ff	12,51ff	236	Frieden? Schwert!
	10,37	14,26	237	Vater Mutter hassen
	10,38	14,27	238	Kreuz / Mein Jünger
	10,40	10,16	239	Wer euch anhört
	11,2ff	7,18ff	240	Frage des Täufers
	11,7ff	7,24ff	241	Mein Wegbereiter
	11,11	7,28	242	Johannes groß klein
	11,12; 5,18	16,16f	243	Tora Häckchen
	11,16ff	7,31ff	244	Fresser Säufer
	11,25ff	10,21f	245	Jubelruf
	12,11f	14,5	246	Sabbat Schafe Grube

Mk	Mt	Lk	Nr.	Stichwort
	12,27	11,19	247	Eure Söhne Beelzebul?
	12,28	11,20	248	Mit Finger Gottes
	12,30	11,23	249	Sammelt / zerstreut
	12,32f	12,10	250	Gottesgeist widersprechen
	12,34f	6,45	251	Herz wie Mund
	12,39ff	11,29ff	252	Zeichen des Jona
	13,16f	10,23f	253	Eure Augen!
	13,33	13,21	254	Sauerteig in Mehl
	15,14	6,39	255	Blinde Führer
	16,2f	12,54ff	256	Zeichen der Zeit
	18,12ff	15,4ff	257	Verlorenes Schaf
	18,21f	17,3f	258	7 mal am Tage!
	22,1ff	14,16ff	259	Einladung ablehnen
	23,2.4	11,46	260	Lasten aufbürden
	23,12	14,11	261	Wer sich erhöht
	23,13	11,52	262	Verschließt Gottesherrschaft
	23,23f	11,42	263	Minze Dill Kümmel
	23,25f	11,39ff	264	Reinigt das Äußere
	23,27	11,44	265	Unkenntliche Gräber
	23,29ff	11,47f	266	Baut Grabmäler
	24,43	12,39	267	Wann Dieb kommt
	25,14ff	19,12ff	268	Mine vergraben
	Mattäus-Sondergut			
	5,5		301	Unkriegerische!
	5,7		302	Barmherzige!
	5,8		303	Reinen Herzens!
	5,9		304	Frieden stiften!
	5,10		305	Verfolgte!
	5,13		306	Ihr seid das Salz
	5,14		307	Stadt auf dem Berg
	5,20		308	Über die Tora hinaus
	5,21f		309	Alt: Nicht töten
	5,23f		310	Vor dem Opfer versöhnen
	5,27f		311	Alt: Nicht ehebrechen
	5,33ff		312	Alt: Nicht Meineid
	6,1ff		313	Komödie: Almosen
	6,5f		314	Komödie: Beten
	6,7f		315	Nicht battbatta
	7,6		316	Perlen Schweine

Mk	Mt	Lk	Nr.	Stichwort
	7,15; 10,16a		317	Schafe – Wölfe
	9,13; 12,7		318	Erbarmen statt Opfer
	10,5ff		319	Nicht zu den Heiden
	10,16b		320	Schlangen / Tauben
	10,41f		321	Nur Becher Wasser
	11,28ff		322	Zu mir her alle!
	12,36		323	Jedes leere Wort
	13,24ff		324	Unkraut im Weizen
	13,44		325	Schatz im Acker
	13,45f		326	Kostbare Perle
	13,47		327	Schleppnetz
	15,12ff		328	Pharisäer Anstoß
	15,24		329	Nur zu den Verlorenen
	16,17f		330	Du bist Petrus
	17,24ff		331	Tempelsteuer
	18,10		332	Engel der Kleinen
	18,19		333	Wo zwei übereinstimmen
	18,20		334	In meinem Namen versammelt
	18,23ff		335	Unbarmherziger Knecht
	19,12		336	Eunuchen
	20,1ff		337	Arbeiter im Weinberg
	21,28ff		338	Ja, Herr
	22,11ff		339	Ohne Festgewand
	23,9		340	Keinen Vater nennen
(13,13b)	24,12f	(21,19)	341	Liebe erkaltet
	25,1ff		342	Kluge Jungfrauen
	25,31ff		343	Ich war hungrig
	26,52	(22,49.51)	344	Schwert ergreifen?
	Lukas-Sondergut			
		4,17ff	401	Jesaia-Lesung
		5,39	402	Alter Wein gut
		7,39ff	403	Wem wenig vergeben
		9,48c	404	Geringster ist groß
		9,51ff	405	Feuer vom Himmel
		9,61f	406	Hand an den Pflug
		10,18	407	Satan hinausgeworfen
		10,29ff	408	Barmherziger Samariter
		10,38ff	409	Martha / Maria
		11,27f	410	Selig die Brüste

Mk	Mt	Lk	Nr.	Stichwort
		12,13f	411	Nicht Erbteiler!
		12,15ff	412	Mehr haben wollen
(10,38)		12,49f	413	Feuer anzünden
		12,57	414	Urteilt selbst!
		13,1ff	415	Galiläer größere Sünder?
		13,10ff	416	Sabbat. Kranke Frau
	(8,11f)	13,28	417	Abraham drin, ihr draußen
		13,31ff	418	Herodes Fuchs
		14,12ff	419	Arme einladen
		14,28ff	420	Turmbau – Kosten
		15,11ff	421	Verlorener Sohn
		16,1ff	422	Freunde mit dem Mammon
		17,7ff	423	Armselige Knechte
		17,20f	424	Nicht zu berechnen
		18,10ff	425	Pharisäer / Zöllner
		19,5ff	426	Zakchäus
		19,42	427	Weint über Jerusalem
		22,35ff	428	Dolche kaufen?
		22,61f	429	Blickt Petrus an
		23,28ff	430	Weint über euch!
		23,34	431	Vergib ihnen!